익숙하지만 낯선 여성 SF

숙명여자대학교 인문학연구소 HK+사업단 인문교양총서 1

익숙하지만 낯선 여성 SF

김경옥 지음

들어가는 말

SF를 읽어볼까요?

SF는 오랫동안 문학 장르 안에서 번쩍거리는 광선 검과 기괴한 외계인들이 등장하는 저급한 장르로 취급되거나 미래를 예언하는 허무맹랑한 이야기 취급을 받았다. 그러나 더는 SF를 가볍게 여기거나 무시하지 않는다. SF는 차별과 폭력, 전쟁, 생태적 재앙으로 가득 찬 지금의 불확실성에 대한 사유를 가능하게 하는 장르이기 때문이다. SF는 미래에 대한 원대한 희망과 두려움을 탐구하며 인류가 이룬 기술력에 대한 양가적 감정을 가지고 우주와 인류의 관계를 고민하게 한다.

SF 비평가인 셰릴 빈트는 SF가 변화의 문학이라고 정의한다. 빈트에 의하면 SF는 과학과 기술력이 일상에서 구현하는 변화에 반응하는 장르이며 인간 존재 조건의 변화에 관한 사고실험이다. 또한 빈트는 페미니스트적인 표현, 생태주의적 항의, 그리고 상상할 수 있는 모든 종류의 차이와 한계성의 광범위한 탐색을 가능하게 하는 유용하고 강력한 수단이 되는 것이 SF라고 단언한다. 그렇다. SF가 갖고 있는 제한되지 않은 상상력은 일상 속 익숙한 문제에서 복잡한 사회·정치 문제까지 다양한 인문학적 실천과 실험을 가능하게 한다.

최근 SF 소설이 인기를 끌면서 SF 장르에 대한 비평집, 서평, 에세이 등이 다수 출간되었다. SF에 대한 다양한 관심은 무척 반가운 일이지만 안타깝게도 여성 SF, 특히 페미니스트 SF에 대한 언급은 거의 보이지 않는다. 페미니스트 SF만을 다룬 비평집과 이론서들이 이미 자리를 잡고 있는 영미권과 달리 국내에서는 관련 책들이 번역되지도 않았을 뿐더러 연구나 비평 등은 시작 단계라고 할 수 있다. 『익숙하지만 낯선 여성 SF』는 지금까지 가려져 왔던 여성 작가와 페미니스트 SF를 다양한 키워드를 가지고 읽음으로써 SF가 가지고 있는 가능성과 의미를 발견하고자 기획되었다.

　이 책은 다음과 같은 내용으로 구성되었다. 1부의 1장은 SF의 기원과 정의를 간략하게 살펴보았다. SF의 다양한 정의와 계보는 SF가 가지고 있는 무한한 상상력을 단적으로 예시한다. SF는 메리 셸리의 『프랑켄슈타인』을 시작으로 19세기의 쥘 베른, 허버트 조지 웰스, 에드거 앨런 포 등의 대가를 거쳐 20세기 미국으로 건너오면서 대중화되었다. 이 장에서는 페미니스트 SF 탄생 이전의 『프랑켄슈타인』과 호손의 SF에서 여성 인물이 부재하고 있는 의미를 살펴보았다.

　2장에서는 페미니스트 SF를 소개한다. SF 역사서와 편집자들은 여성을 SF 계보에서 배제했지만 여성 작가들은 자신의 방에서 SF를 읽고 썼다. 여성 작가들은 그들의 SF에서 여성을 배제하지 않는 과학을 만들고, 외계인으로 소외된 여성의 정체성과 남성 중심 세계에서 여성의 목소리를 찾는 방법을 탐구했다.

　1부가 SF의 역사와 페미니스트 SF의 특징을 살펴보는 배경적 고찰로서 역할을 한다면 2부에서는 키워드를 중심으로 페미니스트 SF를 분석한다. 1장은 젠더로 SF를 읽는다. 젠더 관점을 통해 SF를 읽는 것은 다른 존재 방식을 상상하며 현실의 문제를 질문하고 변화시키는 힘을 의미한다. 조애나 러스의 『여성남자』와 어슐러 K. 르 귄의 『어둠의 왼손』은 적극적으로 젠더를 해체하며 성차가 사라진 세계에 대한 비전을 제시한다는 점에서 의미가 있다.

2장은 사이보그를 통해 SF를 읽는다. 사이보그는 비인간 존재로 인간 존재에 대한 정치적·윤리적 문제를 사고하게 한다. 제임스 팁트리 주니어의 「접속된 소녀」는 젠더화된 사이보그의 이야기로 기술의 확장과 더불어 사람 사이의 관계와 경계에 개입하는 지점을 탐구한다.

3장은 외계인을 소재로 하는 SF를 살펴본다. 외계인은 말 그대로 외계 행성의 생명체를 나타내지만 우리 주위의 타자를 의미하기도 한다. 페미니스트 SF의 외계인은 기이하고 이질적 존재인 고전적 외계인 담론을 전복한다. 옥타비아 버틀러의 「블러드차일드」와 제임스 팁트리 주니어의 「섬세한 광기의 손으로」는 외계인의 몸과 먼 미래를 통해 강제적 이성애와 가부장제에서 벗어날 수 있는 가능성을 탐구한다. 옥타비아 버틀러의 『릴리스의 아이들』은 인간과 외계 종족의 만남, 인간과 비인간의 이종결합을 통해 공존과 연대의 가능성을 희망한다.

4장에서는 유토피아의 의미를 살펴보는 것으로 시작한다. 메리 레인의 『미조라』와 샬럿 퍼킨스 길먼의 『허랜드』를 통해 페미니스트 유토피아의 가능성을 조명한다. 마지 피어시의 『시간의 경계에 선 여자』는 현실과 유토피아가 연결되는 평행세계를 배경으로 여성 주인공의 삶이 미래 세계의 변화에 중요한 역할을 할 수 있다는 점을 보여준다. 어슐러 K. 르 귄의 『빼앗긴 자들』은 유토피아와 디스토피아로 재현되는 두 세계의 변증법적 구성을 통해 페미니스트 유토피아를 상상한다.

5장은 뱀파이어와 좀비가 나타나는 주요 SF를 살펴보았다. SF에서 뱀파이어와 좀비는 최첨단의 과학기술과 생물학, 유전공학의 힘을 빌려 단순한 괴물이 아닌 초월적인 능력을 소유한 비인간 존재로 등장한다. 이 장에서는 남성 작가의 SF로 뱀파이어와 좀비 신화를 SF와 연결시킨 리처드 매드슨의『나는 전설이다』와 콜슨 화이트헤드의『제1구역』을 소개한다. 소설은 뱀파이어와 좀비 서사의 새로운 변주를 통해 차별과 폭력, 억압적 현실을 비판한다. 옥타비아 버틀러의『어린 새』는 흑인 소녀 뱀파이어를 통해 남성 백인 중심의 뱀파이어 신화의 관습적 비유에 도전하면서 종, 젠더, 계급의 이분법적 신화를 해체한다.

6장에서는 포스트아포칼립스를 키워드로 SF를 읽는다. 포스트아포칼립스 SF는 현재 우리가 직면한 문제는 무엇이며, 문제를 해결하기 위해 우리는 무엇을 해야 할지, 어떻게 대안 세계를 꾸려야 할지를 상상한다. 수잔 콜린스의『헝거게임』과 옥타비아 버틀러의『씨앗을 뿌리는 사람의 우화』는 종말 이후의 세계를 살아가는 주인공을 중심으로 경계와 구분, 다름의 차이를 벗어나는 삶의 방식과 상호의존의 공동체적 관계를 구상한다.

마지막 7장에서는 생태학적 위기와 더불어 등장한 기후 SF를 살펴본다. 기후변화와 환경위기는 더 이상 특별한 문제가 아니다. 자연재해로 인한 생물종의 멸종, 공기와 물, 토양의 오염, 식량위기와 같은 현실은 이미 도래했다. 이때의 SF는 환경문제가 가져오는 막다른 절망에 대응하는 새로운 상상력으로 대안 세계를 구성하는 필수적인 도구로 작용한다. 마거릿 애트우드의『오릭스와 크레이크』는 기후 변화와 과학 기술의 남용으로 파괴된 세계를 재현하면서 인간에게 남겨진 권리와 책임이 무엇인지를 제시한다. 마지막으로 국내 SF의 신드롬을 일으킨 김초엽의 첫 장편『지구 끝의 온실』을 중심으로 인간과 비인간 존재는 개별적 대상이 아니라 서로 복잡하게 얽혀있는 돌봄과 책임의 존재임을 살펴본다.

여성 SF는 익숙하지만 낯선 존재이다. 그것은 SF의 관습을 따르는 것처럼 보이지만 여성의 경험과 차별의 문제를 드러내기 위해 어색하고 낯선 것을 꺼내어 펼쳐 보인다. 여성 SF는 사회적 맥락 속에서 캐릭터로 구체화되고 다양한 기호와 범주를 재배열함으로 낯섦을 불러일으키는 매력적 장르이다. SF는 변화하고 전진하고 있다. SF 장르의 주제와 문제의식, 소재 등은 인간의 삶이 복잡하고 다양한 경험을 하는 만큼 변화무쌍하게 확대되고 있다. 애트우드는 SF라는 용어는 SF인 것과 아닌 것을 명확하게 구별해주는, 실제로 어떤 담장으로 구획이 된 것이 아니라고 말한다. 이제 SF는 다양한 장르 및 매체와 결합하여 단순한 상상의 영역을 벗어나 사회적 변화를 이끌어갈 수 있다. SF의 이미지와 기술들은 전통적인 장소 바깥에서도 흔히 발견된다. 뜻밖의 장소에서 발견되는 SF의 즐거움을 독사 여러분과 함께 누려보길 고대한다.

『익숙하지만 낯선 여성 SF』는 숙명여자대학교 인문학연구소의 〈혐오시대, 인문학의 대응〉 인문한국플러스(HK+)사업단의 첫 번째 인문교양총서이다. 인문한국플러스 사업단은 지역사회와 시민들이 함께 소통할 수 있는 인문 프로그램을 기획하고 있다. 이 책은 그 기획의 하나로 여성 SF를 통해 혐오를 극복하고 공감과 연대의 가능성을 살펴보고자 한다.

이 책이 나오기까지 여러 선생님의 도움이 있었다. 우선 영문학을 공부하고 SF를 연구하면서 지도와 조언을 아끼지 않으셨던 지도교수 박인찬 선생님께 감사의 말을 전하고 싶다. 열정적인 선생님의 가르침

이 있었기에 지금까지 공부하고 연구할 수 있었다. 더불어 숙명여대 영어영문학부 선생님들께도 고마움을 전하고 싶다. 내 모든 연구의 동력은 인간에 대한 깊은 이해와 문학의 즐거움을 동시에 알려주신 선생님들 덕분이다. 지면의 한계로 도움을 주신 많은 이들을 거명할 수 없지만 인문학연구소에서 고민을 나누고 함께 연구 활동을 해주신 선생님들께도 깊은 감사를 드린다. 특히 인종·젠더분과 세미나에서 다양한 논의를 통해 배움의 길을 열어주시는 선생님들께 이 자리를 빌려 존경과 감사의 뜻을 표한다. 완성도 있는 책을 위해 애써주신 보고사 편집자님께 감사드린다.

마지막으로 언제나 사랑과 응원을 보내주는 부모님과 나의 가족들에게 진심으로 고마움의 마음을 전한다. 그들의 도움과 지지 덕분에 굳건하게 연구자의 길을 갈 수 있다.

『익숙하지만 낯선 여성 SF』는 필자가 필립 K. 딕의 SF로 박사 학위를 받은 후 그동안의 공부와 연구를 종합한 결과라고 할 수 있다. 기존 학술장에서 쓰였던 내용들을 수정하고 새로운 내용을 추가하면서 책의 형태로 만들어질 수 있었다. 책을 펴내면서 두려움과 아쉬움이 앞서지만 필자가 그러했듯 독자 여러분 또한 낯섦에 대한 이끌림을 통해 SF의 세계로 들어가기를 희망한다.

2024년 봄
김경옥

차례

일러두기

1. 글 목록에는 필자가 기존에 발표한 논문이 수정되어 포함되었다

「"별들 사이에 뿌리내리기": 『씨앗을 뿌리는 사람의 우화』에 나타난 포스트아포칼립스 세계와 공동체 회복」, 『영어권문화연구』 16(1), 영어권문화연구소, 2023.
「『빼앗긴 자들』에 나타난 아나카 여성주의의 가능성」, 『사회와 이론』 44, 한국이론사회학회, 2023.
「콜슨 화이트헤드의 『제1구역』에 나타난 포스트-인종담론과 좀비 서사」, 『횡단인문학』 10(1), 숙명인문학연구소, 2022.
「옥타비아 버틀러의 『어린 새』(Fledgling)에 나타난 인종혐오와 아브젝트-되기」, 『영미어문학』 140, 한국영미어문학회, 2021.
「조안나 러스의 『여성남자』에 나타난 여성 주체의 포스트모던 서사」, 『미국소설』 27(3), 미국소설학회, 2020.
「우리의 캐피톨은 누구인가? - 『헝거 게임』에 나타난 개인과 사회」, 『영어영문학연구』 59(4), 한국중앙영어영문학회, 2017.
「페미니스트 과학소설과 젠더: 조안나 러스의 『여성 남자』와 어슐러 르 귄의 『어둠의 왼손』을 중심으로」, 『영어영문학연구』 58(2), 한국중앙영어영문학회, 2016.
「아나키에서 희망의 여행으로: 『빼앗긴 자들』에 나타난 어슐러 르 귄의 휴머니즘」, 『영어영문학연구』 57(2), 한국중앙영어영문학회, 2015.

2. 본문에서 주요 작품 인용시 해당 부분에 페이지를 표기한다.

1부

SF와 페미니스트 SF

1장

SF의 탄생과 보이지 않는 여자들

1. 낯선 시간과 공간 속으로

수많은 웜홀과 안드로메다 은하계, 푸른빛이 도는 암흑의 광활한 우주를 유영하는 우주선, 수영하듯 무중력 상태를 헤엄치는 우주조종사, 긴 팔나리와 가느다란 촉수를 가진 기괴하게 생긴 외계인들, 통통 튀는 귀여운 로봇, 엄숙하고 진지한 AI, 매끄럽고 번쩍거리는 피부를 가진 사이보그, 인간보다 더 인간 같은 안드로이드, 실험실의 미친 과학자...

위의 이미지와 아이디어들은 SF를 연상했을 때 가장 먼저 떠오르는 장면이다. SF의 팬들은 빛나는 행성을 향해 출발하는 우주선의 화려한 영상과 낯선 외계인, 등장인물의 스펙타클한 액션을 통해 SF의 경이로움과 무한한 상상력에 빠져든다.

SF는 더 이상 낯선 장르가 아니다. 사실 '과학소설'이라는 용어를 들으면 머릿속에 일련의 이미지와 상징, 주제, 서술적 공식 같은 것이 너무도 자연스럽게 떠오른다는 사실을 부인할 수가 없다. 그렇다면 위의 이미지들이 SF인가? SF는 무엇인가? SF는 환상적인 즐거움과 기발한 상상력만을 주는 것일까? SF는 지금은 사실이 아닐지라도 언젠가는 사실이 될지도 모르는 이야기이며, 사회적인 문제나 과학기술에 대한 추론이자 시간과 공간에 대한 인간 관점의 변천을 기록한 역사이기도 하다.

SF는 과학소설, 즉 '사이언스 픽션Science Fiction'이라고 부르는 것을 간략하게 줄여서 표현한 용어이다. 사전적 정의에 의하면 SF는 "배경과 이야기에 가상의 과학 또는 기술 발전, 외계 생명체의 존재, 우주와 시간 여행 등이 포함된 소설, 미래를 배경으로 하거나 상상의 대안 우주를 배경으로 하는 픽션"이다. 또 다른 정의에 의하면 SF는 "시간과 공간의 테두리를 벗어난 일을 과학적으로 가상하여 그린 소설"이다. 즉 우리가 살고 있는 지금의 현실이 아닌 또 다른 차원의 세계 또는 지구 행성이 아닌 시공간의 한계를 벗어나 은하계 밖 우주 먼 곳의 이야기이다. 환상문학 전통의 하나인 판타지와 달리 SF는 무언가 다른 대상을 관찰하고 '만약 이런 일이 발생한다면' 등의 가정과 실험 등의 과학적 방법론을 통해 세계를 창조하는 문학 양식이다. 이때의 과학은 물리학, 생물학, 화학과 같은 자연과학뿐만 아니라 심리학, 사회학, 인류학 등 인간과 인간 사이의 관계에서 일어나는 사회 현상과 사물의 이치와 원리, 현실을 탐구하는 과학까지 넓은 범위의 과학을 포함한다고 할 수 있다.

SF의 정의는 작가와 비평가, 학자들에 의해서 다양하게 논의되었는데 SF의 아버지라고 할 수 있는 휴고 건즈백Hugo Gernsback은 "쥘 베른Jules Verne, 허버트 조지 웰스Herbert George Wells, 에드거 앨런 포Edgar Allan Poe 형식의 이야기, 즉 과학적 사실과 예언적 비전이 융합된 매력적인 로맨스"[1]라고 정의했다. 과학 잡지의 편집자인 존 캠벨John W.

Campbell은 "SF는 과학의 방법론과 밀접한 관계를 가진 문학이며, 과학의 방법론에 의해 구축된 이론과 마찬가지로 기계뿐만 아니라 미래의 인간 사회가 어떻게 변화할지를 예상"하는 장르라고 설명했다. 작가이자 비평가인 주디스 메릴Judith Merril은 SF를 사변소설Speculative Fiction[*2]로 정의하며 관찰, 가정, 실험 등의 전통적인 과학적 방법론과 함께 끊임없는 사고의 확장을 통해 현실의 가상적 국면을 추론하는 문학 양식으로 규정한다.

다코 서빈Darko Suvin은 SF를 '인지적 소외(낯설게 하기)의 문학literature of cognitive estrangement'으로 정의하면서 "낯설게 하는 재현은 우리에게 주체를 인지하도록 하지만 동시에 그것을 낯설게 보이도록 만드는 것"이므로 SF의 가장 중요한 기준이라고 설명한다. 즉 SF는 무한한 상상력의 틀 안에서 우리와 근본적으로 다른 대안 세계를 제시하지만 합리적이고 인지적인 방법으로 우리 자신의 세계와 대면하게 한다는 것이다.

서빈은 또한 SF의 세계와 현실 세계의 '차이' 또는 '타자성'을 설명하는 장치로 '노붐novum'이라는 개념을 제시한다. 서빈은 노붐을 '이상한 새로움'이라고 정의하면서 그것은 "우리가 어떤 것을 SF 이야기 서술이라고 부르기 위해 그 이야기 서술에서 논리적으로 필요하고 헤게모니를 가져야 하는 존재"이자 "저자와 독자로 상정된 사람들의 현실 규범에서 벗어나는 총체적 현상이나 관계"로 설명한다. 노붐은 지각이 있는 인간형 외계 생명체의 존재, 빛보다 빠른 여행의 가능성, 그리고 냉혹한 발명과 진보의 행진에 기인하는 모든 과학의 수많은 기술적 경이로움을 포함한다.

셰릴 빈트Sherryl Vint가 "SF에 단 하나의 정의는 있을 수 없다"고 말한 것처럼 SF의 복잡하고 긴 역사와 다양한 정의는 SF가 가지고 있는 무한한 상상력을 단적으로 예시한다. SF는 과거와 가능한 미래, 모든 꿈과 현재의 악몽을 포함해서 상상할 수 있는 모든 것을 통해 우리의 리얼리티를 재현하는 방법이다. 우리는 SF를 통해 정치, 사회, 문화 그리고 과학 및 시스템에 의해 외관으로 드러나지 않거나 의도적으로 숨겨져 있는 것을 찾아낼 수 있다. SF는 허구적이고 너무나 가공적이어서 현실과 거리가 멀게 느껴지지만 그럼에도 우리의 현실에 대해 더 많은 것을 표현하고 뉴스와 방송, 미디어보다 더 많은 진실을 담아낼 수 있는 장치로 작동한다.

SF 장르의 고전이자 최고의 영화로 평가받는 리들리 스콧Ridley Scott 감독의 〈블레이드 러너Blade Runner〉(1982)의 첫 장면은 어두운 밤 도시 속 수많은 빌딩의 휘황찬란한 불빛으로 시작한다. 영화 속 배경은 전자 사운드의 몽환적인 음악과 함께 하늘을 나는 호버카와 네온 빛의 전광판 속에 미소 짓는 동양인 여성을 보여주면서 음울하면서도 이국적인 포스트모던적 미래 세계를 표현하고 있다. 마치 바벨의 도시처럼 거리엔 온갖 언어가 난무하고 동양과 서양의 이미지가 혼종적으로 뒤섞여 있다. 지구인 대부분은 다른 행성으로 이주하고 '인간보다 더 인간 같은' 레플리컨트(안드로이드)만이 지구에 남아있다. 해리슨 포드Harrison Ford가 주연을 맡은 릭 데커드Rick Deckard는 레플리컨트를 찾아내 그들을 죽이는 임무를 맡는다.

이 영화는 1968년에 출간된 필립 K. 딕Philip K. Dick의 SF『안드로이드는 전기양의 꿈을 꾸는가?Do Androids Dream of Electric Sheep?』를 원작으로 한다. 소설의 배경은 핵전쟁 이후 지구가 죽음의 세계로 변화해감에 따라 지구인들이 화성으로 이주한 2021년의 세계를 그리고 있다. 지금 우리가 살고 있는 현실은 SF에서 이야기하는 먼 미래인 것이다. 이주하지 못하고 낙오자가 된 인간은 자신이 감염자가 아니고 정상인이며, 안드로이드가 아닌 진짜 인간임을 밝혀야 한다. 대부분의 인간들이 식민지 행성으로 떠난 후 방사선 낙진에 의한 환경오염으로 육체적, 정신적으로 피폐해진 인간의 모습은 미세먼지와 바이러스로 고통 받고 있는 지금의 현실과 닮아있다.

SF의 초고도의 과학기술과 디스토피아적 미래는 우리의 현재이고 인공지능과 로봇, 테크놀로지는 더 이상 상상 속 실현 불가능한 기술이 아니다. 과학기술과 정보통신의 발달은 정치, 사회, 문화는 물론 개인의 일상적인 삶에 있어서도 큰 변화를 가져왔는데 이러한 사회변화의 가능성을 탐색하게 할 수 있는 장르가 바로 SF라고 할 수 있다. SF는 과학기술과 문명의 발달에 대한 인류의 희망과 공포의 감정을 문학적 상상력으로 형상화한다. 그것은 새로운 세계를 구상하는 일종의 실험소설로 우리에게 무엇이 가능한지 보여주며 동시에 희망이 있다는 것을 일깨워준다. SF는 독자로 하여금 새로운 아이디어와 함께 사회변화의 가능성을 직접 탐색하게 한다.

SF의 탄생은 낯선 시간과 공간 속으로 인간의 상상력이 무한대로 확장하면서 시작되었다. 최초의 SF는 1818년에 발표된 메리 셸리Mary Shelley의『프랑켄슈타인: 현대의 프로메테우스Frankenstein; or The Modern Prometheus』이다. 과학소설사에서 최초 SF의 정의에 대해서는 오랫동안 논의의 대상이 되어왔다. 과학소설 비평가나 학자들 중에는 SF의 기원을 근대 이전의 문학 작품으로 거슬러 올라가는 경우도 있는데, 토마스 모어Thomas More의『유토피아Utopia』(1526)나 조너선 스위프트Jonathan Swift의『걸리버 여행기Gulliver's Travels』(1726), 심지어는 플라톤Plato의『국가The Republic』까지 계보를 확장하기도 한다. 물론 이 작품들이 SF의 원형, 즉 상상 속 세계를 그리고 있다는 점에서 SF의 기본 틀을 갖추고 있지만 엄격히 말한다면 이들은 SF보다는 판타지에 더 가깝다고 할 수 있다. SF는 초자연적 사실보다는 구체적이고 물리적인 세계를 배경으로 한다. 영국 작가인 브라이언 올디스Brian Aldiss가 그의 책『10억년의 연회Billion Year Spree』(1973)에서 SF의 기원을 셸리의『프랑켄슈타인』이라고 강력하게 주장하면서 SF의 원조에 대한 논의는 일단락되었다.

『프랑켄슈타인』은 당시의 과학기술을 반영한 최초의 작품이며 극단적인 지식 추구와 과학에 대한 맹신 등 과학기술에 대한 직접적인 문제 제기를 담았다는 점에서 SF의 시조로 인정된다.『프랑켄슈타인』이후 SF 역사는 과학기술의 발전과 더불어 빠르게 변화했다. 그것은 과학기술이 우리 삶을 변화시킬 수 있는 중요한 영역임을 인식한 작가들이 등장하면서 가능했는데, 이들은 혁신적인 과학기술의 발전과 그로 인한 인간의 삶의 변화 양상을 다양한 방식에서 살핀다.

SF는 포, 베른, 웰스 등의 대가를 만나면서 과학과 상상력이 결합된 SF의 특징과 형식들을 발전시켜나갔다. 이후 영국에서 발전된 SF는 20세기 초 미국의 자본주의 시장으로 건너오면서 즐거움과 오락거리를 제공하는 상품으로 대중들 속으로 확산된다. 포와 베른, 웰스의 작품은 200여 년이 흐른 지금까지도 여전히 우리에게 읽히고 있으며 영화와 애니메이션, 드라마 등의 대중문화 속에서 끊임없이 변주되어 SF 세계의 경이로움과 상상력을 제공하고 있다. 이 세 작가의 소설은 표현 방식이나 스타일에서 조금씩 차이가 나지만 대담하고 독창적인 SF적 상상력의 원형이라는 공통점을 지닌다.

미국 본격 문학에서도 과학적 상상력을 기반으로 하는 소설이 등장한다. 미국문학의 시작이라고 하는 워싱턴 어빙Washington Irving의「립 밴

윙클Rip Van Winkle」(1819)은 시간 여행을 모티브로 하고 있으며 「달의 시람들The Men of the Moon」(1809)에서는 녹색 피부를 가진 달의 종족이 지구를 정복한다. 앞서 살펴 본 포를 비롯하여 나다니엘 호손Nathaniel Hawthorne, 허먼 멜빌Herman Melville, 잭 런던Jack London 등의 19세기 작가의 작품에서도 과학과 인간의 문제적 관계에 대한 탐구가 두드러지는데 「반점The Birthmark」(1844)과 「라파치니의 딸Rappaccini's Daughter」(1844) 「종탑The Bell-Tower」(1856), 「천 번의 죽음A Thousand Deaths」(1899) 등이 대표적이다.

미국 SF는 19세기에서 20세기로 들어서면서 출판시장의 변화와 함께 성장한다. 나무 펄프를 이용한 새로운 종이 제조방법으로 쉽고 저렴한 출판이 가능하게 된 출판 산업은 다양한 신문과 잡지의 출간과 함께 SF 영역을 확장해나간다. 당시 많은 잡지들이 출간되었는데, 주로 서부극이나 탐정소설, 로맨스와 SF를 결합해서 대중의 흥미와 기호에 부합한 이야기들이 발표되었다. 대표적인 작가는 에드거 라이스 버로스Edgar Rice Burroughs가 있다. 그는 1912년에 『올 스토리The All-story』라는 잡지를 통해 데뷔했는데, 대표작인 『원숭이 타잔Tarzan of the Apes』은 나중에 TV 드라마와 영화로 만들어져 크게 인기를 끌었다. 그의 또 다른 작품인 『화성의 공주A Princess of Mars』(1912) 역시 상업적으로 크게 성공하였다. 이 소설은 주인공 카터Carter가 공간 이동을 통해 도착한 화성에서 벌이는 모험 SF이다. 이후 버로스는 '바숨Barsoom'이라고 불리는 화성시리즈를 연속 출간하여 인기 작가로 급부상하였다.

이 당시 SF는 버로스식의 단순 흥미 위주의 작품들이기는 했지만 과학적 사고에 대한 긍정적 인식을 고양시키는 데 결정적인 역할을 했다. 또한 토머스 에디슨Thomas Edison, 알렉산더 그레이엄 벨Alexander Graham

Bell, 헨리 포드Henry Ford와 같은 인물의 발명품으로 구현된 당시의 엔지니어 패러다임은 19세기 기계공학에 있어서 거대한 성장 동력이 됨과 동시에 SF 출현에 크게 기여하였다.

현재 우리가 사용하는 'SF'라는 용어는 20세기에 등장했다. 룩셈부르크 태생의 발명가이자 사업가인 휴고 건즈백은 1926년에 『어메이징 스토리스Amazing Stories』라는 과학소설사에서 길이 남을 잡지를 창간한다. 그는 창간호에서 과학소설을 '사이언티픽션Scientifiction'이라는 조금은 어색한 이름으로 명명하면서 사이언티픽션은 베른, 웰스, 포의 스토리 유형에서 탄생했다고 정의한다. 이 명칭은 3년 후에 지금의 '과학소설 Science Fiction'이라는 명칭으로 바뀌었고 이로써 본격적인 현대 SF의 시대가 시작된다.

건즈백은 『어메이징 스토리스』에 과학적 사실을 담은 과학 칼럼을 규칙적으로 기고하였을 뿐만 아니라 이미 발표된 베른과 웰스의 소설들을 잡지에 재수록하는 한편, 이 장르에 관심을 가진 신인 작가들에게도 문호를 개방했다. 덕분에 로버트 A. 하인라인Robert A. Heinlein과 아이작 아시모프Isaac Asimov와 같은 현대 SF의 대가들이 잡지에 등장한 베른과 웰스의 작품을 읽으면서 성장할 수 있게 되었다. 건즈백은 "기술의 혁신과 그것이 일상생활에 미치는 충격의 속도가 점점 더 빨라지고 있다"고 언급하면서 그의 SF가 황당무계하고 제멋대로 전개되는 판타지가 아니라 교육적이면서 미래에 대한 진지한 영감을 줄 수 있는 내용이기를 원했다.

'휴고 건즈백'이라는 이름은 과학소설사에서 오랫동안 기억에 남아있다. SF의 팬들은 과학소설에 크게 기여한 그를 기리기 위해 월드 사이언스 픽션 소사이어티World Science Fiction Society라는 비영리 문학단체를 조직하고 최고의 SF를 위한 '휴고상Hugo Award'을 제정하였다. 월드 사이언스 픽션 소사이어티는 매년 최우수 상편소설을 선정하여 휴고상을 수여하는데, 소설 뿐만 아니라 미술, 삽화, 영화, 텔레비전 등의 부분에 특별상을 주기도 한다. 우리나라 SF영화 〈승리호〉도 2022년에 휴고상 후보로 올랐다. 최초의 휴고상은 1953년 앨프레드 베스터Alfred Bester의 『파괴된 인간The Demolished Man』이 받았다.

건즈백의 『어메이징 스토리스』 이후에 미국 SF는 양적으로나 질적으로 괄목할 만한 성장과 변화를 보인다. 특히, 1940년에서 1950년까지의 시기는 많은 작가들이 작품을 발표하면서 SF의 번영기를 맞게 된다. 과학소설사에서는 이 시기를 '황금시대The Golden Age'라고 부르는데 앞서 1920년대와 30년대의 단선적이고 허술한 플롯의 소설과 달리 다양한 소재와 아이디어를 활용한 SF가 발표되었다. 또한 단순한 탐험이나 로맨스물에 우주 모험담과 거대 역사를 결합한 좀 더 복잡하고 정확한 과학적 지식과 논리적 구성을 동반하는 소설들이 대거 출판되었는데, SF의 클리셰라고 할 수 있는 외계 생명체와 우주전쟁, 우주행성 등이 구체화된 시기이기도 하다.

황금시대의 대표적인 작가로는 『스타쉽 트루퍼스Starship Troopers』(1959)와 『낯선 세계의 이방인Stranger in a Strange Land』(1961)의 하인라인과 『나는, 로봇I, Robot』(1950)과 『파운데이션Foundation』(1951) 시리즈를 쓴 아시모프가 있다. 황금시대 SF는 초기 건즈백의 SF보다는 좀 더 복잡하고 정교하며 풍부한 소재와 주제를 가지고 있었다. 1, 2차 세계대전과 파시즘, 냉전 이데올로기, 매카시즘 등의 사회 분위기는 실험과 테크놀로지에 국한된 SF를 인간과 사회 그리고 역사에 대한 사회적 논평으로 변모시켰다. 처음에는 단순하고 직설적이었던 구성도 점차 세련되어지고, 좀 더 세밀하게 이야기를 전개시킴으로써 SF의 영역을 확장해나갔다.

1950년대 후반에서 70년대 SF는 뉴웨이브 SF로 설명된다. 뉴웨이브 SF는 영국의 비평가 마이클 무어콕Michael Moorcock에 의해 시작되어 다양한 사회운동과 반전운동, 성혁명, 대항문화의 시대정신과 급진적인 사회의식이 SF에 반영되었다. 뉴웨이브 SF 작가들은 폭력, 섹스, 마약 등의 사회문제에 관심을 가지고 인간의 심리와 무의식의 내면을 탐구하였다. 그들은 주류 문학과 장르 문학의 경계를 넘으며 정치적이고 역사적 시각을 주제에 도입하였다. 뉴웨이브 SF는 단순하고 직설적이었던 구성을 점차 세련되게 변형시키면서 인간과 미래, 문명에 대한 존재론적 통찰을 반영하였다. 따라서 뉴웨이브 SF의 과학은 자연과학적 지식이 아닌 학문의 모든 영역을 아우르는 합리적 추론의 의미를 가진다. 이 시기에 활동한 작가들은 제임스 밸러드James G. Ballard와 주디스 메릴, 브라이언 올디스가 있다.

이때 과학소설사에서 중요한 작가가 등장하는데 바로 필립 K. 딕이다. 그는 "20세기의 가장 위대한 과학소설가", "SF계의 셰익스피어"라는 평가가 따라다닐 정도로 과학소설계에서 그의 영향력은 독보적이다. 필립 K. 딕은 과학소설계에서 이어져 내려온 SF의 형식을 단순히 답습하거나 모방하는 차원에서 벗어나 자신만의 독특한 인식과 아이디어를 가지고 SF를 썼다. 그의 주요 주제는 인간의 본성과 정체성, 리얼리티와 엔트로피 등으로, 다른 작가들이 사용하지 않았던 철학적이고 형이상학적 아이디어를 구상했다. 그는 36편의 장편 소설과 100여 편의 단편을 발표하였다. 대표작인 『안드로이드는 전기양의 꿈을 꾸는가?』는 인간과 비인간 안드로이드와의 모호한 경계를 통해 인간 본성을 탐구하였다.

대체역사소설인 『높은 성에 사는 사나이The Man in the High Castle』(1962)는 사실과 허구를 미학적으로 형상화한 초기 걸작으로 평가받고 있다.

필립 K. 딕의 SF는 외부현실에 대한 반영이자 비판이며 새로운 삶과 진실을 추구하기 위한 상상적 공간이다. 그의 소설을 통하여 20세기 SF는 문학의 외부 경계에서 머무는 장르가 아니라 인간과 사회, 역사를 관통하는 문학으로서 자리매김한다. 필립 K. 딕의 유산은 조나단 레덤Jonathan Lethem, 이언 뱅크스Iain Banks, 테드 창Ted Chiang 등의 작가를 통해 지금도 이어진다.

1970년대 들어 인종차별주의, 페미니즘, 노동에 관한 새로운 정치적 목소리들이 등장하면서 SF에도 변화가 일어났다. 인종, 젠더, 섹슈얼리티, 타자 문제에 초점을 맞추고 문제를 제기하며 대안을 제시하는 새로운 SF가 등장하는데, 그것이 바로 페미니스트 SF이다.

페미니스트 SF는 여성 작가를 무시하거나 배제하는 장르에 페미니즘의 정치를 가져옴으로써 SF의 환상에 대한 우리의 이해를 정치화시켰다. 페미니스트 SF는 젠더 주체성의 구성에 대한 페미니즘적 분석을 바탕으로 보다 다원적이고 이질적인 사회관계의 가능성을 제시한다. 또한 페미니스트 SF는 기존의 사회관계와 권력구조가 여성을 소외시키는 방식을 강력히 비판하면서 테크놀로지가 "우리의 지각과 인지과정을 형성하고, 물질적 대상과의 관계와 우리 자신 또는 다른 신체와의 관계를 매개한다"는 점을 주지시켰다.

이어 등장한 SF는 사이버펑크Cyberpunk SF이다. 1980년대에 유행한 사이버펑크 SF는 포스트모던 SF로 부르기도 하는데 윌리엄 깁슨William Gibson의 『뉴로맨서Neuromancer』(1984)로 인해 장르의 이름이 붙여졌다. 깁슨의 『뉴로맨서』는 유비쿼터스 정보와 의사소통 기술, 생체공학적 신체 변형, 다국적 자본과 기업의 전지구화, 생태계 붕괴로 이뤄진 디스토피아를 소개하면서 추상적이고 기하학적인 가상영역의 사이버스페이스를 보여준다.

사이버네틱스와 '펑크'라는 음악용어가 결합된 사이버펑크 SF는 후기 산업사회의 급격한 변화와 컴퓨터, 인공지능, 유전공학 등의 발전 양상을 재현한다. 사이버펑크 SF는 '펑크'라는 이름에서 보여지듯이 저항적이며 체제 전복적 성격을 가지고 자본주의와 다국적 기업, 권력의 문제를 다양한 문학적 실험을 통해 제시한다. 브루스 스털링Bruce Sterling은 사이버펑크를 "기술과 80년대 반문화의 통합"이라는 새로운 동맹의 일부로 정의했다.

2000년대 들어 과학기술과 현실 사회의 경계가 무너지고 인간의 삶이 복잡하고 다양해지면서 SF 역시 주제와 소재, 문제의식 등이 다각화되었다. 인종, 젠더, 비인간, 기후위기와 환경문제, 인터넷과 정보 세계의 확장, 생명공학 및 나노기술, 신자유주의와 자본주의, 질병과 장애, 돌봄, 종교 등 거의 모든 사회문화적 영역을 다루고 있는 SF는 과학기술의 영역을 벗어나 인간과 다른 모든 것들과의 관계에 주목한다.

2. 최초의 SF 작가와 사라진 여성 괴물

최초의 SF 작가인 메리 셸리는 영국 사교계에서 유명한 인물인 무정부주의 철학자이자 소설가였던 윌리엄 고드윈William Godwin과 작가이자 교육자였던 메리 울스턴크래프트Mary Wollstonecraft 사이에서 태어났다.

울스턴크래프트는 페미니즘의 고전인 『여성의 권리 옹호A Vindication of the Rights of Woman』(1792)를 쓴 여권운동가이다. 그녀는 안타깝게도 딸 메리를 출산한 지 10일 만에 출산 후유증으로 사망한다. 메리는 어머니의 보살핌을 받지 못했지만, 아버지가 다른 문인들과 학문적으로 자유롭게 교류하는 모습을 지켜보며 다양한 독서와 예술가들의 만남을 통해 예술적 감각을 키워나갔다. 메리는 아버지 고드윈으로부터 영향을 받은 낭만주의 시인 퍼시 셸리Percy Shelley를 만나 사랑에 빠진다. 하지만 퍼시 셸리는 이미 결혼을 한 상태였고 두 사람은 사랑의 도피를 한다. 세월이 흘러 퍼시 셸리의 아내가 죽자 두 사람은 정식으로 결혼을 하고 고향으로 돌아온다.

메리 셸리가 작품의 서문에서 밝혔듯이, 『프랑켄슈타인』은 어느 폭풍우 치는 밤 바이런 경Lord Byron과 남편 셸리가 무료함을 달래기 위해 당시 유행하던 공포이야기를 쓰자고 제안한 것에서 시작되었다. 메리 셸리는 서문에서 다윈 박사Dr.Darwin와 전기 요법galvanism을 언급하면서 자신의 작품에 초자연적 현상과 과학적 가설을 접목시켰음을 분명히 밝히고 있다. "과학소설의 모든 특질을 갖춘 최초의 소설"이라는 평가에 걸맞게 『프랑켄슈타인』은 새로운 근대 과학에 의해 야기된 인간의 희망과 불안, 갈등과 두려움을 '괴물Monster'이라는 존재를 통해 선명하게 드러낸다. 괴물은 비인간 존재로 고립되고 소외된 존재를 표상한다. 프랑켄슈타인의 피조물은 메리 셸리가 세부사항을 애매하게 묘사한 생물학적인 실험을 통해 탄생했다. 괴물이 겪는 괴로운 고독은 다른 존재들에 대한 인간의 책임을 강조하여 과학기술 시대의 도덕적이고 윤리적인 질문에 근거를 두고 있다. 소설은 근대 이후에 혁명적으로 변화된 인간과 사회를 반영하여 과학과 문명에 대한 발전과 회의,

자아와 타자의 문제 등을 재현한다.

『프랑켄슈타인』은 탐험가 로버트 월튼Robert Walton이 자신의 누이인 영국의 사빌 부인Mrs. Saville에게 보내는 편지로 시작된다. 소설은 이야기 속에 이야기가 들어있는 형식으로 월튼의 편지, 프랑켄슈타인이 월튼에게 들려주는 이야기, 그리고 괴물이 프랑켄슈타인에게 전하는 이야기로 구성된다. 월튼은 북극으로 여행 중 프랑켄슈타인을 구조하고 그의 이야기를 자신의 누이에게 편지로 전달한다.

프랑켄슈타인 박사는 자연과학에 특히 심취하였는데 인간의 신체와 생명의 본질에 대해 의문을 가지며 연구를 진행했다. 그는 오랜 연구와 과학기술로 인간의 유기체를 가지고 기계 인간을 만들어 냈고 그것이 바로 '괴물'이다. 프랑켄슈타인 박사는 자신이 만든 것이 아름다운 피조물이 아닌 괴물인 것을 알자 모든 것을 포기하고 도망을 친다. 괴물은 자신도 사람처럼 살 수 있길 원했지만 그럴 수 없다는 것을 알면서 절망한다.

1818년에 발표된 『프랑켄슈타인』은 200년이 흐른 지금까지도 영화나 공연으로 지속적으로 각색되고 있으며 작품 비평 역시 새로운 관점과 이론으로 끊임없이 연구되고 있다. SF, 고딕소설, 공포소설 등의 범주로 평가받는 『프랑켄슈타인』은 인간의 탄생과 죽음, 인간이란 무엇인가와 같은 철학적 문제부터 페미니즘 비평, 마르크시즘 비평, 탈식민주의적 비평까지 다양한 해석이 가능한 뛰어난 작품이다. 하지만 『프랑켄슈타인』이 처음 출간됐을 때 저자가 메리 셸리가 아닌 남편 퍼시 셸리의 이름으로 출간되었다는 점은 최초의 여성 SF 작가로 자리매김하는 것이 당시에 얼마나 어려운 일이었을지를 짐작하게 한다. 19세기에 문학은 여성의 일이 아니었다. 읽고 쓰고 생각하는 일은 남성의 영역으로 여겨

졌기 때문에 메리 셸리는 여성작가로 나서지 못했던 것이다. 하지만 "어머니와 아버지의 작품을 끊임없이 연구했던 메리 셸리는 자신의 가족을 '읽었을' 것이고 따라서 자신도 그 읽기에 연관되었을 것이다."

메리 셸리가 처음 작가로서 이름을 드러내지 못했던 것처럼 이 작품에서 여성 인물은 보이지 않는다. 작품 전반에 걸쳐 살펴보면 『프랑켄슈타인』에 등장하는 모든 남성 인물은 월튼을 비롯해 프랑켄슈타인 박사, 그리고 괴물까지 모험적이고 도전적이며 지적인 능력을 가지고 있다. 소설의 후반부에 괴물은 프랑켄슈타인에게 자신의 짝을 만들어 줄 것을 요청한다. 괴물은 다른 이에게 사랑을 받는다면 자신이 범죄를 저지를 이유도 없으며 같은 존재와 교류하여 살아간다면 미덕이 살아날 것이라고 말한다. 괴물은 비슷한 존재와 함께 세상으로부터 단절된 채 살아가겠노라고 프랑켄슈타인을 설득한다. 결국 프랑켄슈타인은 괴물의 요청을 받아들여 여성 괴물을 만들어 주기로 한다.

하지만 곧 프랑켄슈타인은 여성 괴물이 이미 존재하는 괴물보다 수만 배는 더 악독하고 끔찍한 성품을 소유하게 될지도 모른다는 생각을 하게 된다. 그는 보기만 해도 혐오스러운 괴물을 창조한다는 것은 인류 전체의 생존을 위협하는 일이라는 생각에 그때까지 해온 작업을 모두 파괴한다. 존재하기도 전에 파괴당한 여성 괴물은 "수치스럽고 타락한 피조물, 부차적 존재, 더러운 육체성의 상징"으로 여겨진다.

이름만 등장하는 사빌 부인을 제외하고 여성 인물인 엘리자베스Elizabeth나 저스틴Justine, 이방인 사피Safie는 아름다운 외모를 가진 여성들로 묘사된다. 그러나 그들의 아름다운 외모와 달리 수동적이고 위축된 모습은 당시 여성이 가부장 사회의 주변인으로만 존재하고 있었음을 보여준다. 고향을 떠나 북극까지 자유로운 여행과 탐험을 하는 남성들과 달리 여성들은 고향과 가정에서 머물며 자신의 목소리도 제대로 낼 수 없는 존재이다. 여성 괴물 역시 남성 괴물과 달리 존재조차하지 못하고 사라지며 가부장적 이데올로기에 의해 만들어지고 폐기된다. 여성 괴물은 절단되고 분해된 채 사라진다. 과학과 이성을 중시하는 당시 사회에서 여성 괴물은 여성성에 대한 무의식적 혐오를 의미한다. 메리 셸리는 여성 괴물을 통해 남성들의 여성에 대한 두려움과 여성들의 그들 자신에 대한 두려움을 재현한다.

여성성에 대한 부정과 혐오는 여성들이 오랫동안 자신의 글을 쓸 수없게 만들었다. 20세기에 들어와서도 여성 작가들은 안드레 노턴Andre Norton처럼 성별을 파악하기 어려운 모호한 이름으로 활동하거나 가명이나 약자를 써서 자신을 숨기기도 했다. 소설에서 괴물이나 여성 괴물이 이름이 없는 것은 메리 셸리가 처음 책을 출판했을 때 이름을 가질수 없었던 것과 연관 지을 수 있다. 샌드라 길버트Sandra M. Gilbert와수전 구바Susan D. Gubar는 19세기 여성 작가들이 "남자들이 짓고 소유한 조상의 저택(또는 오두막)에 거주해야 했을 뿐 아니라, 남성 작가들이고안해 낸 소설의 집과 예술의 궁전에도 갇혀 제한받았다"고 말한다. 여성 작가들은 삶과 예술 두 영역에서 실제로도 그리고 비유적으로도감금되어 있는 것이다.

메리 셸리는 존재하지 못하고 사라진 여성 괴물이 되지 않기 위해SF라는 새로운 영역을 창조했다. 그녀에게 SF는 상상력에 새로운 관점을 제공하여 기존 사건들의 통상적 관계에서 생길 수 있는 인간의 감정보다 더 포괄적이고 압도적인 감정을 만들어 내는 장르이다.

마거릿 애트우드Margaret Atwood는 글쓰기는 어둠, 그리고 욕망이나충동과 관련이 있을지 모른다고 말한다. 글쓰기 속으로 들어가서 운이

좋으면 어둠을 밝히고 빛을 향해 무엇인가를 가지고 나오리라는 욕망 또는 충동 말이다. 메리 셸리가 처음 글을 썼을 때 아마 그녀는 자신이 무엇을 가지고 나왔는지 알 수 없었을 것이다. 하지만 이제 우리는 안다. 그녀가 가지고 나온 것은 여성의 자유와 무한한 상상력인 것을 말이다.

3. 미친 과학자와 실험실의 여성

19세기는 과학의 시대였다. 혁신적인 기술변화는 사람들의 삶을 변화시키기 시작했다. 과학의 시대는 1801년 최초의 실험용 기관차(실용적 기관차는 1830년에 등장)의 발명으로 시작되어 비행선을 거쳐 1890년 대 후반 실험용 비행기가 발명되면서 절정에 다다랐다. 최초의 증기선과 자동차, 현대식 사선거가 발명되고 계산기와 출근 시간을 찍는 시계, 축음기, 만년필, 타자기, 전화, 라디오, 영화 기계가 도입되면서 커뮤니케이션 수단과 예술 창작 방식이 바뀌었다. 따라서 과학적 방법론을 기반으로 하는 SF가 19세기 미국 문학의 중심에 있었던 것은 그리 놀라운 일이 아니다.

19세기 미국 문학에서 SF는 포를 비롯하여 나다니엘 호손, 허먼 멜빌, 마크 트웨인Mark Twain 등 우리가 아는 많은 작가들에 의해서 쓰였다. 브루스 프랭클린H. Bruce Franklin에 의하면 19세기 미국 SF는 19세기의 미국과 과학의 역사, 사회와 소설의 의미, 현실에 대한 예측과 기대, 환상에 대한 통찰력을 제공한다고 한다. 당시 SF는 과학기술의 놀라운 발전 양상과 그에 따른 인간 본성의 특질을 결합하여 과학과 기술, 그리고 진보의 문제를 서사적으로 구현했다. 호손의 단편 「반점」과 「라파치니의 딸」은 과학의 합리성이 최고의 기준으로 인정받는 사회를 배경으로 두 명의 과학자의 오만한 실험과 연구를 다룬다. 소설은 과학이 갖고 있는 긍정적인 영향보다는 인간의 원초적 한계와 불안감으로 인해 과학이 잠재적인 위협으로 표출되는 양상을 재현한다.

호손은 「반점」의 도입부에서 "전기라든가 그와 유사한 다른 자연의 신비에 대한 비교적 최신의 과학적 발견들이 기적의 세계로의 새로운 길"(p.157)을 여는 당시의 시대상을 소개하면서 과학의 영역을 신의 영역으로 확장하려는 인간의 욕망과 과학적 열망을 묘사한다. 「반점」은 과학자 에일머Aylmer가 자신의 아내 조지아나Georgiana의 반점을 제거함으로써 그녀를 완전한 인간으로 만들겠다는 오만에서 이야기가 시작된다.

에일머는 실증적 실험과 연구를 통해 자연의 원리를 파악하고 인간의 한계를 극복하려는 신념을 가지고 있다. 그의 아름다운 아내 조지아나의 뺨에는 작은 손 모양의 핏빛 '반점birthmark'이 있다. 에일머에게 그 반점은 그녀의 아름다움에 대한 오점일 뿐만 아니라 도덕적 흠이자 완벽한 인간의 결함을 나타내는 것이다. 그는 반점을 제거하여 아내를 완벽하고 이상적인 여성으로 만들고자 했다. 자신을 조각가 피그말리온Pygmalion과 비교하는 에일머의 모습은 가상의 이상적 존재에 탐닉하는 파우스트적인 "미친 과학자"[3]의 전형적 모습이다.

조지아나 역시 에일머의 불안한 시선을 견디지 못하고 직접 반점을 제거해달라고 요청한다. 에일머는 조지아나의 반점을 있는 그대로 인정하지 못하고 그것을 제거하기 위해 시약을 만든다. 실험은 성공하고 조지아나의 반점은 사라졌지만 결국 그녀는 숨을 거두고 만다. 에일머는 과학의 비전이 제시하는 환상, 즉 인간의 한계를 넘어설 수 있다는 오만함으로 조지아나를 죽음으로 몰고간 것이다.

소설의 시작에서 조시아나의 반점은 사소한 것이었다. 반점은 그녀의 안색에 따라 보는 사람마다 다른 의미를 가진다. 사람들은 그 점을 '요정이 뺨에 작은 손으로 키스한 것'이라고 여기며 매혹적인 무언가로 생각했다. 그러나 에일머에게 조지아나의 반점은 그저 인간의 치명적 약점이며 저급하고 야만적인 것이었다. 조지아나의 반점은 이상적인 인간 주체에 적합하지 않으며 그녀를 악마화한다. 에일머에게 반점은 죄와 슬픔, 부패, 죽음의 상징이며 공포와 두려움을 제공한다. 이러한 감정은 에일머의 깊은 내면에 존재하는 여성에 대한 무의식적 혐오감과 만나 여성을 불완전한 대상으로 만든다.

「반점」은 정교하게 잘 만들어진 SF이자 과학의 모순과 허구에 대한 호손의 논평이다. 호손은 과학기술이 자연의 한계를 극복하고 물질적 진보와 개선을 이룰 수 있다는 점을 인정하면서 과학에 대한 인간의 과도한 개입과 왜곡의 결과를 검증한다. 인간이 과학의 힘에 대한 과도한 지지와 집착으로 무엇이든지 다 이루어 낼 수 있다는 자신감과 오만은 비극적 결과를 맞이할 수 있음을 예견한 것이다. 여기서 이 소설의 문제는 남성 과학자에 의한 여성의 희생을 재현하고 있다는 점이다. 비극은 남성 과학자가 아닌 여성에게 일어난다.

「라파치니의 딸」역시 「반점」과 유사하다. 남성 과학자가 등장하고 여성이 실험 대상으로 존재하고 결국 희생된다는 점에서 공통점이 있다. 과학자이자 의사인 라파치니Rappaccini는 자신의 정원에서 독성을 지닌 식물을 기르며 연구에 몰두한다. 그는 "식물들의 정수를 증류해서 마력적인 효능이 있는 약"(p.254)을 만들어 낼 정도로 탁월한 과학자이다. 그에게는 베아트리체Beatrice라는 딸이 있는데, 라파치니는 그녀에게도 치명적인 독성을 부여하는 이기적인 과학실험을 시행한다.

소설은 지오바니Giovanni라는 한 청년이 파두아의 대학으로 유학을 오면서 전개된다. 그는 라파치니 박사의 옆집에 살면서 우연히 베아트리체를 만나 사랑에 빠지게 된다. 베아트리체는 아버지 라파치니를 떠나 지오바니와 함께하길 원하지만 그것은 이루어질 수 없다. 베아트리체는 아버지 라파치니에 의해서 독성에 중독되었기 때문이다. 라파치니는 독성을 지닌 식물을 키우면서 베아트리체도 서서히 독에 중독되도록 만들었다. 그녀의 모든 것은 독이며 그녀의 숨결조차 다른 사람들에게 독이 된다. 지오바니 역시 베아트리체에 의해 독에 중독되고 만다.

라파치니는 베아트리체를 인간의 한계와 여성의 연약함으로부터 벗어나게 한다는 명목으로 그녀를 외부와 차단하고 고립시킨다. 그는 딸을 "모든 악을 당하기만 하고 행할 수 없는 약한 여자"(p.297)가 아닌 어떤 힘도 대적할 수 없는 강한 여자로 만들겠다는 것이다. 라파치니의 의도는 아버지의 사랑이나 보호가 아닌 여성을 하나의 소유물로 통제하는 가부장적 권위의 작동이다. 지오바니는 베아트리체를 독의 정원에서 구하고 자신의 사랑을 완성하기 위해 라파치니를 시기하는 동료 베글리오니Baglioni에게 받은 해독제를 그녀에게 준다. 그러나 독을 먹고 독과 함께 자라온 그녀에게 해독제는 오히려 죽음을 재촉하게 만들었다.

에일머나 라파치니의 잘못은 그들이 뛰어난 과학적 지식과 기술을 가지고 과학을 추앙한다는 사실 그 자체가 아니다. 그들의 잘못은 과학 기술을 무조건적으로 숭배하며 인간의 한계를 뛰어 넘을 수 있다는 잘못된 믿음과 신념을 가지고 있다는 것이다. 에일머는 마음만 먹으면 인간을 창조할 수 있으며 인간의 생명을 연장하는 약을 만들 수도 있다고 생각했다. 라파치니는 독으로 가득한 에덴동산에서 스스로 창조주가 되기를 원했다. 여기서 두 과학자의 죄는 여성을 하나의 도구로, 실험실의 대상으로만 인식하여 동등한 인격체로 여기지 않았다는 점이다. 조지아나와 베아트리체의 죽음은 그녀들이 가지고 있는 독성이 아니라 외부의 독성, 즉 남성들의 가부장적 권력과 파괴의 힘에 원인이 있다. 특히 베아트리체의 비극은 아버지 라파치니의 맹목적 권위와 라파치니를 시기한 동료 베글리오니의 불완전한 과학적 지식과 지오바니의 무분별한 이기심으로 인해 야기된다.

호손의 소설은 과학에 대한 기대와 열정, 한편으로는 지나친 과학적 집념에 대한 우려와 걱정이 모두 들어있는 작품이다. 인간은 과학적 지식과 연구를 통하여 자연 현상을 설명할 수 있으나 자연의 변화와 창조력은 모방할 수 없다. 에일머와 라파치니가 과학적인 질서로 우주를 규명하고 그것을 통해 인간의 한계를 뛰어넘으려 할 때 그들의 가장 위대한 실험은 실패로 끝났다. 그들은 인간의 한계와 유한성을 인간에게 가장 확실한 방법, 즉 죽음에 의해 깨닫게 된다. 아이러니하게도 그 죽음은 바로 여성들의 희생이었다. 남성 과학자에 의한 여성의 죽음은 남성만 '인간'으로 간주되어 온 서구 사회에서 여성이 배제되고 차별받고 있었던 사실을 증명한다. 호손의 세계에서 과학은 남성이고 자연은 여성이며 과학은 자연을 지배하고자 했다. 오랜 시간 동안 과학은 객관적이며 이성적이고, 보편적이며 주관성과 감정을 철저하게 배제한다고 믿었다. 과학에서의 남성 중심적 편견이 작동되면서 여성의 부재는 무의식적으로 세뇌되었다. 초기의 SF 역시 여성의 이익을 위해 상상되지 않았다. 초기 SF는 과학을 실행하는 주체를 오직 남자로, 실험의 대상을 여성으로 그리는 것에 주목했다.

....

2장

여성은 '진짜' SF를 쓰지 않는다?

1. 페미니스트 SF의 등장과 여성 작가의 탄생

여성들은 오랫동안 '진짜' 과학소설을 쓰지 못했다. 여성은 이성이 없고 논리적 개념이나 진실을 추구하지 못하며 과학을 싫어하기 때문이나. 여성의 관심은 오로지 신분 상승을 할 수 있는 결혼과 부를 이룰 수 있는 욕망에만 휩싸여 있다. 여성들은 책이나 논문 대신 양말을 꿰매거나 국을 끓이는 일에만 집중해야 했다. 여성들은 그저 유령이야기와 공포물, 로맨스물만 좋아하며 쓰거나 읽는 행위에는 도통 관심이 없다.

정말 여성들은 글을 쓸 수 없으며 작가가 될 수 없는 것인가? 여성들은 진실과 과학을 싫어할까? 여성들의 관심은 오직 연애와 결혼에만 집중되어 있을까? 그렇지 않다. 여성들은 책과 신문을 읽고 집안일과 아이들을 챙기고 난 후 남는 힘을 모아 글을 썼다. 버지니아 울프 Virginia Woolf가 『자기만의 방A Room of One's Own』(1929)에서 여성이 글을 쓰기 위해서는 '돈과 자신의 방'이 있어야 한다고 한 점은 시사하는 바가 있다. 울프는 만약 셰익스피어에게 여동생이 있었다면 그녀 역시 셰익스피어만큼 모험심이 강하고 상상력이 풍부했을 거라고 말한다. 하지만 그녀의 호기심과 지적 열망도 그녀를 연극 무대에 서게 하거나 글을 쓰게 하지는 못했을 것이다. 왜냐하면 여성들은 가사노동과 가족을 돌보는 역할만 수행했기 때문이다. 재능을 가진 여성은 심지어 마녀나 요술쟁이같은 공포와 조롱의 대상으로 취급받았다.

1960년대 후반 여성 작가들이 과학소설계에 나타났다. 어쩌면 그들은 이미 있었을 지도 모른다. 다만 보이지 않았을 뿐이다. SF는 전통적으로 남성의 전유물로 인식되어 왔다. 작가가 남성이고 독자도 남성인데다 주요 등장인물마저 남성이었으며 여성은 악당이나 괴물의 표적이나 포로가 되어 상황을 더욱 악화시키는 장치로 사용되었다.

펄프 SF 작가인 버로스의 『화성의 공주』는 남부 출신 퇴역 장교인 카터가 초자연적인 현상으로 화성에 가게 되는데 그곳에서 외계인 공주와 사랑에 빠진다는 단순한 이야기이다. 그럼에도 『화성의 존 카터John Carter of Mars』라는 제목의 시리즈로 출간될 만큼 인기를 끈다. 이러한 성공은 마초적 주인공과 성적 매력을 가진 외계 여성과의 단순한 관계 설정이 남성들의 성차별적인 욕망을 그대로 반영하면서 당시 주 독자층을 겨냥했기 때문이다.

황금시대의 SF 역시 여성들은 여전히 아내나 어머니 역할로만 제한되며 주변적인 인물로 등장하거나 존재하지 않는다. 하인라인의 『스타쉽 트루퍼스』는 병역을 이수해야 완전한 시민권을 획득하는 미래 사회를 배경으로 한다. 외계 생물과 전쟁을 벌이는 내용으로 오로지 군대식 이념과 가치를 이상화한다. 이 소설에서 여성은 '남성성의 공격적 팽창'으로 상징된 군대에 의해 거의 사라진 존재이다. 톰 고드윈Tom Godwin

의 「차가운 방정식The Cold Equations」(1954)에서도 여성은 불필요한 존재로 인식된다. 소설의 배경은 개척 행성으로 필요한 의료용품을 싣고 가는 우주선이다. 우주선은 임무를 위해 정밀하고 엄격한 수학적 방정식으로 작동된다. 그때 젊은 여성이 행성에 있는 오빠를 만나기 위해 몰래 우주선에 탑승한다. 그녀는 벌금을 내려고 했지만 조종사는 그녀로 인해 우주선의 무게가 연료 한도를 초과한다며 임무를 수행할 수 없다고 생각한다. 결국 조종사와 우주 본부는 더 중요한 임무를 수행한다는 명분으로 여성을 우주 밖으로 내쫓아 죽게 만든다. 소설의 내용은 너무나 차갑고 잔인하다. 분명 다른 대안이 있었을 것이다. 여성 대신 다른 중량을 버리거나 본부에서 다른 우주선을 파견할 수도 있을 것이다. 그러나 여성은 인류의 생존을 위해 손쉬운 희생양이 되어야만 했다. 소설에서 여성의 자유로운 이동은 억압적 규율과 강제적 시스템으로 차단된다. 결국 과도한 규칙과 규범은 여성의 주체적 삶을 가로막는 현실의 반영이다.

여성 작가들은 SF가 혁신적인 실험정신과 놀라운 상상력으로 제도의 한계를 벗어나지만 여성 문제에 있어서만은 전혀 혁신적이지 않고 관습적인 행위를 반복하고 있는 것에 대해서 크게 분개하였다. 조애나 러스 Joanna Russ는 자신의 에세이 「과학소설에서의 여성 이미지The Image of Women in Science Fiction」에서 "SF는 본질적인 가치와 자연스러운 사회제도에 관한 가설을 탐구하고 폭발시키는 데 완벽한 문학 양식으로 간주되곤 한다"고 말하면서 그럼에도 불구하고 SF는 "남성과 여성 간의 본질적인 차이, 가족구조, 성 등 젠더의 역할에 관한 사고는 전혀 존재하지 않는다"고 하면서 여성들의 세계를 구축할 것을 주장하였다. 여성 작가들은 페미니즘과 민권운동 등 기존 사회질서와 가치, 제도에 반하는 반문화적 사상에 경도되었고, 이를 통해 자신들의 작품이 페미니즘적 렌즈를 통해 다르게 상상되기를 원했다. 파멜라 사전트Pamela Sargent는 페미니스트 SF의 탄생을 옹호하면서 다음과 같이 말한다.

> SF와 판타지 문학만이 우리에게 여성들을 완전히 새롭고 특이한 환경에 담아 보여줄 수 있다. 이 하위문학 장르는 우리가 살아가는 현재의 제약 조건들이 사라진다면(그리고 사라질 때) 우리에게 무슨 일이 닥칠지를 탐구할 수 있고, 우리에게 그로 인해 야기되는 새로운 문제들과 새로운 조건들을 보여줄 수 있다. 이 장르는 과거의 문학이 주인공 여성 캐릭터를 예외로 취급해 온 그 자리에서, 그러한 여성을 당연한 존재로 묘사해 보여 줄 수 있다.

페미니스트 SF의 등장은 서구의 두 가지 문화 변동과 함께 이루어졌다. 첫 번째가 '뉴웨이브New Wave' 운동이다. 뉴웨이브는 1950년대 말과 60년대 '새로운 바람'이라는 이름처럼 프랑스와 영국의 영화와 음악, 문학 등의 매체에서 일어난 문화 예술 운동이다. 전통과 규범을 벗어나고자 하는 열망과 반항의 기조가 가득한 뉴웨이브는 아방가르드한 문화의 실천이다. 이에 영향을 받은 뉴웨이브 SF New Wave Science Fiction가 탄생되었다.

SF 계보에서 뉴웨이브 SF는 전통적 또는 황금기 SF에 대한 대응이다. 뉴웨이브 SF는 전통적인 선형적 서사에서 벗어나 의식의 흐름에 따른 플롯을 전개하면서 복잡한 사고를 가능하게 하는 서사를 추구했다. 전통적 SF가 기술과 우주개발을 소재로 하여 침략과 식민지 개척을 강조했다면, 뉴웨이브 SF는 기술이 사회에 미치는 영향, 성평등, 환경문제 등 사회적, 정치적 문제를 다루었다. 또한 뉴웨이브 SF 작가들은 기존 SF의 고정관념과 관습을 전복하거나 도전하는 것으로 유명했는데, 선과 악의 명확한 구분에 의문을 제기했으며, SF와 판타지 또는 초현실주의와 같은 장르 경계의 모호성을 넘나드는 소설을 썼다.

뉴웨이브 SF가 등장하면서 기존의 SF 작가들도 혁신적이고 실험적인 SF를 출간했다. 마이클 무어콕은 『뉴 월즈New Worlds』(1964)에서 SF가 우주 시대의 현실을 깊이 생각하고 이야기하는 새로운 방법을 발전시켜야 한다고 제안한다. 또한 새로운 문학적 기법은 SF뿐만 아니라 소설 그 자체의 침체에 대한 해답이라고 주장한다. 그는 SF를 더 포괄적인 '사변적 판타지Speculative Fantasy'로 재정의하면서 지구 밖 우주에서 인간의 정신세계에 대한 탐색으로 SF의 관심을 전환시킨다.

할란 엘리슨Harlan Ellison은 선집 『위험한 비전Dangerous Visions』(1967)을 출판하였는데, 이 선집에는 기존에 논란이 많았던 소설이 포함되었다. 이후 엘리슨은 『다시, 위험한 비전Again, Dangerous Visions』(1972)을 출간하였고 여기에 그 유명한 조애나 러스의 「그것이 변했을 때When It Changed」가 실리게 된 것이다. 뉴웨이브 작가들은 단순히 세계를 반영하는 것 이상의 글을 써야 한다고 느끼면서 새로운 정치와 사회를 탐색하려고 노력했다. 그들은 더 이상 낡은 서사 형태로는 변화하는 문학과 우리의 삶을 구성할 수 없다고 느낀 것이다.

페미니스트 SF의 탄생을 견인한 또 한 가지 움직임은 1960년대 중반에서 70년대 일어난 제2물결 페미니즘이다. 제2물결 페미니즘은 여성의 권리와 평등이 강조되면서 사회적 억압으로부터 여성을 해방시키는 목적을 가지고 탄생되었다. 1920년 여성 참정권이 부여되면서 여성들은 법적 평등과 선거권 부여, 교육, 고용, 부동산 소유의 권리를 인정받았다. 그러나 여성에 대한 근본적인 차별 및 구조적 억압은 여전히 해결되지 않고 있으며 실질적 권리 실현과 젠더평등은 요원한 일이 되었다.

1963년 기자 출신의 베티 프리단Betty Friedan이 제2물결 페미니즘 운동의 도화선이 된 『여성성의 신화The Feminine Mystique』를 출간했다. 프리단은 이 책에서 제2차 세계대전 이후 여성들이 가지고 있는 '이름 붙일 수 없는 문제'*⁴가 여성 개인의 문제가 아님을 지적했다. 그녀는 아내와 주부라는 전통적 역할에 대한 강조를 통해 남성 중심적인 가부장제가 여성을 어떻게 길들이고 고정된 성 역할을 강제해 왔는가를 분석한다. 프리단은 '여성의 신비'가 냉전이라는 특정한 시대에 특별한 목적으로 작동되고 있음을 비판했다.

케이트 밀렛Kate Millett, 슐라미스 파이어스톤Shulamith Firestone 등의 페미니스트들은 남녀 간의 불평등한 권력관계의 원인을 남성이 여성의 역할을 공적인 것에서 개인적인 영역, 즉 가정까지 지배한 것으로 파악했다. 그들은 일부일처제 가족 형태의 변혁과 성 역할 폐지를 주장하면서 여성 해방이라는 급진주의 페미니즘Radical Feminism을 표방하였다. 밀렛은 부권제 이데올로기가 문화의 모든 면에 속속들이 스며들어 있으며 우리 삶의 모든 측면, 심지어 가장 개인적인 부분과도 관련되어 있다고 비판했다. 급진주의 페미니스트들은 남자들이 여자들의 성 생활과 출산 행위, 자아 정체성, 자존심, 자부심 등을 지배하는 것은 인간이 행하는 모든 억압 행위 중에서 가장 근원적인 것임을 극명하게 인식한다.

파이어스톤은 『성의 변증법The Dialectic of Sex』(1970)에서 여성의 해방을 위해서는 강도 높은 변혁이 필요함을 주장하며 "페미니스트 혁명의 최종목적은 남성 특권의 폐지뿐만 아니라 성 구분 자체를 철폐"하는 것임을 역설하였다. 파이어스톤은 가부장제는 여성과 아이들이 완전한 사람 노릇을 하지 못하게 막는 계급 체제의 일부이며 억압적 사회구조에서 여성들을 해방시키기 위해 과학기술을 창조적으로 사용하자고 주장했다.

미국의 평등권 수정헌법이 1972년 의회를 통과하고, 1973년 로 대 웨이드Roe vs. Wade[*5]와 도 대 볼턴Doe vs. Bolton 대법원 판결은 임신을 선택할 수 있는 여성의 권리를 확인했다. 이러한 사회적, 문화적 배경은 여성들의 자유로운 글쓰기를 허용했다. 또한 페미니즘은 작가들에게 여성주의적 인식과 개인과 사회에 대한 문제의식을 촉발했다.

많은 여성 SF 팬들과 편집자들 그리고 작가들은 페미니즘의 통찰을 받아들였다. 그들은 페미니즘이 가부장제 사회의 견고한 가치에 도전하며 가부장 사회에서 당연하게 여겨지는 남성 우월주의에 저항한다는 사실을 인식한다. 페미니스트 SF는 제한되지 않은 상상력이라는 강력한 아이디어를 통해 억압된 사회구조 속의 여성 문제에 접근하는 장르이다. 여성 작가들은 페미니스트 SF를 통해 SF 속 가상의 공간에서 여성과 사회에 관심을 가지며 새로운 사회 형태를 탐구하고 현실 사회의 문제점을 고찰한다.

러스는 페미니즘 정치학을 SF에 사용한 대표적인 작가이다. 그녀는 SF가 단순히 여성의 제한된 문화적 역할을 재생산하는 것 이상의 일을 해야 하고 SF가 가진 외삽적·사변적 잠재력을 정치적 실천을 위해 사용해야 한다고 주장해 논쟁을 불러일으켰다. 러스는 여성 작가들에게 문화는 남성이라는 등식에서 벗어나 성 역할을 무시하고 문화에 얽매이지 않는 인간 지능과 인간 적응력에 대한 신화를 발전시킬 수 있는 장르로서 SF를 제시했다. 어슐러 K. 르 귄Ursula K. Le Guin 역시 1986년 「소설판 장바구니론」에서 남성주의적인 "선형적이고 진보적인 기술 영웅

Techno-Heroic의 (살해하는) 화살 모드"를 없애고 기술과 과학을 지배의 무기가 아닌 주로 문화의 장바구니로 재정의하는 여성 작가를 장려하여 SF가 "기묘한 리얼리즘"이지만 실제로 일어나는 일을 묘사하려는 방식이 될 수 있도록 제안했다.

파멜라 사전트는『경이의 여성들Women of Wonder』(1974)에 이어 연이어 출간한『새로운 경이의 여성들The New Women of Wonder』(1978) 선집에서 SF에 대한 여성의 기여를 강조했다. 또한 그녀는 페미니즘적 감수성이 SF장르를 변형시켰다고 주장하면서 여성 SF의 역사를 회복하는 데 일조했다. 세라 레퍼뉴Sarah Lefanu는 페미니스트 SF의 출현과 관련하여 SF는 본질적으로 페미니즘과 친숙하다는 점에 주목한다. 레퍼뉴의 관점에서 페미니스트 SF는 시간과 공간 여행, 평행우주, 모순의 공존, 블랙홀과 사건의 지평선 등의 은유를 담고 있어서 과학과 기술에 대한 대안적 비전을 그리며 고전 SF의 남성 지배에 도전하는 흥미롭고 도발적인 미래 페미니스트 이미지를 제시한다.

페미니스트 SF는 가부장적 신화를 폭로하고 전복하면서 다시 쓰는 신화이자 현실 세계 변화의 가능성을 포함한다. 또한 페미니스트 SF는 대안적 현실을 제시하고, 기존의 문화적, 사회적 가치에 의문을 제기하며, 여성에게 인식자가 아닌 지각자의 역할을 부여하고, 여성을 능동적인 변화의 주체로 만들고, 가부장제 사회가 여성을 예속시키기 위해 구축한 부정적인 신화에 의문을 제기하는 것을 목표로 삼았다. 결론적으로 페미니스트 SF는 "과학, 재생산, 젠더에 대한 전통적이고 가부장적인 개념을 재고하도록 가르칠 수 있는 방식"을 검토하고 여성의 경험을 인정하는 과학적 신화를 재구성한다.

2. 그녀들의 역사

최초의 SF는 앞서 언급한 대로 메리 셸리의『프랑켄슈타인』이다. 하지만 페미니스트 SF 역사는 셸리 이전에 시작되었다고 할 수 있다. 최초의 여성 유토피아 소설인『불타는 세계The Blazing World』가 1666년에 씌었다. 저자인 마거릿 캐번디시Margaret Cavendish는 17세기에 처음으로 자신의 이름으로 작품을 쓴 작가이자 철학가이다. 그녀는 전기, 자서전, 산문, 희곡, 소설, 시, 서간집 등 온갖 장르를 아우르는 13권의 저서를 출간한 다작 작가였고 1667년 왕립학회 회합에 참석해 과학실험을 지켜본 최초의 여성이었다. 그녀는 여성의 글에 엄청난 비난을 퍼붓던 시기에 글을 쓰고, 여성들도 남성들처럼 이성적이고 합리적인 방식으로 지식을 논할 수 있음을 주장한 특별한 인물이다.

『불타는 세계』는 한 여성이 말하는 동물들이 살고 있는 세계에 우연히 납치되어 황후가 된 후 그 세계를 지배하고 통치하는 내용이다. '불타는 세계'라는 이름을 가진 그곳은 도시 전체가 황금으로 되어 있으며 거대한 지붕과 아치 기둥을 가진 건물들이 도시 전체를 뒤덮고 있다. 소설은 현재 외에 다른 세계가 복수로 존재하는 평행우주의 설정을 가지고 있다. 주인공은 현실 세계에서 이루지 못한 여러 가지 일들을 가상의 세계에서 누리며 여왕으로서 권력과 명성을 가진다. 그녀는 지식을 논하는 학자로, 다른 세계를 구원하는 전쟁 영웅이 되기도 한다. 『불타는 세계』는 사고하는 여성 인물이 주인공으로 등장하면서 다양한 역할과 경험을 한다는 점에서 의미가 있다. 이야기의 대부분은 과학과 철학에 대한 논쟁으로 이것은 작가 캐번디시의 사상을 반영한다.

메리 셸리 이후 1920년대와 1930년대 남성 펄프 작가들이 현대적

SF를 구성하기 위해 웰스, 베른, 포를 차용하고 그들의 이야기를 모델로 삼았던 것처럼, 여성 작가들은 셸리의 『프랑켄슈타인』을 추앙하고 모방하기 시작하였다. 여성 작가들은 프랑켄슈타인의 딸로 자신들의 모습을 그리거나 셸리와 프랑켄슈타인으로 동일시하면서 자신들의 SF를 창조했다. 1920년대까지만 해도 남성 과학자, 1인칭 남성 내레이션, 외계인으로서의 여성 재현은 남성 SF의 관습이었다. 따라서 가부장적이고 강제적인 제약에서 살아남기 위한 셸리의 전략은 여성 작가들에게 유용한 지침이 되었다. 1920년에서 30년대 등장한 클레어 윙거 해리스Clare Winger Harris의 「인공인간The Artificial Man」(1929), 소피 웬젤 엘리스Sophie Wenzel Ellis의 「빛의 창조물Creatures of the Light」(1930), L. 테일러 한센 L. Taylor Hansen의 「구름 위의 도시The City on the Cloud」(1930) 등에서는 셸리의 『프랑켄슈타인』에 대한 암시가 등장한다. 한센은 자신의 성별을 숨기기 위해 남성 모습의 이미지를 잡지에 사용해 글을 쓰기도 했다.

샬럿 퍼킨스 길먼Charlotte Perkins Gilman의 『허랜드Herland』(1915)의 젊은 여성은 "한 어머니에게서 내려온 하나의 가족 …… 새로운 종족을 만들어 낸 것이다"(p.95)라는 표현을 하는데 이것은 프랑켄슈타인 박사가 만들다 없애버린 여성 괴물의 대를 잇는 것처럼 느껴진다. C. L. 무어C. L. Moore의 「여성은 태어나지 않았다No Woman Born」(1944)에서 과학자 말처Maltzer와 여성 사이보그 디어드레Deirdre의 관계는 메리 셸리의 프랑켄슈타인 박사와 괴물의 관계가 연상된다. 하지만 디어드레는 "나는 죽은 시체로 만든 괴물이 아닙니다. 나는 나 자신입니다. 당신은 내 삶을 창조하지 않았고 지켰을 뿐입니다. 나는 복종하는 로봇이 아닙니다. 나는 자유의지가 있고 독립적이며, 인간입니다"(pp.278-279)라며 프랑켄슈타인의 괴물과 자신은 다름을 항변한다. 디어드레는 자신을 남성의 피조물이 아닌 주체적 존재로 인식한다. 러스의『여성남자The Female Man』(1975)의 주인공 조애나가 소설의 끝에서 "나는 시인이다! 나는 셸리다! 나는 천재다!"(p.151)라고 언급하는 부분 역시 여성들의 SF 계보가 이어지고 있음을 의미한다.

1930년대 가장 영향력 있는 작가인 안드레 노턴은 강한 여성 주인공을 통해 전통적 SF의 한계를 벗어나 SF에 스며든 이분법을 유쾌하게 풀어내고 있다. 그녀는 마법을 이용해 통치하는 여성 마녀를 묘사하면서 사이오닉스psionics라는 기술적 대안을 소개한다. 소설은 기계에만 의존하는 남성 중심의 과학과 텔레파시로 소통하는 여성적 마법의 갈등을 통해 과학과 진보에 대한 통념을 검토하게 한다. 이에 대해 조앤 D. 빈지Joan D. Vinge의 소설『사이온Psion』(1982)은 주인공의 정신적 대모로 묘사되는 인물을 노턴에게 헌정하였으며, 휴고상을 수상한 C. J. 체리C. J. Cherryh는 "세계를 창조하는 우리 대부분은 노턴의 마녀 세계에 큰 빚을 지고 있다"고 언급하며, 노턴이 능동적인 여성 캐릭터를 창조한 최초의 작가임을 인정했다. 노턴은 과학과 예술의 경계를 모호하고 혼란스럽게 만듦으로써 독자로 하여금 구분과 범주에 대한 전제에 의문을 제기했다.

제2차 세계대전 이후와 냉전 시대의 여성 작가들은 SF장르를 사용하여 급변하는 정치와 사회 및 기술 환경을 비판적으로 평가했다. 여성 SF 작가들은『아발로니안Avalonian』,『어스타운딩Astounding』,『판타지와 과학소설 잡지Fantasy and Science Fiction Magazine』,『갤럭시Galaxy』등 과학 잡지에 자주 등장하며 형식과 내용의 경계를 넓히는 새로운 아이디어를 선보이기도 했다. 셜리 잭슨Shirley Jackson의『땅콩과 함께, 보통의 날One Ordinary Day, with Peanuts』(1956)과『오멘The Omen』(1958)은 페미니스트 SF와 사변소설 사이의 경계를 모호하게 하지만, 이러한 소설의 출판은 페미니스트 SF 작가들이 페미니즘 프로젝트에 직접 참여할 수 있는 실질적인 기반을 마련했다. 르 귄과 제임스 팁트리 주니어James Tiptree Jr., 옥타비아 버틀러Octavia E. Butler 등의 많은 여성 SF 작가들이 펄프잡지를 통해 SF를 접했으며 읽고 등단할 수 있게 된다.

1940년대 이후 여성들이 SF에 관심을 갖게 된 주요 요인은 문학적으로 매력적이고, 미적으로 혁신적인 SF가 늘어났기 때문이다. 대표적인 작품으로 르 귄의 『어둠의 왼손The Left Hand of Darkness』(1969), 마지 피어시Marge Piercy의 『시간의 경계에 선 여자The Woman on the Edge of Time』(1976), 러스의 『여성남자』가 있다. 이 작품들은 성별 없는 세계를 창조함으로써 사회적 차별이 없는 젠더평등 사회를 그린다.

1960년대와 70년대 비평가들(물론 남성 비평가들)은 여성 SF 작가들을 적대적인 태도로 대하였다. 그들은 SF의 기존 질서에 도전하는 진보적인 글을 싫어했다. 러스가 『여성남자』 발표했을 때 많은 남성 비평가들은 이 작품이 너무나 실험적이며 인식론적으로 결여되어 있고 일관성 없는 플롯과 결말의 미결정성으로 인해 평가할 가치조차 없다는 비난을 하였다. 출판업자 역시 이 작품이 "자기연민의 칭얼거림"이 가득한 소설이라고 평가하였다. 그러나 이 시기에 글을 쓰기 시작한 여성 SF 작가들은 여성 주체의 회복과 사회정치적 비판을 위해 SF가 사용될 수 있는 가능성을 깨닫게 된다.

70년대 이후 페미니스트 SF는 만화, 그래픽노블, 영화 등의 대중매체로 확장되면서 독특한 여성 캐릭터를 창조한다. 처음 등장한 캐릭터는 할리우드에서 제작한 원더우먼Wonder Woman이었다. 원더우먼은 1941년에 『올스타 코믹스All-Star Comics』에 처음 등장했지만 후에 애니메이션 TV 시리즈에서 실사 영화로 전환되면서 크게 센세이션을 일으켰다. 원더우먼은 외계 행성의 공주로 강력한 힘을 가진 인물로 묘사되었다. 그녀는 평화를 사랑하며 세상의 불의에 맞선다. 1977년에 우리나라에서 도 이 시리즈가 TV로 방영되면서 선풍적인 인기를 끌었다.

1980년대와 90년대에도 페미니스트 SF는 여전히 중요하고 영향력 있는 장르로 남아있다. 옥타비아 버틀러, 마거릿 애트우드, 로이스 맥마스터 부졸드Lois McMaster Bujold, 팻 캐디건Pat Cadigan 등은 활발한 작품 활동을 통해 재생산권, 성 정체성, 기술과 성별의 교차점과 같은 주제를 탐구했다. 페미니스트 SF는 계속해서 진화하고 확장하고 있으며 교차적 페미니즘과 퀴어 문제 및 사회 정의의 다른 측면을 탐구하고 있다. N. K. 제미신N. K. Jemisin의 『다섯 번째 계절The Fifth Season』(2015)과 앤 레키Ann Leckie의 『사소한 정의Ancillary Justice』(2013)는 젠더와 정체성에 대한 혁신적인 접근으로 호평을 받고 있다.

SF 탄생의 기원에는 메리 셸리라는 여성 작가가 있다. 셸리는 SF를 창조했지만 남성 비평가들은 셸리의 SF를 남성의 이야기로 여기고 셸리의 이름을 SF 역사에서 배제시켰다. 마크 로즈Mark Rose는 셸리가 SF를 명명하지 않았고 그 장르가 아직 존재하지 않았기 때문에 『프랑켄슈타인』은 실제로 SF가 아니라고 주장한다. 다코 서빈 역시 『프랑켄슈타인』을 실패한 프롤레타리아 혁명의 인물이 등장하는 "결함이 있는 하이브리드 공포이야기"로 평가절하한다. 수많은 SF 역사서와 편집자들은 여성을 SF계보에서 배제했지만 여성 작가들은 존재했으며, 그들은 끈기 있고 고집스럽게 SF를 쓰고 있다.

페미니스트 SF는 성별과 정체성에 대한 대안을 형성하고, 전통적인 성 역할에 도전하며, 보다 포용적이고 평등한 미래를 구상하는 데 중요한 역할을 해왔다. 페미니스트 SF는 과학소설계에서 계속해서 활기차게 진화하는 장르로 자리 잡고 있다. 여성 작가들은 셸리가 제기한 질문, 즉 여성을 배제하지 않는 과학을 만들고, 외계인으로서의 여성의 정체성과 남성 중심 세계에서 여성의 목소리를 찾는 방법을 끊임없이 탐구한다.

3. 페미니스트 SF의 형식과 특징

앞서 페미니스트 SF의 역사에서 살펴본 것처럼 페미니스트 SF는 가부장적 사회 현실의 제약을 탈피하고 여성에게 불가능한 가능성을 제시하는 목적을 가지고 있다. 그것은 가부장제 사회가 여성을 예속시키기 위해 구축한 부정적인 신화에 의문을 제기하는 것을 의미하며 여성을 능동적인 변화의 주체를 만들고 행위자로서 역할을 부여하는 것이다.

익숙한 세계를 낯설게 만드는 SF의 형식은 상상을 통해 가능한 세상을 질문하고 변화시키는 힘이 된다. 따라서 고전 SF의 규범과 가치를 전복시키는 페미니스트 SF의 형식은 실험적이고 혁신적이다. 고전 SF와 페미니스트 SF의 첫 번째 차이는 소재와 주제의 다양성과 범위이다. 고전 SF가 과학기술과 우주탐사, 식민지 개척, 시간 여행 등의 자연과학 및 테크놀로지를 소재를 사용했다면, 페미니스트 SF는 인간과 사회에 대한 폭넓은 관심을 정밀하게 다루면서 재사유한다.

고전 SF의 예는 하인라인과 아시모프를 들 수 있다. 하인라인은 과학 엘리트주의의 영향을 받아 『스타쉽 트루퍼스』를 비롯해 『낯선 세계의 이방인』, 『달은 무자비한 여주인The Moon is a Harsh Mistress』(1966) 등 많은 SF를 발표하였다. 하인라인은 전 세대의 독자를 위해 미래를 이해하기 쉽게 만들어 준 '타고난 이야기꾼'이라는 평가를 받았지만 한편으론 보수적인 정치 성향으로 '군국주의자' 혹은 '파시스트'라는 비난을 받기도 하였다. 「달을 판 사나이The Man Who Sold the Moon」(1950)에서 달 여행을 하는 사업가는 화학연료 로켓 기술을 개발하고 핵연료를 생산하는 우주 정거장을 건설한다. 하인라인은 소설에서 달을 통제하려는 주인공을 통해 개인과 기술, 경제 그리고 법과 통치 체계 사이의 권력관계를 보여준다. 「폭발이 일어난다Blowups Happen」(1940)에서는 당시 유행하던 원자력 기술을 묘사한다.

아시모프는 SF 작가이자 대학에서 과학을 전공한 과학자이다. 그의 대표작으로는 『파운데이션』 시리즈가 있다. 『파운데이션』은 과학 철학을 중심으로 500년간 '은하제국'의 흥망성쇠를 보여주며 인류의 문명을 보존하기 위하여 핵 기술을 세어하는 파운데이션 성립과 그 과정에서 일어나는 행성 간 대결이나 행성 전쟁 등을 다루고 있다.

이와 달리 페미니스트 SF는 여성과 젠더, 소수자와 타자, 유토피아와 디스토피아, 환경과 생태 등 다양한 소재와 주제를 사용하면서 폐쇄적 사회구조와 그 사회를 이루고 있는 시간과 공간의 통일성을 해체한다. 따라서 페미니스트 SF는 보다 정치적이며 사회 비판에 초점을 맞춘다. 또한 페미니스트 SF는 성별과 인종, 계급, 섹슈얼리티 등의 교차적 측면을 탐색한다. 교차성이 개인의 경험과 기회에 어떤 영향을 미치는지 탐구하는 것이다. 러스는 평행세계를 통해 유동적 정체성과 젠더 문제에 대해 탐구하고 르 귄은 유토피아와 디스토피아의 문제에 천착한다. 피어시는 『시간의 경계에 선 여자』에서 페미니스트 유토피아와 대체 과학, 모성에 대한 신화의 재구성, 공동체, 가족의 의미를 고민한다.

여성 독자들은 인간과 사회, 공동체와의 상호작용에서 구상된 캐릭터와 상황에 중점을 두고 SF를 읽는다. 그들은 SF가 전 지구적 과학기술 시대에 여성의 삶의 변형뿐만 아니라 다양한 집단 간의 불평등한 관계를 탐구한다는 점을 더 큰 매력으로 여긴다. SF의 플롯이 기술의 남성적 측면에서 삶의 정서적이고 개인적인 측면으로 강조점이 바뀐 것은 주요했다. 작가들 역시 여성과 유색인종, 성소수자와 사회적 약자 등 다양한 목소리와 관점을 적극적으로 표현하려고 노력한다.

고전 SF에서 여성은 사라지고, 분열되며 파괴되거나 마녀나 괴물로 형상화되었다. 앞선 살펴본 호손의 작품처럼 여성들은 남성의 권력에 의해 죽음의 대상이 되거나 보이지 않는 존재가 된다. 아서 C. 클라크 Arthur C. Clarke의 SF를 영화화한 〈2001 스페이스 오디세이2001: A Space Odyssey〉(1968)는 인간의 탄생과 죽음, 존재에 관련한 철학적 메시지를 구현할 뿐만 아니라 우주에 대한 희망을 보여준 완성도 있는 걸작으로 평가받는다. 이 영화의 오프닝은 리하르트 슈트라우스Richard Strauss의 〈차라투스트라는 이렇게 말했다Also sprach Zarathustra〉의 장엄한 음악과 함께 강렬한 태양의 모습으로 시작된다. 이어 등장하는 유인원이 공중에 던져 올린 뼈가 우주선으로 오버랩되는 장면은 영화사에서 두고두고 회자되고 있다.[6] 영화 속에 등장한 목성탐사선 디스커버리호가 실제로 1984년에 나사에서 만든 우주왕복선의 이름으로 사용될 정도로 이 영화의 영향력은 매우 컸다. 영화에는 많은 남성 과학자가 등장한다. 그들은 우주탐사를 위해 밤낮없이 연구 활동을 한다. 그러나 영화 속 우주선에는 여성 과학자나 여성 인물은 보이지 않는다. 여성 인물은 주인공을 배웅하는 아내의 모습으로 등장하거나 우주선의 승무원으로 남성들에게 식사와 음료를 제공하는 모습으로 표현된다. 첨단 과학기술의 탐사선에서도 여성은 날씬하고 예쁜 미모를 가진 친절한 승무원의 이미지로 재현될 뿐이다. 러스의 말처럼 SF 속에는 많은 여성 이미지가 있지만 여성은 보이지 않는다.

하지만 페미니스트 SF는 소외된 여성의 목소리와 경험을 서사화한다. 버틀러의 『킨Kindred』(1979)과 『릴리스의 아이들Lilith's Brood』(2000), 『어린 새Fledgling』(2005)의 주요 인물은 모두 여성으로 그들은 주도적으로 자신들의 이야기를 만들고 서사를 이끈다. 『여성남자』의 여성 인물들 역시 공감과 연대의 과정을 통해 여성들이 처해있는 세계의 억압적 현실을 견디며 성장해간다. 『헝거게임The Hunger Games』(2008)의 캣니스 에버딘Katniss Everdeen은 포스트아포칼립스 전체주의 사회에서 적극적으로 삶을 이끌어나가며 공동체를 이끄는 모습을 보여준다.

페미니스트 SF의 또 다른 특징은 시간과 공간, 플롯, 서사구조 등 기존의 문학 형식을 해체하는 새로운 쓰기와 읽기 행위를 창조한다는 점이다. 그것은 "여성에 대한 고정관념을 재검토하고 다시 생각하게" 해방적 행위라고 할 수 있다. 러스는 'SF는 근본적으로 현저히 다른 형식의 문학예술'이라고 이야기하며 페미니즘을 이야기하기엔 SF가 가장 적당하다고 주장한 바 있다. 러스는 아리스토텔레스의 전통적 플롯을 '허구에 대한 믿음'이라고 부른다. 그녀는 단일하고 통일적인 서사가 하나의 정답과 반박 불가능한 해석을 제공하여 여성들을 세뇌시켰음을 주장하면서 남성 중심의 전통적인 내러티브를 비판한다. 러스는 자신의 글을 '서정적'이라고 규정한다. 서정적 양식은 시간 순서나 인과관계 없이도 존재하는 글이다. 그것은 언외의 핵심 주제나 핵심 정서 주위에 개별적으로 흩어진 요소들을 조직하는 원리로, 연합적이다. 즉, 러스의 글은 다양한 이미지와 사건, 장면, 기억을 배치해 말해지지 않고 보이지 않는 핵심 주위를 선회하게 한다. 러스는 모든 여성 작가가 이러한 형식을 쓸 수도 없고 쓰고 싶지 않을 수도 있다고 말한다. 그렇다면 그 대안은 남성의 신화가 아니라 자기경험에서 길어 올린 구조를 모델로 삼는 것이다.

러스의 『여성남자』는 총 9개의 파트로 나누어져 있으며 하나의 파트는 5개에서 18개의 장으로 나누어져 있고 한 장은 3단어에서 여러 페이지로 나누어져 있는 구조이다. 작품의 형식은 글 안에 글이 있는 액자식 형태를 취하고 있으며 동화, 우화, 패러디, 독백, 대화문, 여행기, 인터뷰, 강연문 등 개별적이고 독립적인 하이퍼텍스트적 내러티브 형식을 취한다. 작품의 시간 역시 순차적이거나 선형적이지 않다.

1인칭과 3인칭을 교차하면서 이동하는 『여성남자』의 형식은 한 사람의 나레이터가 동일한 어조로 이야기를 이끌어가는 소설들과는 달리 여성 인물에 대한 독자의 긴장감과 거리감을 개별적으로 제공한다. 서술자가 누구인지에 따라 여성 인물에 대한 판단이 달라지는 것이다. 예를 들어 1인칭과 3인칭 나레이터로 표현되는 다른 인물과 달리 제닌은 처음부터 끝까지 3인칭 서술자에 의해서만 그려지는데 이것은 제닌이 주체적인 선택이 배제된 수동적이며 취약한 여성임을 의미한다.

르 귄의 『어둠의 왼손』 역시 전통적인 SF의 형식을 따르지 않는다. 『어둠의 왼손』은 주인공 겐리Genly와 에스트라벤Estraven의 1인칭 서술, 겨울 행성의 신화와 전설, 우주연합 에큐멘의 특사들이 기록한 인류학 보고서 등 다양한 서사 장치들을 보여준다. 특히 7장 "성에 관한 의문 The Question of Sex"은 게센 행성에 대한 제 1차 에큐멘 조사대 옹 토트

오퐁Ong Tot Oppong 조사원의 현장보고서로 게센의 양성 사회에 관한 정보를 제공하고 있다. 이러한 서술형식은 주인공 겐리의 여정을 단순히 배치하는 것이 아니라 다양한 층위에서 젠더 문제를 해석하려는 작가의 의도가 담긴 시도라고 할 수 있다.

르 귄의 『빼앗긴 자들The Dispossessed』(1974) 역시 특이한 서술구조를 보여준다. 소설은 쉐벡Shevek이 우라스Urras를 향해 떠나는 장면으로 시작하고 마지막 장은 쉐벡이 집으로 돌아오기 위해 우주선에 탑승하여 아나레스Anarres에 도착하면서 마무리된다. 작품의 구조는 아나레스와 우라스의 쉐벡의 삶을 각 장에 번갈아 보여주면서 아나레스 장의 시작은 그 이전 아나레스 장의 끝과 연결되면서 과거와 현재의 이야기가 교차적으로 마치 하나의 뫼비우스 띠처럼 전개된다. 마치 하나의 동심원처럼 연결되는 이러한 서사형식은 쉐벡의 귀환이 끝이 아니라 새로운 이상 사회의 시작이며 출발임을 알리는 것이다. 또한 아나레스와 우라스 사회를 교내로 보여주는 서술은 두 사회를 비교하고 대조하면서 그 어느 곳도 유토피아가 아님을 재현한다.

르 귄은 자신의 에세이인 『세상 끝에서 춤추다Dancing at the Edge of the World』(1989)에서 여자가 살아온 경험을 여자의 판단으로 쓰는 것보다 더 전복적인 행동은 없다고 말한다. 그녀는 이미 버지니아 울프가 1930년에 그 사실을 알고 말했지만 대부분 그것을 잊어서 1960년대에 다시 발견한다고 언급한다. 르 귄은 이제는 여자들이 쓰고 출판하고 예술의 유대, 학문의 유대, 페미니스트 유대로 서로의 글을 읽은 지 한 세대가 지났으며 계속 이렇게 한다면 어쩌면 2000년도쯤에는 활동적이고 창조적인 세력으로 의식을 갖고 살아있는 여자들의 통찰과 판단을 갖게 될 것임을 단언한다.

2부

키워드로 읽는 SF

1장

SF, 젠더로 읽기

1. 가능한 세상을 질문하고 변화시키는 SF

2002년에 개봉되어 흥행에 크게 성공한 〈마이너리티 리포트Minority Report〉가 있다. 톰 크루즈Tom Cruise가 주연을 맡은 이 영화는 범죄를 사전에 예방하는 최첨단 치안프로그램을 운영하는 2054년을 배경으로 한다. 상영 당시 〈마이너리티 리포트〉에는 놀라운 첨단 과학기술이 등장하는데, 범죄자를 잡기 위한 빅테이터를 통한 범죄 예측 시스템, 자율주행차, 가상현실, 홍채 인식, 투명 디스플레이 등이 그것이다. 그때의 허무맹랑한 가상이라고 여겼던 기술들은 지금은 이미 실현 가능한 기술이 되었을 뿐만 아니라 일상생활 속에서 누구나 쉽게 접할 수 있는 것이 되었다. 가상과 실재의 경계가 희미한 현대 사회에서 SF의 상상력은 '상상적 현실'이 되었다.

SF속 먼 미래는 어느새 우리의 현재이고 AI와 자율주행차와 로봇은 더 이상 미래 속 실현 불가능한 과학기술이 아니다. 첨단 기술과 유전공학, 생명공학의 발달은 정치, 사회, 문화는 물론 개인의 일상적인 삶에 있어서도 큰 변화를 가져왔다. 우리는 지금 현재적 미래에 살고 있는 것이다.

여기서 우리는 이런 질문을 할 수 있다. 과학기술은 인류에게, 특히 여성에게 해방적 기능을 제공할 것인가? 아니면 여성에 대한 차별과 혐오를 더욱 공공히 하는데 사용될 것인가? 과학기술이 성차별 없는 사회를 가능하게 할 수 있을까? 이런 질문에 답을 하기란 쉽지 않다. SF를 읽는 것은 바로 이런 질문의 답을 찾는 노력이다. 특히 젠더 관점을 통해 SF를 읽는 것은 젠더를 해체하고 상상을 통해 가능한 세상을 질문하고 변화시키는 힘을 의미한다.

SF는 변화의 공간이다. 그곳은 역사와 문화에 따라 변화하는 다양한 존재 방식을 상상하고 현실에 대해 함께 고민하는 장이다. 타자와의 공감을 통해 소통하고, 소통을 통해 이해하면서 더 이상 혐오하지 않게 된다. 타자의 편에서 그의 삶을 상상해봐야 한다. 낯선 대상에 대한 불안과 공포는 상상력의 부재에서 비롯된 것이다. SF적 상상력은 현실을 새롭게 이해하고 가능한 변화를 이끌어 낼 수 있는 해방적 잠재력을 가지고 있다. 이런 점에서 페미니스트 SF는 젠더적 관점을 가장 잘 보여줄 수 있는 장르이다.

일반적으로 자신을 여성 또는 남성으로 인식하는 성 정체성은 생식기 및 호르몬 등과 같은 생물학적 특성을 이야기하는 섹스sex와 사회구조와 교육의 영향으로 구성된 사회적, 문화적 성인 젠더gender로 구분한다. 주변 환경과 사회적 영향으로 개인의 행동과 태도가 규정되면서 남성성과 여성성과 같은 성차가 정해지는 데 그것이 젠더이다. 젠더는 남성과 여성에게 기대하고 적합하다고 믿는 남성적 혹은 여성적 태도와 가치를 말하며 또는 사회적 행동 양식을 습득함으로 개인이 갖는

성적 태도나 정체성을 의미하기도 한다.

2016년 출간된 나오미 앨더만Naomi Alderman의『파워The Power』는 여성이 남성을 지배하고 우위에 있는 미래 세계를 배경으로 한다. 소설의 형식은 액자소설로 남성 작가인 닐 애덤 아먼Neil Adam Armon이 나오미 Naomi라는 여성 작가에게 자신이 쓴 남성이 지배하는 세상을 배경으로 하는 가상의 소설을 소개하는 장면으로 시작한다. 닐의 소설에서 여성은 남성의 지배를 받는다. 그러던 어느 날 갑자기 여자아이들의 손에서 전기가 생성되면서 여성들이 힘을 갖게 된다. 여성들은 전기충격으로 남성에게 고통을 주거나 해를 가할 수 있게 된 것이다. 여성들은 처음엔 자신을 보호하고자 전기의 힘을 사용했으나 그 힘의 막강함을 알자 남성들을 지배하기 시작한다. 여성들은 폭력과 강간, 살해와 같은 무자비한 행위를 저지르고 자신의 성적 쾌락을 위해 남성을 억압하고 학대한다. 종교와 신앙은 여성 지배에 대한 근거를 위해 여성화된다. 소설의 마지막은 작가 닐이 남성 지배 사회라는 자신의 상상력에 대해 의문을 제기하며 가상의 '역사소설'인 자신의 작품을 출판해도 되는지 명망 있는 작가인 나오미에게 질문하는 편지 내용으로 마무리된다.

이 소설은 이야기 속의 이야기 구성으로 여성들이 가해자가 되어 폭력과 차별을 가하는 디스토피아 사회를 그린다. 여성 지배 세계의 남성 이야기는 현실의 여성들이 살아가는 삶과 별반 다르지 않다. 현실의 여성들은 여전히 무시와 조롱, 성차별과 폭력, 죽음의 위협에 놓여 있기 때문이다. 닐이 그린 세계와 달리 현실은 여전히 가부장적 사회이며 권위주의적 정치, 경제, 종교가 남성적 질서를 옹호하며 여성을 배제한다. 무엇이 남성과 여성을 구분하며 남성 중심적 가치와 규범을 지배적 가치로 반영하면서 남녀 간 구조적 불평등을 자연스러운 과정으로 받아들이게 된 것인가?

생물학적 결정론에 따르면, 남성지배는 자연적인 생물학적 차이로 생긴 피할 수 없는 결과다. 남성이 여성을 지배하는 것은 남성이 여성보다 더 크고, 강하고, 공격적인 데다, 인간의 재생산 활동에 따른 제약을 덜 받기 때문이라는 거다. 이러한 사실에 동의하는 사람들은 생물학적 근거가 과학적이고 정교한 것처럼 논의를 확장한다. 그들은 남성지배 또는 그 근거가 되는 남성의 공격성이나 경쟁심 같은 특질은 유전자를 후손에게 물려주면서 양성 모두의 이익을 실현하기 위해 발달했다고 주장한다. 그들에 따르면 재생산에 더 많은 시간과 에너지를 투자하는 여성은 남성의 부양과 보호를 받는 대가로 성관계를 제공함으로써 번식 성공률을 극대화할 수 있다. 여성 본연의 역할은 지배하는 것이 아니라 양육이라고 주장한다.

그러난 생물학적 결정론은 성, 인종, 소수자의 차별을 조장하는 잘못된 이데올로기며 남성 지배를 정당화하기 위한 근거로 사용된 것이다. 시몬 드 보부아르Simone de Beauvoir는 『제2의 성The Second Sex』(1949)에서 '여성으로 태어나는 것이 아니라 만들어진다'라고 이야기하였다. 여자는 여성적 특성을 획득하고 여성적 행동을 배우는 과정을 통해 여성이 된다는 것이다. 여성성과 남성성은 태어날 때부터 정해진 것이 아니라 사회적 학습을 통해 형성되는 것이며 '여성' 혹은 '남성'이 된다는 것은 주어진 것이거나 본질적으로 타고난 것이 아니라, 언제, 어디에서, 누구와 함께 살고 있으며, 어떤 방식으로 사회화되느냐에 따라 다르다. 젠더는 성별을 명료하게 인식하게 하는 좌표를 제공하기 위한 시도로, 역사적, 문화적으로 변화하는 것이다. 따라서 그 자체로 그것은 결코 어느 하나의 의미로 고정될 수 없다.

20세기 후반 학자들은 젠더가 더 이상 본질적인 것이 아니라 사회적으로 구성된 개념임을 확인하면서 사회화의 산물임을 확인했다. 이 용어를 사용함으로써 여성 종속의 형태는 다양하지만 여자는 아이를 낳을 수 있고 남자는 육체적으로 더 힘이 세다는 사실에서 그 공통된 원인을 찾을 수 있다는 식의 생물학적 설명을 노골적으로 거부하는 것이다. 젠더는 성 역할 관념이 "문화적 구성물"임을, 즉 완전히 사회적으로 만들어진 것임을 보여주는 방식의 하나가 된다.

  젠더 정체성을 획득하는 과정은 다양한 통로와 방식으로, 의식적 그리고 무의식적 행태로 이루어진다. 젠더가 주어지면 사회는 여성적·남성적으로 행동하길 기대하고 보상과 처벌에 따라 강요한다. 이런 기대에 따라 젠더 정체성은 재생산되는 것이다. 문제는 이분법적 젠더 체계가 지배와 피지배의 권력관계를 야기시킨다는 점이다. 한 성이 다른 성을 차별함으로 특정 분야의 참여가 제한되거나 하는 일의 가치가 평가절하되고 사회적으로 소외되고 인정받지 못하는 상황이 된다. 따라서 열등한 성은 억압적 상태가 지속화되며 구조화된다.

  젠더 개념은 학자들과 페미니스트에 의해 확장되고 발전되었다. 젠더는 더 이상 고정된 정체성이 아니라 가변적이고 유동적인 정체성이라는 개념이 생겨났다. 젠더는 여성과 남성의 차이만을 강조하는 젠더 이론의 한계를 벗어나 인종, 섹슈얼리티, 계급과 같은 다른 사회적 범주들과 교차하면서 형성되는 복잡한 정체성인 것이다. 개인은 정체성뿐만 아니라 다른 사회적 범주와 지속해서 동일시를 경험하고 변화됨으로써 매우 복잡하고 유기적인 정체성을 형성하게 된다.

  이와 관련하여 페미니즘 철학자이자 퀴어 이론가인 주디스 버틀러Judith Butler는 젠더 개념의 확장을 넘어서 젠더 이분법의 해체를 주장한다. 버틀러는 기존 페미니즘에서 여성성과 남성성만을 의미했던 젠더 개념에 의문을 던지며 이분법적인 규범을 강요하는 이성애 중심주의 사회를 비판한다. 버틀러에 의하면 사회는 제도화된 이성애 중심 규범을 강요하기 때문에 두 개의 성만을 반복적으로 수행하게 함으로써 결국 두 가지 성만 자연적으로 존재하는 것으로 규정지었다는 것이다. 그러니 이성애 구조 안에서 양성만을 의미하는 젠더 개념 자체에 문제가 있다는 것이 버틀러의 생각이다.

버틀러는 젠더는 수행적이라는 관점을 주장한다. 젠더는 본질적 속성이 아닌 "일련의 지속적인 행동을 통해 만들어지며, 젠더화된 몸의 양식화를 통해" 후천적으로 구성되는 것이다. 마치 무대 위의 연극처럼 행위를 통해 상황에 따라 만들어지는 것이 젠더이다. 따라서 언어적 행동, 몸 동작, 신체적 표현, 걸음걸이, 얼굴의 작은 움직임 등 의식적이든 무의식적이든 반복적인 수행의 결과로서 젠더 정체성이 형성된다는 것이다. 버틀러는 여기서 한 걸음 더 나아가서 젠더의 문제를 여성성과 남성성의 문제로 한정하는 것이 아닌 트랜스젠더나 트랜스섹슈얼리티의 문제로 확대하며 성소수자와 사회적 약자의 삶이 사회와 공존 가능한지 논의한다.

젠더는 결혼, 가족, 재생산, 가사노동, 돌봄을 포함한 사적 영역과 정치, 경제, 종교, 사회제도의 모든 공적 영역에 작동하는 뿌리 깊은 규범이었다. 이제 남성성과 여성성의 차이는 생물학적 차이에 따른 자연스러운 결과가 아니며 젠더는 실천에 따라 변화될 수 있는 것으로 변화의 영역으로 바뀌었다. 젠더 개념이 태동한 후 이제까지 당연하게 여겼던 여성과 남성의 차이나 공사 영역의 성 역할 구분은 더 이상 작동되지 않는다.

페미니스트 SF는 젠더 문제를 말하는 SF의 새로운 방식이다. SF는 다양한 존재 방식을 상상하고 현실에 대한 함께 고민하는 도구로서 작동한다. 따라서 페미니스트 SF 읽기는 성폭력, 여성혐오 등 사라지지 않는 다양한 젠더 이슈 속에서 젠더에 관한 새로운 담론을 일으키며 우리의 일상에서 일어나는 성차별적인 현상을 제대로 인식하고 해결책을 모색하는 계기가 될 수 있다. 현실 사회의 젠더규범, 젠더불평등, 공존의 문제를 탐구하며 상상을 통해 가능한 세상을 질문하고 변화시킬 수 있는 페미니스트 SF의 세계에 들어가보자.

2. 횡단하는 여성(들)

조애나 러스의 『여성남자』는 1969년의 현재와 1969년의 대안 역사, 여성 유토피아 세계인 와일어웨이Whileaway, 성 전쟁battle of the sexes을 벌이고 있는 여성국Womanland과 남성국Manland에서 온 4명의 여성인 자넷Janet, 제닌Jeannine, 조애나Joanna, 자엘Jael의 이야기이다. 이들은 제이J라는 동일한 이니셜이 말해 주듯이 기본적으로 동일한 유전자를 공유하지만 평행세계에서 각자의 삶을 살아간다.

러스의 『여성남자』는 젠더적 관점으로 SF를 읽을 때 가장 대표적으로 읽을 수 있는 작품이다. 러스는 이 소설을 통해 '여성과 남성', '여성다움과 남성다움'과 같은 성별 이분법이 '자연적이며 본질적인 것'이 아님을 천명하며 사회가 규정한 여성 정체성을 해체한다. 러스는 자넷과 제닌, 조애나의 사회를 통해 성과 계급이 여성의 삶을 어떻게 형성하고 한정하는지에 대해 자세히 기록하고 있으며 여성에게 희생을 강요하고 그들이 순응하지 않을 때 어떤 비극이 초래되는지를 묘사하면서 이성애 중심주의 사회를 비판한다.

러스는 1937년 뉴욕에서 태어나 코넬 대학교에서 영문학을 공부하고 예일 대학교 드라마스쿨에서 석사학위를 받은 후 워싱턴 대학교에서 교수로 활동하였다. 러스가 작품 활동을 시작하던 1960년대는 제2물결 페미니즘이 급속도로 발전하던 시기였다. 당시 케이트 밀렛, 슐라미스 파이어스톤 등의 급진주의 페미니스트의 영향을 받은 러스는 「그것이 변했을 때」, 『여성남자』, 『알릭스의 모험The Adventures of Alyx』(1976) 등의 작품을 통해 이성애 중심주의와 성, 젠더, 섹슈얼리티의 문제에 깊이 천착하였다. 또한 「과학소설 속 여성 이미지」, 『여성의 글쓰기를 억압하는 방법』, 『여성처럼 글쓰기: 페미니즘과 과학소설』 등의 에세이에서 주류문학과 과학소설, 페미니즘을 교차적으로 사유하며 여성성 및 만연해 있는 이성애 규범이라는 가부장적인 사상이 여성에게 가하는 피해를 폭로하고 해부하였다.

『여성남자』는 1960년대 후반에 완성되었지만 러스에게 적대적인 출판계의 반대로 인해 1975년에 세상에 알려지게 되었다. '와일어웨이'의 이야기가 실린 초기 단편 「그것이 변했을 때」 역시 당시 SF계의 남성 위주의 폐쇄적 출판 관습에 의해 출간되지 못하다가 할란 엘리슨의 선집 『다시, 위험한 비전』에 실리면서 세상에 알려지게 되었다. 『여성남자』는 출판 당시 많은 비난을 받았다. 전통적 SF와 달리 일관성 없는 플롯과 불확실한 결말로 인해 모호한 면이 강했고 복수의 여성 주인공들이 등장하고 레즈비언, 사이보그, 여성과 남성의 역할 전도, 여성국과 남성국의 전쟁 등의 소재로 인해 출판업자들과 남성 작가들은 이 작품이 평가할 가치조차 없다며 비난하였다. 이와 반대로 비평가와 독자들은 이 작품이 기존 SF에 반기를 들며 페미니즘의 가치와 이상을 작품 속에 펼치고 있음을 인정하였다. 주디스 가디너Judith Gardiner는 이 소설이 "프리단, 밀렛, 그리어Germaine Greer, 파이어스톤과 같은 페미니스트들의 '성지'" 임을 인정했다. 리치 캘빈Ritch Calvin 역시 『여성남자』를 페미니즘 문학사에서 매우 중요한 위치를 가진 작품으로 평가했다.

소설은 "나는 와일어웨이 농장에서 태어났다. … 나의 엄마 이름은 에바, 나의 다른 엄마 이름은 엘리샤, 나는 자넷 에반슨이다"(p.1)라는 자넷의 목소리로 시작한다. 자넷은 모든 남성들이 역병으로 죽고 사라진 여성들만의 세계, 와일어웨이에서 조애나가 현재 살고 있는 미국으로 온다. 자넷은 다른 세 명의 여성을 만나게 되면서 그들의 삶의 모습에 개입하게 되고 여성들에게 가해지는 사회적 불합리와 폭력을 경험한다.

제닌은 도서관 사서로 파트 타임으로 일을 한다. 그녀의 세계는 경제 대공황이 야기한 경기침체와 대규모의 실업으로 빈곤한 또 다른 20세기 미국이다. 그녀는 암울하고 궁핍한 삶을 살아가지만 결혼만이 자신을 구원할 수 있다는 희망으로 하루하루를 견디어 나간다. 조애나는 대학 교수로 『여성남자』가 실제 출간된 1969년 현재의 미국 사회를 살아가는 여성이다. 페미니즘에 압도된 그녀는 자신을 "여성남자female man"(p.5)로 부르며 남성을 거부하며 독립적인 주체로 살아가고자 한다. 전문직 여성으로 당당한 그녀지만 사회에 만연된 '여자에 대한 편견'은 그녀를 불안감과 자괴감에 빠져들게 할 뿐만 아니라 스스로에 대한 정체성을 획득하지 못하게 한다. 자엘은 남성과 여성이 극단적으로 갈등을 벌이고 있는 미래에서 온 여성 사이보그로 외과 수술로 몸을 변형시킨 전사이다. 그녀는 남성은 소모품이므로 제거해야 한다고 믿으며 암살자로서의 역할을 수행한다. 각각의 상황과 환경이 다른 네 명의 여성들은 자넷이 조애나의 세계에 등장하면서 서로의 정체성을 확인하고 경험을 공유하게 되면서 이질적인 세계와 자신들의 상황을 인식하게 된다.

　SF 속 여주인공이 부재한 장르의 현실에 매우 비판적이었던 러스는 독립적이며 극 전체를 지배하는 중심인물로 가부장적 사회에서 과감히 투쟁하는 인물인 자넷을 창조한다. 자넷은 남성 주인공의 대상화된 여성 주인공이 아니라 실제 스스로의 삶을 창조하고 개척하며 "완전한 절망으로부터 온 구원자"(p.212)로 묘사된다. 사회문화적 제약을 뛰어넘으려는 러스의 의도는 유토피아 세계로 묘사한 와일어웨이에서 드러난다. 와일어웨이는 '단성생식'을 통해 여성들만의 사회를 구축하며 경쟁이나 전쟁, 혹은 착취 같은 것이 존재하지 않는 아나키즘적인 세계이다. 와일어웨이 세계에서는 보호를 필요로 하는 연약한 여성도, 악착같이 일만 하는 여성도 없다. 생물학적 어머니라고 해서 양육을 떠맡지도 않으며 모든 여성이 모성의 의무를 갖고 있지 않다. 그들은 "생물학적 어머니(신체의 어머니)인 유전자 모가 되며, 아이를 낳지 않는 어머니는 다른 난자를 제공"(p.49)하는 과학 시스템을 사용한다. 와일어웨이 사람들은 출산을 자연적이며 생물학적인 과정으로 여기지 않는다. 여성들은 '모성'이라는 이름으로 가부장제 가족 안으로 들어가는 것을 거부한다. 『여성남자』는 가부장제 문화를 탈주하기 위해 여성들이 가정을 떠나는 대신에 과학과 테크놀로지를 이용하여 가부장제라는 틀 자체를 없앤다. 공간을 교차적으로 이동하는 자넷을 통해 누구도 여성으로 태어나지 않으며 성차는 사회와 문화적으로 구성된 유물론적 결과물임을 상징한다.

러스는 네 명의 여성이 모두 다른 세계에 있지만 "개연성/연속체"(p.22)에 중첩되어 존재하고 서로 관련이 있음을 재현한다. 주인공들은 대안 자아를 재현하지만 젠더불평등의 사회적 결과를 알려주며 과거뿐만 아니라 현재와 미래의 허구적 세계를 통해 여성과 남성이 문화적으로 구성되어 있음을 드러낸다. 실험적 글쓰기의 『여성남자』는 도입부를 통해 바로 알 수 있다.

> I 나는 와일어웨이에서 태어났다. … 나는 자넷 에반슨이다. …
> II 제닌 다니에르는 일주일에 세 번 공공사업 촉진국에 고용되어 뉴욕시에서 사서로 일을 한다. 그녀는 톰킨스 스퀘어 지부의 청소년 섹션에서 일했다. …
> 1969년 3월 셋째 주 월요일에 그녀는 자넷 에반슨에 관한 첫 기사를 봤지만 관심을 두지 않았다. 그녀는 청소년 소설에 하루 종일 도장을 찍었고 주머니에 있는 거울로 눈가의 주름을 살폈다(난 겨우 스물 아홉이야!). …
> III 자넷 에반슨이 오후 두시 브로드웨이에 속옷 차림으로 나타났다. 그녀는 당황하지 않았다. … 경찰관이 팔을 잡으려고 하자 그녀는 무술로 그를 위협했다, 그러나 그는 사라졌다. …
> IV 나는 미드맨해튼의 칵테일파티에 앉아있었다. 나는 이제 막 남자로 변했다, 나, 조애나, 물론 나는 여성남자이다. 나의 몸과 영혼은 정확히 똑같았다. 물론 나도 있다. (p.1)

소설의 시작에서 자넷의 이야기는 어느새 지니를 소개하는 3인칭 나레이터로 옮겨간다. 다음 단락에서는 알 수 없는 3인칭 나레이터가 자넷이 어떻게 1969년의 미국에 오게 되었는지를 소개하며, 이어서 조애나의 이야기로 전환된다. 한 인물에서 다른 인물로, 현실에서 다른 시간으로 원칙과 중심 없이 변화되는 소설의 서사구조는 가부장적 사회구조에서 억압적인 삶을 살아가는 정신분열적 여성 주체를 상징한다.

러스는 60년대의 급진적 사회 변화가 일어나는 가상의 대체역사를 상상하여 여성들의 억압적 상황과 사회, 경제적 상관관계를 드러낸다. 제닌의 세계는 1936년에 히틀러가 암살당함으로 일본 제국주의가 중국을 지배하고 있고 제2차 세계대전은 발발하지 않았으며 미국의 경제 대공황은 끝나지 않았다. 이런 상황에서 여성들은 "결코 좋은 직업을 가질 수 없었다."(p.113) "어리석고, 소극적임, 무기력함, 인지결여"(p.92)라는 설명으로 묘사된 제닌은 수동적이며 무기력한 여성이다. 제닌은 일주일에 세 번 도서관에서 일을 한다. 그녀는 남자 친구인 칼Cal과의 결혼을 원하지 않지만 그녀의 엄마와 오빠는 임시직인 그녀의 능력을 무시하며 결혼을 종용한다.

러스는 제닌을 통해 경제활동을 남성의 영역으로만 이해하고 있는 가부장제를 비판한다. 실제로 미국은 제2차 세계대전을 전후로 여성 노동자의 지위를 이데올로기의 편의에 따라 취하고 배제하였다. 전쟁에서 노동력이 필요해지자 미국 정부는 여성의 노동력을 적극적으로 장려하면서 여성의 노동력을 착취하였다. 그러나 전쟁이 끝난 후에는 여성들의 자리는 가정의 자리임을 주장하면서 산업현장에서 여성들을 내쫓았다. 제닌은 책을 좋아하고 읽고 생각하는 것을 좋아하지만 남자 친구에 의해 몽상으로 치부된다. 여성들이 가질 수 있는 직업은 한정되었고 트럭 운전사와 비행기 조종사는 상상도 할 수 없었다. 제닌의 모습은 강압적이고 남성 지배적인 사회관계 속에서 여성이 더 이상 주체성을 담보하기 어려움을 의미하며 "여성은 언제나 여성으로 만들어지는 문화적 강제 상황 아래에 있음"을 상기시킨다.

한편 조애나는 영문학 교수라는 직업을 갖고 있지만 여자에 대한 편견과 차별은 그녀를 불안감과 자괴감에 빠지게 한다. 여성이라면 사랑스럽고 섹시해야 한다는 여성 역할의 사회적 기대와 주체성의 괴리에 빠지면서 조애나는 갈등을 느낀다. 조애나는 자신을 "아프고 미친 여자야. 나는 남자의 자존심을 완전히 깔아뭉개고 남자를 파멸시킨다"(p.135)라는 자기혐오에 빠져있다. 이는 역사 속에서 여성의 존재는 주체가 아닌 타자였으며 마녀이고 괴물이었음을 의미한다. 역사에서 여성은 남성을 파탄에 빠뜨리는 존재였을 뿐만 아니라 오물과 더러움, 유혹하는 오염의 원천으로 표현되어 왔다. 그러므로 남성에게 접근하지 못하고, 응징해야 하는 존재로 여겨져왔다. 이로 인해 여성 스스로 여성을 종속적이고 식민화된 모습으로 내면화한다. 조애나의 "오랫동안 나와 함께 해달라고, 나를 사랑하고, 나를 증명하고 나를 규정하고 나를 정상으로 인정하고 나를 지지해달라고 말해왔다"(p.140)고 하는 고백은 독자들에게 분노와 슬픔을 동시에 일으킨다.

작품의 제목인 '여성남자'*7는 젠더 사회가 건설한 이분법적 대립에서 그녀의 공식적인 지위를 거부한 조애나를 나타낸다. 조애나는 와일어웨이에서 온 자넷을 만나고 '여성적 인물female figure'에서 '여성남자female man'로 변형된다. 그녀는 여성이 되고 남성이 되어야만 했다. 조애나는 젠더를 파괴하고 그녀가 '여성남자'가 될 때 보편적 존재가 될 수 있다고 믿는다. 조애나의 '여성남자'의 은유적 변형은 남성을 향한 의존을 거부하고 동등함을 구하려는 그녀의 열망이며 결국 그러한 변형은 시대와 문화가 여성들에게 가하는 제약 때문임이 드러난다. 조애나의 '여성남자' 행위는 현대의 가부장적 사회를 살아가는 여성들의 정체성의 분화와 갈등을 보여주는 것으로 정체성은 구성되는 것임을 나타낸다.

조애나의 '여성남자'는 젠더의 이원론적 구조에 대하여 질문을 제기한다. 여성이란 무엇인가 또는 남성이란 무엇인가, 남자가 된다는 것은 혹은 여자가 된다는 것은 무엇을 의미하는가? 조애나는 '여성다움'의 개념에서 스스로 자신을 구원한다. 그녀는 끊임없이 "나는 여성남자가 되었어"(p.60)를 호명하며 이성애 사회에서 규정되지 않는 새로운 젠더를 구성한다. '여성남자'의 의미는 단순히 남성적 특질을 전유하고 동일시하는 것이 아니며 모순의 체현도 아니다. 그것은 젠더 사회가 건설한 이분법적 대립에서 그녀의 공식적인 지위를 거부한 조애나를 나타낸다.

여성과 결합된 '남성Man'의 성별은 일반 남성에 여성을 '포함'하고 '인간Man'에서 여성을 '배제'하는 것의 모순을 강화한다. '여성남자'로 구성된 조애나의 주체는 억압받는 집단의 구성원으로, 지배 문화의 주변인으로서 그녀의 정체성을 표현한다. '여성남자'라는 새로운 조어는 가부장제 사회에서 비로소 여성이 정의되어지고 있음을 가리킴과 동시에 불평등에 대한 저항의 행위이다. 조애나의 '여성남자'의 은유적 변형은 젠더가 존재가 아니고 '행하기'임을 의미한다. '여성남자'로 자신을 바꾼 후에 조애나는 자신의 감정을 표출한다. 그것은 바로 분노이다. "나는 당신이 날 남자로 부르는 편이 나은 것 같아. 만약 당신이 그렇게 하지 않으면 신과 성인들의 이름으로 너의 목을 부러뜨리고 말겠어"(p.67)라는 조애나의 분노는 여성 주체가 새롭게 재구성되었음을 보여준다. 조애나는 "아빠는 항상 화를 낸다. 엄마는 그저 한숨만 쉰다. 엄마는 결코 화내지 않는다. 그것이 그녀의 일"(p.94)이라고 기억한다. 이와 반대로 성차가 존재하지 않은 곳에서 온 자넷은 그녀의 화를 참지 않는다. 경찰이 그녀의 팔을 잡으려고 할 때 그녀는 남성을 위협한다. 동일자와 타자와의 경계가 불분명한 '여성남자'의 선언은 젠더가 수행적임을 강조한다.

　러스의 여성 자아는 구성되고 해체된다. 러스는 네 명의 여성 주인공을 끊임없이 소환하고 지명한다. 파편적인 그들의 이야기는 사라지거나 부재하는 것이 아니라 재구성되어 나타난다. 마지막으로 자엘을 통해 가부장적 세계에서 재현되지 않은 새로운 여성 주체의 모습을 보여준다. 자엘의 세계는 "육아는 여성의 일이라고 믿는"(p.83) 남성국과 여성국 사이의 '성 전쟁'이 격렬하게 일어나는 디스토피아이다.

　여성국과 남성국에서 섹슈얼리티는 매우 중요한 문제로 남성들은 "성적 즐거움"과 "아이 돌봄"(p.83)을 위해 소년들을 외과적 수술을 사용하여 여성으로 고치고, 여성들은 남성을 대체하기 위하여 로봇 남성을 만들어 애인으로 이용한다. '성'으로 분리된 두 국가의 설정은 성별 차이로 이분화된 젠더 정체성의 아이러니를 극대화한다. 남성국의 '변형인changed'과 '반변형인half-changed'은 과학기술을 이용하여 여성으로 또는 남성으로 변형된 인물인데 러스는 이러한 묘사를 통하여 젠더의 고정성과 안정성이 얼마나 허구적이며 피상적인지를 풍자한다. 여성국의 자엘은 여성국과 남성국의 오랜 전쟁을 끝내길 원한다. 사실 자넷, 조애나, 제닌을 소환하여 한자리에 모이게 한 이유도 바로 그것 때문이다.

　결국 오랫동안 순종적이고 수동적인 '여성적' 젠더를 수행해왔던 자엘은 소설의 마지막에 남자로 가장하여 남성을 죽이는 킬러가 된다. 남자를 공격하는 행위를 통해서 그녀는 육체적으로 약하고 감정적이라는 전형적인 '여성성'을 거부한다. 자엘의 행위는 지금껏 숨죽여 왔던 여성의 분노와 저항을 표출한 것으로 오로지 여성을 성적 대상으로만 취급하는 현실에 대한 저항이자 전복적 행위이다. 자엘은 '여성의female' 육체를 갖고 있지 않으며 '여성다운feminine' 특성을 보이지 않는다. 자엘은 사이보그인 남성 데이비Davy를 통제하며 남성과 여성의 관계가 더는 지배와 종속의 관계가 아님을 드러낸다. 그녀는 남성을 가장한 "남성-여자man-woman"(p.188)가 된다. '여성남자'인 조애나와 '남성-여자'인 자엘은 여성성과 남성성의 패러디라고 할 수 있다. 러스는 이러한 패러디를 통해 전복적인 타자의 목소리를 발화하며, 위계적 젠더 대립을 해체시키며 고정된 범주화에 저항한다.

러스는 시공간을 교차하는 복수의 여성 인물을 통해 가부장적 사회가 주입하고 강요하는 타자와 대상으로써 존재하는 젠더를 해체하고 다중적이고 유동적인 주체를 재현한다. 유동적 여성 주체의 정체성은 지적, 심리적, 사회적, 제도적, 정치적 상황에 따라 복잡하게 구성되어 있으며 끊임없이 변화한다. 이것은 와일어웨이에 있는 "신의 조각상"(p.103) 묘사를 통해 은유적으로 드러난다. 보편적 남성으로 상징되는 '신'은 여성 유토피아인 와일어웨이에서 여성형으로 묘사되는데 곧 남성도 여성도 아닌 재현 불가능한 모습으로 설명된다. "그녀는 끊임없이 변화하는 모순적 존재이며, 다정한 모습으로, 때로는 섬뜩한 모습으로 때로는 혐오스러운, 때로는 사랑스러운, 때로는 어리석은 모습이 되며, 마침내는 형언할 수 없는 모습으로 변한다(p.103)"라는 서술은 '신'을 포함한 모든 것이 고정되고 통합된 불변하는 정체성을 가지고 있지 않으며 변화하는 과정에 있음을 강조한다.

『여성남자』의 여성은 '대문자 여성Woman'이 아니라 다양한 수많은 '여성들women'로 존재한다. 러스는 "주권적이고 위계적이며 배타적인 주체로서가 아니라 복수적이고 개방적이며 상호연결된 실체로 다시 코드화 혹은 다시 명명할 필요성"을 가지고 여성 자아의 지형도를 그리고 있다. 이것은 자넷, 조애나, 세닌 그리고 자엘을 이질적이면서 동일한 상호교차하는 "끝없는 등등et cetera"의 주체로서 서로를 위치하게 한다.

일반적으로 SF는 자연에 대한 인간의 힘의 역사를 추적하고 그 힘이 어떻게 작동하는지를 탐구하기 위한 특별한 비전과 지식을 사용한다. 하지만 이때의 '인간'에서 여성은 배제되어왔으며 SF에서 여성의 존재는 사라지고 여성의 이미지만을 제공해왔다. 러스는 이러한 SF의 관습을 장르적 비유의 전복적인 변신을 통해, 기술적 변화뿐 아니라 사회변혁도 충분히 구상해 내지 못한 SF의 실패에 대한 비판적 고발을 통해, SF 메가 텍스트에 내재된 많은 가부장적인 추정을 가시화하고 다시 쓰는 활동을 지속했다.

『여성남자』는 지금껏 전통적인 SF에서는 전혀 다루지 않았던 여성 주인공(들)과 레즈비언, 성 전환한 남성, 섹스 로봇, 여성 킬러 등의 이야기를 통해 어느 누구도 말하지 않는 현실 속에서 여성과 사회의 구조적 문제를 직설적으로 이야기하면서 문제시한다. 러스는 한 인터뷰에서 SF는 일반적으로 "급진적 사유"라고 정의하며 그것은 "일어나지 않고 일어나지 않았던 일에 관한 글쓰기이다"라고 이야기하며 『여성남자』에게 쏟아진 비난을 일축했다.

러스는 『여성남자』에서 여성 주체는 본질적 정체성을 가지지 않으며 모든 여성은 단일하고 획일적인 범주가 아님을 증명한다. 또한 여성은 동일한 방식으로 삶을 구성하지도 않음을 보여준다. 러스는 다양한 삶의 구성 방식을 여성 또는 남성이라는 이분법적 규범으로만 환원시켜야 하는지를 질문하며 그녀 특유의 포스트모던적 글쓰기를 통하여 새로운 여성 주체를 만들었다.

작품의 결말에서 네 명의 여성들은 동시에 한자리에 나타난다. 그들은 헤어지면서 다섯 번째 화자, 즉 작가적 존재에 의해 서로 연결되고 교차된다. 하지만 작가적 존재는 다음 문장에서 "나는 안녕이라고 말한다. 나, 자넷은 로라와 떠났다. 나 역시 그들이 가는 것을 보았다. 나, 조애나. 나는 자엘에게 도시를 보여주기 위해 떠났다. 나 제닌, 나자엘, 나 자신. 안녕, 안녕, 안녕"(p.212)이라고 말하며 이들 여성들의 차이를 모두 받아들이거나 통합하지 않는다. 네 명의 여성들은 통합되는 것을 거부하고 개별적인 주체로 남는다.

남성 중심적인 담론체계와 억압적 현실 속에서 러스는 여성 신화를 해체하고 가부장제에 대항하는 시도로서 이분법적 경계를 무너뜨리는 복합적인 여성 주체를 창조하였다. 이 다중적이고 유동적인 여성 주체에 대해 '존재하지 않는 여성'이라는 비판과 더불어 저항성에 의문을 제기하기도 하지만 러스는 우리가 '여성(들)'이라고 말할 때 여기에는 개별 여성들이 포함되어있으며 그들의 역사와 경험은 살아있으며 서로 연결되어 있음을 강조하고 있다.

3. 여성 없는 세계, 남성 없는 세계

러스와 더불어 페미니스트 SF의 전성기를 이끈 작가에는 르 귄이 있다. 비평가에 따라 러스와 르 귄을 평가하는 관점이 상반되지만 페미니스트 SF 장르 등장에 큰 기여를 하였을 뿐만 아니라 페미니스트 SF의 흐름 속에서 적극적으로 젠더를 해체하고 나아가 성차가 사라진 세계에 대한 비전을 제시한다는 점에서 두 작가는 공통점을 가진다. 러스와 르 귄은 비슷한 시기에 소설을 출판하고 활동하였다. 하지만 그들의 작품세계는 상반된 면모가 보인다. 러스의 서사가 논쟁적이고 저항적이라면 르 귄은 유토피아와 디스토피아 혹은 생태학적 논의들을 보다 차분하고 온건한 어조로 재현했다.

르 귄의 『어둠의 왼손』은 과학소설계의 주요 상인 휴고상과 네뷸러상Nebula Award을 동시에 수상하며 그녀에게 과학소설계에서 노벨문학상을 수상할 작가라는 찬사를 안겨주었다. 1960년대부터 작품 활동을 시작한 르 귄은 당시의 민권운동과 페미니즘에 많은 영향을 받았으며, 대부분의 기존 SF가 사이보그나 유전자 복제와 같은 자연 과학 및 첨단 테크놀로지를 소재로 사용한 것과 달리 언어학, 인류학, 사회학, 정치학 등의 사회과학적 소재를 사용함으로 과학소설의 스펙트럼을 넓혔다. 1971년에 발표한 『하늘의 물레The Lathe of Heaven』는 과학자들과 정치가의 오만과 득권의식에 관한 풍자를 다루고 있으며 『세상을 가리키는 말은 숲The Word for World Is Forest』(1976)은 베트남 전쟁에 대한 비유를 담고 있다. 르 귄은 주류문학의 경계를 넘나들며 거대한 과학이론을 삽입하고 배치하기보다는 낯선 세계를 경험하며 겪게 되는 사고의 변화 과정을 심도 깊게 묘사한다는 점에서 다른 작가들과 구별된다. 비평가 프레데릭 제임슨Frederic Jameson은 르 귄을 현대 미국 문학에서 가장 중요한 작가로, 『어둠의 왼손』은 페미니즘과 젠더 연구에 크게 기여한 작품이라고 평가한다.

『어둠의 왼손』은 그리스어로 남성을 뜻하는 'andro'와 여성을 의미하는 'gyn'이 합해진 양성성androgyny을 신화적 모티브로 쓰였다. 소설은 생물학적 성 위에 형성되어 온 남성성과 여성성이라는 사회, 문화적 젠더뿐만 아니라 서구의 위계질서에 기반한 기존의 이분법적 대립의 해체를 주제로 한다.

소설은 에큐멘Ekuman의 대사인 지구인 출신 겐리가 게센Gethen 행성에 파견되며 전개된다. 그의 목적은 게센 행성을 우주연합인 에큐멘의 일원으로 가입시키는 것이다. 게센 행성은 카르하이드Karhide와 오르고린Orgoreyn이라는 두 국가에 의해 지배되며 지구와는 다른 지리적, 문화적 환경을 가지고 있다. 특히 행성의 별명이 '겨울'일정도로 혹독한 추위가 있다. 그런데 이 행성의 가장 특이한 점은 바로 남녀 구별이 없는 양성인들의 세계라는 것이다. 게센인들은 여성과 남성 모두를 가진 양성인이다.

양성인이 사는 세계라니, 이 놀라운 아이디어를 표현한 르 귄은 많은 사람들이 이 표현에 놀라서 도망치거나 지레 겁을 먹을 지도 모른다고 생각을 했나보다. 소설의 서문에 그녀는 친절하게 양성인을 소재로 한 자신의 소설에 대한 의도를 설명한다. 그녀는 "내가 천년 쯤 뒤에 우리들은 모두 남녀 동성이 될 거라고 예언하는 것은 아니며, 또 우리 모두 저주받아 남녀 동성이 될 거라고 예언하는 것도 아니다. 나는 과학소설에 적합한 사고실험 방법을 가지고, 어느 시점에선가 누군가 우리를 볼 때 우리가 하고 있는 모습을 관찰하고 있을 뿐이다"라고 언급한다. 르 귄은 사고실험thought experiment을 통해 인간에게서 젠더를 제거할 경우 남는 것은 남자도 여자도 아닌 그저 인간임을 보여준다.

게센인들은 여성이나 남성이 아닌 성별이 나타나지 않은 양성인 상태로 지낸다. 그들은 케머kemmer라는 일주일 동안 주변 환경이나 자신의 파트너, 자신의 성향에 따라서 남성이나 여성이 되는 특징을 가진다. 소설에서 겐리는 게센 행성에 온지 2년이 지났지만 "나는 여전히 그들의 관점으로 이 행성 사람들을 볼 수 없다. 나는 노력해보지만 게센인과 대면하면 의식적으로 처음에는 남자로, 다음에는 여자로 보게 된다"(p.12)는 말로 자신이 가지고 있는 편견과 인식의 한계를 토로한다. 이분법적 젠더의 경계를 넘나드는 게센인에 대한 겐리의 당혹감과 불안감은 쉽게 사라지지 않는데 이것은 서구의 뿌리 깊은 이원론적 세계관과 남성 지배 이데올로기에서 비롯된 것이다. 르 귄은 여성성과 남성성이라는 성 정체성은 생물학적인 것과 연관된 것이 아니라 문화적으로 구성되어 있음을 고찰한다.

양성성은 게센인에게는 자연적인 것이며 당연한 것이지만 지구인의 관점에서는 뭔가 이상하며 기이하다. 여기서 자연적인 것은 무언인가. 예를 들어 여성이 아이를 낳는 것은 자연스러운 것이며 집에서 아이를 양육하는 것은 '어머니의 본능'이라고 여긴다. 생물학적으로 자연적인 것이라고 여기는 것은 자신에게 내재되어 있는 젠더 역할의 강화이다. 그것은 여성의 역할을 하도록 강제한다. 르 귄은 현실 세계에 존재하는 감정, 행동, 사고 등 모든 것이 젠더화되어 있다고 비판한다. 남성과 여성의 사회적 계층화를 규정 짓기 위하여 자연화하는 것은 정치적 도구이며 전형적 언술인 것이다. 양성인 게센인에 대한 겐리의 반응은 젠더 역할의 '낯설게 하기'이다.

게센 행성을 에큐멘으로 편입시키기 위해 오랜 시간 인내와 참을성을 보이는 겐리이지만 게센인들을 대하는 그의 태도는 매우 가부장적이며 남성적이다. 이러한 그의 태도는 후원자인 에스트라벤을 대하는 모습에서도 잘 드러난다. 에스트라벤은 겐리에게 왕을 만날 수 있는 기회를 약속하였지만 결정적인 순간에 반역자로 추방되어 더 이상 겐리를 도와줄 수 없게 된다. 자신의 임무가 실패로 돌아갈 생각에 겐리는 분노와 실망감을 감출 수 없게 되고 에스트라벤에 대해서도 분노하게 된다.

겐리는 에스트라벤의 실패를 그의 성적 정체성과 연관지어 생각한다. "내가 그를 싫어하고 미덥지 못하게 여긴 것은 어쩌면 바로 이와 같은 그의 부드럽고 나긋나긋한 여성다움 때문이 아니었을까? …… 내가 그를 남자로 생각할 때마다 무엇인가 잘못되고 속은 것 같은 느낌이 들었다"(p.12)고 하면서 그를 믿지 못한다. 가부장적인 겐리의 태도는 지구 여성들에 대해서 겐리가 이야기하는 부분에서도 나타난다. 겐리는 지구 여성에 대해서 알려 달라는 말을 들었을 때도 무엇을 어떻게 설명해야 할지 모르겠다고 하면서 당황한다. 그에게 여성은 외계인 에스트라벤보다 더 낯선 외계 생명체였다. 겐리에게 여성은 거의 보이지 않는 타자이다.

르 귄은 『어둠의 왼손』에서 겐리의 모습을 통하여 젠더가 얼마나 우리에게 강제하며 억압적인지를 보여준다. 게센인들을 향한 겐리의 불편함은 자신의 젠더 정체성과 관련하여 게센인들에게 특정한 젠더 역할을 요구하고 기대하는 것에서 비롯된다.

르 귄의 적극적인 젠더 해체는 케머에 관한 자세한 설명에서 알 수 있다 "성에 관한 의문"이라는 제목의 7장은 케머에 관한 에큐멘 조사대의 조사보고서이다. 이 보고서는 겐리 이전에 게센 행성을 다녀간 조사대가 관찰한 결과이다.

열일곱에서 대략 서른다섯 살에 해당하는 자는 누구나 출산에 얽매일 수 있다는 사실은 여기에 있는 누구도 다른 곳의 여자들처럼 그렇게 철저히 심리적으로 육체적으로 여자로 얽매이지 않는다는 것을 의미한다. 부담과 특권은 상당히 평등하게 나누어진다. 모두가 똑같은 위험이나 선택을 안고 있다. 따라서 이곳의 어느 누구도 다른 곳의 자유로운 남성들처럼 그렇게 자유롭지는 않다. …… 아이는 그의 부모와 심리적 성적 관계를 맺지 않는다. 행성 겨울에는 오이디푸스 신화가 없다. …… 동의하지 않은 섹스, 강간이 없다. …… 인간을 강한 쪽, 약한 쪽, 보호하는 이, 보호받는 이, 지배받는 이, 소유하는 이, 소유되는 이, 능동적인 이, 수동적인 이로 나누는 구분이 없다. 사실상 행성 겨울에서는 인간의 사고를 지배하는 이원론적 경향이 전반적으로 둔화되거나 변화된 것으로 확인된다. (pp.93-94)

게센인들은 자기가 남자가 될지 여자로 변할지 알지 못하며 실제로 선택의 여지도 없다. 이것은 여러 명의 아이를 둔 어머니가 곧 여러 명의 아이를 둔 아버지가 될 수도 있다는 것을 의미한다. 이원론적 성 관념은 강함/약함, 보호/피보호, 지배/순종, 주인/노예와 같은 이분법적 구조를 만들고 이로 인한 여러 문제를 발생시킨다. 프로이트Freud는 오이디푸스 콤플렉스를 남성성과 연관지어 설명한다. 프로이트에 의하면 오이디푸스 콤플렉스는 유아가 어머니의 사랑을 원하면서 아버지를 증오하고 두려워하지만 아버지와 동일시되면서 성장하게 된다는 이론이다. 프로이트는 남근선망, 거세불안과 같은 심리적 특징이 남성성과 여성성을 결정짓는다고 주장한다. 프로이트 주장에 따르면 여성은 오이디푸스 콤플렉스를 겪지 못해서 강한 초자아를 발달시키지 못하고 이로 인해 남성에 비해 열등하다는 것이다. 게센 행성에서는 여성과 남성이 없기 때문에 당연히 오이디푸스 콤플렉스도 없다.

르 귄은 성과 연계된 이분법적 사고의 배제는 비단 성에 국한되는 것이 아니라 인간성에 대한 영역까지 확대된다고 주장한다. 기존의 서구 이원론의 문제는 서로 대립하는 양 개념 간에 우열을 가리거나 선악을 구분하는 위계적 가치 체계를 설정하여 권력의 지배와 종속을 뒷받

침했다는 것이다. 따라서 젠더 문화가 사라진 세상에는 단순히 성차의 해체뿐만 아니라 각종 사회적 불평등과 인종, 계급의 문제, 위계와 차별의 문제까지 사라지는 것이다.

작품 후반부에 겐리와 에스트라벤은 카르하이드 국왕이 늦은 나이에도 불구하고 임신을 하였다는 소식을 듣는다. "왕은 임신하였다"(p.99)라는 서술은 양성 사회라는 신화적 발상과 더불어 상당히 도전적으로 다가온다. 극대화된 권력과 남성성을 상징하는 '왕'과 여성성을 상징하는 '임신'을 결합시킨 이 전복적인 문구는 이 세계가 가지고 있는 거대한 힘이라고 할 수 있다. 왕조차 '출산에 매여있다'는 사실은 역설적으로 어느 누구도 다른 세계의 여성들처럼 생리적으로 그리고 육체적으로 완전히 출산에 매이는 일이 없다는 것을 뜻하며 본질론적인 성 역할에 대한 기존의 관념을 완전히 해체하는 것이다.

남성성과 여성성을 선택적으로 체득하게 된다는 이와 같은 설정은 본질론적 성의 개념을 거부할 뿐만 아니라 겐리가 양성인 에스트라벤과의 차이를 인식하는 과정을 통해 고정화된 젠더 개념이 아닌 유동적인 젠더 개념을 확장시킨다. 겐리는 에스트라벤이 반역죄로 추방되자 카르하이드를 떠나 오르고린으로 향한다. 오르고린에서 외교 사절로 환대받던 그는 정치적 이해관계에 의한 음모로 강제노동 농장에 감금된다. 에스트라벤은 겐리를 찾아내 몰래 농장을 탈출시킨다.

두 사람은 카르하이드로 가기 위해 빙하지대를 건너는데 혹독한 추위의 빙하지대의 모습은 서로에 대한 불신과 의심이 가득한 상황을 비유한다. '음울하다'는 카르하이드 왕에 대한 겐리의 비하적 묘사와 에스트라벤에게서 느꼈던 불신과 실망감에서 보이듯이 남성으로서의 자의식이 강했던 겐리는 빙하지대에서 에스트라벤과 둘만 있게 되자 자신이 두려워하고 불편하게 여겼던 것이 무엇인지 깨닫게 된다. 그것은 바로 에스트리벤이 "남자인 동시에 여자"(p.315)라는 사실이었다. 겐리는 에스트라벤을 실체 그대로 받아들이지 못하고 있으며 사실상 그를 거부하고 있었던 것이다. 에스트라벤의 정체성을 인정하지 않은 것이다.

케머기에 든 에스트라벤이 여성성을 갖게 되자 겐리는 그를 있는 그대로 인정하고 이해하려고 노력한다. 겐리는 타자인 에스트라벤과의 결합을 통해 타인의 여성성(차이의 주체)을 받아들일 뿐만 아니라 자신 안에 있는 두려움과 공포감까지도 억누르거나 감추지 않고 에스트라벤에게 드러낸다. 그는 눈물을 흘리며 "빙하에 떨어질까 무서워서 견딜 수가 없어요"(p.253)라고 말하며 처음으로 자신의 약함을 드러낸다. 겐리는 더 이상 젠더 역할에 갇혀서 강한 남성으로 자신을 표명하거나 규제하지 않는다.

양성인 사회에 대한 서술에서 알 수 있는 사실은 인간 사회의 젠더 문화가 사라진 이후의 세상에는 단순히 성차의 해체뿐만 아니라, 각종 사회적 불평등과 계급 문제의 해소가 가능하다는 것이다. 그들은 "오직 하나의 인간이라는 존재로서만 존중되고 판단"(p.133)된다. 이는 게센의 종교인 한다라교를 통해서도 알 수 있다. 한다라교는 지구의 종교와 달리 이론과 교의가 없다. 그들의 종교는 인간과 인간의 차이는 물론 인간과 동물의 차이도 없을 뿐더러 "유사성, 상관성, 살아있는 생명은 생명계 전체의 한 부분이라는 생각"(p.298)만 갖고 있다.

소설의 마지막에 에스트라벤은 겐리를 돕기 위해 스스로 죽음을 선택하고 겐리는 카르하이드를 에큐멘으로 통합시킨다. 소설은 에스트라벤의 젊은 후계자의 이야기로 대단원의 막을 내린다. 그는 그 자신의 세계 너머에 있는 것, 그의 아버지가 희생한 또 다른 세계에 대해 이야기

해달라고 말한다. "그분이 어떻게 돌아가셨는지 이야기 해주시겠습니까? 그리고 먼 우주와 다른 세계에 대해서, 그리고 다른 사람들과 그들의 삶에 대해서도 이야기 해주시겠습니까"(p.300)라는 마지막 문장은 양성 사회를 뛰어넘어 다른 세계로의 소통의 가능성을 보여준다.

『어둠의 왼손』에서 재현하고 있는 양성 사회는 유토피아가 아니다. 현재 인간 사회의 대안적 세계는 더군다나 아니다. 지구인의 시각에서 본 외계인의 모습과 외계인의 시각에서 본 지구인의 모습이 겹쳐지면서 억압적인 이성 사회의 모습뿐만 아니라 전쟁, 과학기술, 자만과 오만, 타자에 대한 배타적 인식 등이 존재하는 지금의 현실과 그로 인해 발생되는 모든 부작용에 대한 다른 방식의 재현이자 비판이다.

아이러니하게도 『어둠의 왼손』은 많은 페미니즘 비평가들에 의해서 비판을 받았다. 그 이유는 주요 인물이 오로지 남성이라는 점과 양성인 게센인을 지칭하는 대명사를 남성형 '그'로 사용함으로써 무의식적으로 양성인 캐릭터를 남성적으로 묘사했기 때문이다. 하지만 르 귄은 자신의 실수를 인정하고 페미니즘 이론과 젠더 개념의 재인식을 위해 지속해서 노력했다. 그녀는 또한 자신의 관점을 수정하고 다시 쓰는 것을 두려워하지 않았다.

르 귄은 「젠더가 필요한가? 다시쓰기Is Gender Necessary? Redux」에서 자신이 잘못 인식한 부분을 수정하고 "여자들이 나에게 더 많은 용기를 요구하고 더 철저히 파헤친 결과를 요구하는 건 정당"한 것이라면서 여성주의 의식 각성을 공개적으로 밝히며 자신의 글을 수정하였다. 르 귄은 과거의 자신이 "남성우월주의 사회를 내재화한 이데올로기였던 판단과 가정들에 얼마나 통제받고 구속받고 있는지를 무시했다"며 고백하고 무의식에 내재한 억압적 상황들을 회고하며 "세상을 다시 써야

한다"고 주장한다.

르 귄은 미래에 대한 예언 대신 미지의 가능성을 추구한다는 자신만의 독특한 신화적 대안을 가지고 현재의 사회구조를 사고실험한다. 게센인들은 평상시에는 양성으로, 케머기간에만 어느 한쪽 성으로 표출된다. 어느 한쪽 성으로 고정되지 않은 그들에게 남성과 여성이라는 성별은 무의미하다. 다만 인간이 존재할 뿐이다. 공통의 경험을 공유하는 그들은 하나로 융합되고 서로 대등한 관계로 연결된다.

2장

SF, 사이보그로 읽기

1. 사피엔스가 사이보그를 만날 때

2021년 넷플릭스에서 공개된 영화 〈승리호〉는 2092년 우주쓰레기 청소선 승리호가 대량 살상 무기로 알려진 인간형 로봇 도로시를 우연히 발견하고 거액의 현상금을 받기 위해 좌충우돌하는 이야기이다. 영화에는 과거 우주해적단 선장이었던 리더 장 선장, 기관사 타이거 박, 조종사 김태호, 그리고 장 선장이 재활용 센터에서 주워온 군사용 로봇이자 사이보그인 업동이가 등장한다. 진지한 선원들 사이에서 솔직하고 발랄한 인간의 감정을 보여주는 업동이는 돈을 벌어 자신의 고철덩어리 신체에 인공 피부와 모발 등을 이식해 인간의 외형을 갖추려는 목표를 가지고 있다. 영화 후반부에서 모든 일이 성공적으로 끝나고 업동이는 사이보그가 된다. 반전은 남성 목소리(배우 유해진 역)를 가진 업동이가 여성의 외형을 선택해 여성 사이보그가 된다는 점이다. 영화 〈승리호〉에서 업동이 캐릭터는 전투력이 강한 로봇이지만 인간적인 친화력을 가지고 있는 친숙하고 귀여운 조연으로 묘사된다.

사이보그는 SF와 대중문화에서 친숙한 개념이지만 처음에는 과학기술과 인간 진화 과정이 결합된 하나의 단계로 연구되었다. 사이보그는 생물체의 자기조절이나 통제기능에 기계적 요소가 결합되어 하나의 통합적인 시스템을 이루면서 육체적 혹은 정신적 능력이 강화된 존재를 일컫는 말이다. 영화 〈로보캅RoboCop〉에 등장하는 사이보그 경찰이나 〈터미네이터The Terminator〉의 T-800(아놀드 슈월제네거 역), 애니메이션 〈공각기동대Ghost in the Shell〉의 주인공 쿠사나기가 대표적인 사이보그이다. 역사학자인 유발 하라리Yuval Noah Harari는 『사피엔스Sapiens: A Brief History of Humankind』(2011)에서 과학기술에 의해 호모사피엔스가 완전히 다른 존재로 대체되는 시대가 곧 올 것이라고 전망했다. 하라리는 유전공학과 첨단 과학기술에 의해 현 인류를 대체할 포스트휴먼의 등장을 예고하는데 그것이 사이보그이다.

사이보그Cyborg는 '사이버네틱스Cybernetics'와 '유기체Organism'의 합성어로 인공두뇌학으로 알려진 기계적 장치와 생물학적 몸이 결합된 존재이다. 사이버네틱스는 "기계와 동물 모두를 대상으로 포괄하는 제어와 커뮤니케이션 이론의 전체 분야"로 1948년 미국의 철학자이자 수학자인 노버트 위너Nobert Wiener의 책 『사이버네틱스』를 통해 알려졌다. 사이버네틱스는 '조타수'라는 뜻의 그리스어에서 유래한 것으로, 위너는 정보를 통해서 인간을 전송하는 것이 이론적으로 가능하다고 생각했다. 그에게 사이버네틱스는 인공적인 요소와 자연적인 요소의 결합으로, 인간이 기계임을 보여주는 것이 아니라 기계가 인간처럼 기능할 수 있음을 증명하는 것이다.

이후 1960년대 컴퓨터 전문가인 맨프레드 클라인즈Manfred Clynes와 정신과 의사인 네이든 클라인Nathan Kline은 우주 환경에서 인간의 생존이 가능한 방법에 관한 논문인 「사이보그와 우주Cyborgs and Space」를 발표했다. 그들은 이 논문에서 미래에 낯설고 험한 우주 환경을 자유로이 여행하려면 인간이 기계와 결합해야 한다고 주장하면서, '사이보그'라는 용어를 처음 사용했다. 클라인즈와 네이든은 이 논문에서 지구와 유사한 인공적인 환경을 우주인에게 제공하는 대신에, 인간을 외계의 환경에 적응하도록 개량할 것을 제안하였다. 즉, 우주여행에 적합하도록 인간의 생물학적 진화 과정을 변화시키는 것이다.

생물체에 기계가 결합된 이 개념이 처음 제안된 배경은 60년대 우주 경쟁에서 우위를 차지하기 위한 군사화 전략이었다. 중력이 작동하지 않은 우주 환경에서 생존할 수 있을 뿐만 아니라 업무를 수행할 수 있는 인간을 만들자는 것이었다. 사이보그는 심장박동기나 인공와우와 같은 단순한 장치부터 로봇 팔다리, 뇌-컴퓨터 인터페이스, 심지어 인간의 의식을 디지털 형태로 업로드하는 것과 같은 인간과 기계의 보다 복잡한 융합에 이르기까지 다양한 형태로 진화했다.

미국의 전기 기술자인 제시 설리반은 2001년 사고를 당해 두 팔을 완전히 잃어 두 개의 생체공학 팔을 사용한다. 제시의 뇌에서 나온 신경신호는 초소형 컴퓨터에 의해 전기적 명령으로 해석되고 이 명령이 팔을 움직이도록 하는 것이다. 2006년 미 해군잠수전센터Naval Undersea Warfare Center는 사이보그 상어를 개발하겠다는 계획을 발표하면서 상어의 자기장 탐지 능력을 활용해 물속의 잠수함이나 기뢰가 생성하는 자기장을 식별하는 연구를 진행하였다.

이처럼 유기체와 기계를 결합한 사이보그는 인공 장기와 보조 기기뿐만 아니라 재생이 어려운 신체 부위를 기계로 완벽히 대체하거나 인간의 신체 능력을 강화시킬 수 있다. 육체의 물리적 본성 자체를 변화시키는 사이보그는 과학기술의 발달에 따라 점점 더 진화하고 발전하고 있으며 인간의 정신이나 의식의 측면도 변화시킨다.

캐서린 헤일스Katherine Hayles는 『우리는 어떻게 포스트휴먼이 되었는가How We Become Posthuman』(1999)에서 전자 심박 조절기, 인공관절, 체내 이식형 약물 전달 장치, 이식형 각막 렌즈, 인공피부 등과 함께 살아가는 사람들을 포함하여, 오늘날 미국 인구의 약 10%는 기술적인 관점에서 보았을 때 사이보그임을 주장하였다. 그녀는 이 글에서 인류가 사이보그화로 인해 포스트휴먼이 될 것이라 전망하며, 인간 생명이 복잡한 물질세계의 구성물임을 설명한다. 헤일스는 인간에서 포스트휴먼으로 변화하는 역사적 가정을 통해 테크노바이오 시대에 인간이 된다는 것 즉, 포스트휴먼은 증오하고 두려워할 존재가 아니라 생물학적이거나 인공적인 다른 생명체와 통합될 존재임을 피력한다. 또한 정보적–물질적 개체인 포스트휴먼이 새로운 휴머니즘의 영역으로 진화될 수 있음을 전망한다.

인간을 닮은 생명체, 인간과 다른 물질과의 결합이라는 아이디어는 사이보그라는 용어가 등장하기 이전부터 신화와 민담, 전설, 그리고 초기 SF에 이미 존재했다. 예를 들어, 유대 전통에서 등장하는 골렘은 진흙으로 만들어진 생명체로 인간의 형상을 하고 있다. 골렘은 생명을 가지고 있으며 마법을 사용한다. 그것은 진흙 인간이자 주인의 명령을 충실히 수행하는 로봇 같은 존재로 공동체를 보호하기 위한 목적으로 만들어졌다. 우리에게 익숙한 프랑켄슈타인의 괴물 역시 인간의 개별적인 신체 부위를 각각 끼워 맞춘 후 과학적 기술로 생명을 부여했다.

초기 SF인 포의 「아무것도 남지 않은 남자The Man That Was Used Up」(1839) 역시 인간과 기계의 결합을 소재로 한다. 소설의 배경은 '멋진 발명의 시대'이자 '기계 발전의 시대'이다. 나레이터는 대전투에서 전무후무한 승리를 거둔 존 A.B.C.스미스 장군을 추앙하면서 그에 대해 자세히 알아보기로 한다. 나레이터는 많은 사람으로부터 그의 업적을 듣지만 결국 그에 관한 것은 아무것도 알아내지 못한다. 소설은 '이 시대 최고의 사람'이라고 평가받던 장군이 몸통에 기계 장치를 결합한 사이보그임이 밝혀지며 끝난다.

사이보그는 SF에 자주 등장하는 비인간 존재인 로봇과 안드로이드와 유사한 의미를 전달한다. 로봇은 사람의 개입 없이 작업이나 행동을 수행할 수 있는 모든 자율 또는 반자율 기계 또는 장치를 지칭하는 광범위한 용어이다. 로봇은 다양한 형태와 크기로 제공되며 광범위한 기능을 수행한다. 로봇은 완전히 기계식일 수도 있고, 전자식이기도 하며 두 가지가 결합된 형태일 수도 있다. 반드시 인간을 닮을 필요는 없다. 영화 〈스타워즈Star Wars〉에 나오는 R2D2와 C-3PO가 대표적인 로봇의 예이다.

SF에서 로봇은 체코의 작가 카렐 차페크Karel Čapek의 희곡 『로봇 R.U.R.: Rossum's Universal Robots』(1920)을 통해 처음 등장하였다. 로봇은 체코어 '로보타Robota'에서 나온 말로 '힘든 일' 혹은 '강제노동'의 뜻이다. 극에서 과학자 로슘Rossum은 인간의 일을 대신할 하인과 노동자가 필요해서 그 대안으로 로봇을 만들었다. 그러나 로봇들이 인간처럼 되려는 욕망을 가지면서 문제가 생긴다. 로봇들은 일을 거부하고 인간에게 반란을 일으켜 세계를 지배하고자 한다. 기계 노예로서의 로봇과 창조자 인간에 대한 반역자로서 로봇의 역할은 이후 문학과 대중문화에서 전형화된다.

우리가 알고 있는 로봇의 이미지는 SF의 황금시대를 연 아시모프

덕분이다. 아시모프는 '로봇 소설의 아버지'라 불릴 만큼 로봇에 관한 소설을 많이 썼다. 그의 작품으로는 『나는, 로봇』과 『로봇의 휴식The Rest of the Robots』(1964) 등의 단편집이 있으며, 두 편의 연작 소설인 『강철 동굴The Caves of Steel』(1954)과 『벌거벗은 태양The Naked Sun』(1957)이 있다. 영화로도 만들어진 「나는, 로봇」과 「바이센테니엘 맨 Bicentennial Man」(1976)에서는 SF뿐만 아니라 실제 로봇공학에서도 사용되는 '로봇은 인간을 해치지 않는다', '로봇은 인간의 명령에 복종한다', '1, 2 원칙을 제외하고 로봇은 자신을 방어해야 한다'는 로봇공학 3원칙이 공표된 것으로 유명하다. 아시모프는 미래에 인간과 로봇이 공존할 경우, 로봇을 어떤 존재로 볼 것인지, 로봇과 인간의 관계에 대한 선구적인 예시를 보여준 작가이다.

안드로이드는 '인간과 닮은 것'이라는 의미를 갖고 있는데 인간과 비슷한 외형을 가지고 있으며 사람의 움직임과 표정을 모방하도록 설계된 휴머노이드 로봇이다. 안드로이드들은 인간이 할 수 있는 거의 모든 일을 하며, 인간처럼 사회적 상호작용도 수행한다.

『안드로이드는 전기양의 꿈을 꾸는가?』에서 휴머노이드 로봇, 정확히 말해서 '넥서스-6 안드로이드Nexus-6 android'라고 명명된 기계 인간은 '인간형에 가깝게 진화된' 안드로이드로 외형뿐만 아니라 지적인 능력에 있어서 인간과 거의 유사하거나 뛰어나다고 묘사되었다. 소설에서 이들의 탄생은 외계 행성에 대한 식민지 전략으로 시작된 전쟁 무기의 생산에서 시작되었다.

필립 K. 딕은 일반론적인 안드로이드의 의미를 벗어나, 기존의 휴머니즘적 관심으로는 환원될 수 없는 새로운 안드로이드를 창조한다. 그의 안드로이드는 적대적이거나 인간의 조력자로서의 안드로이드가 아닌 인간과 기계의 경계가 모호한 양가적인 감정의 안드로이드이다. 필립 K. 딕에게 안드로이드는 단순히 '프랑켄슈타인의 괴물'이 아니라 인간의 모습을 반영하는 '또 하나의 인간'이다.

사이보그와 안드로이드, 로봇은 형질이나 특성에 따라 확연히 구분되는 듯하지만 한편으로는 비인간적 존재라는 점에서 공통점을 가진다. 사이보그 존재에 대한 개념적 범주가 확장되면서 로봇과 안드로이드는 물론 인간과의 구분도 명확하지 않다. 이 장의 도입부에서 이야기한 〈승리호〉의 업동이 역시 사이보그이자 로봇이면서 안드로이드이다. 하지만 그(그녀)가 자아와 감정을 가지고 있다는 점에서 인간과 비인간의 경계에 대해 고민하게 된다.

전쟁 로봇인 사이보그는 무섭지만 업동이처럼 매력적이고 흥미로운 존재이기도 하다. 왜 우리는 인간의 육체와 마음을 닮은 비인간 존재에 대해 공포와 매력을 동시에 느끼는 걸까? SF에서 사이보그는 과학기술 시대에 유기체와 기계로 이루어진 우리의 일상적 모습을 의미하며, 지능을 가진 기계가 존재하는 인간의 미래에 대한 SF적 상상력이다.

인간은 인공 생명체 또는 비인간 존재를 과학기술을 통해 만듦으로써 창조하는 신의 지위를 얻고 싶었던 것인지도 모른다. 더불어 인간의 창조물을 통해 인간 존재를 더 깊이 탐구하고자 하는 열망이 사이보그를 통해 드러나는 것이다. 어쩌면 우리의 목적이 그렇게 고결한 것이 아닐 수도 있다. 기계 인간은 인간이 하기 싫어하는 또는 위험한 일을 대신해주는, 인간으로서 불가능한 일들을 완벽히 수행하는 것을 목적으로 사용되는 것일 수도 있다.

SF의 사이보그는 "우리와 같지 않지만 그럼에도 우리와 또 닮았기 때문에 우리를 매료시킨다." 우리는 사이보그를 통해 인간과 기술의 관계와 과학의 발전이 인간과 사회에 미치는 영향을 탐구할 수 있다. 또한 사이보그는 인간과 기계의 융합 과정을 통해 인간이란 무엇인가와 같은 존재론적 질문을 제기하며 초고도의 과학기술을 추구하는 과정에서 생기는 정치적, 윤리적 문제도 사고하게 한다.

2. 나는 여신보다는 사이보그가 되겠다

1985년 도나 해러웨이Donna J. Haraway는 「사이보그 선언: 1980년대의 과학, 기술, 그리고 사회주의 페미니즘A Manifesto for Cyborgs: Science, Technology, and Socialist Feminism in the 1980s」을 발표하였다. 이 선언문은 기술적 인공물이자 문화적 아이콘인 사이보그와 페미니즘 정치학을 연결시킨 도발적이고 계시적인 글이다. 해러웨이는 이 선언문에서 사이보그를 "인공두뇌 유기체로, 기계와 유기체의 잡종으로, 픽션의 존재일 뿐 아니라 사회 현실 속 존재"로 정의했다. 해러웨이는 우리 시대를 "신화의 시대"로 우리 모두는 "기계와 유기체의 잡종으로 이론화되고 제작된 키메라로, 곧 사이보그"로 지칭하며 우리 시대의 다양한 존재에 대한 상상을 그린다.

해러웨이는 세계적인 페미니즘 이론가이자 철학자이며 비평가이다. 그녀는 콜로라도 대학교에서 동물학, 철학, 영문학을 전공하고 예일 대학교에서 생물학으로 박사학위를 받았다. 해러웨이는 존스 홉킨스 대학교에서 연구하면서 사회주의 페미니즘과 반인종차별 운동에 참여하였고 마르크스주의와 과학, 과학에서 페미니즘의 문제, 군사주의에 대한 급진주의적 비판, 그리고 화학전 및 생물학전에 대한 지식 및 이해가 그의 지적, 학문적 작업의 중심이 되었다. 그녀는 강의와 연구를 통해 섹스와 젠더에 대해 연구하면서 페미니즘 이론을 탐구했다. 재미있는 것은 그녀가 대학에 있을 때 'SF'를 많이 읽었다는 것이다.

「사이보그 선언」은 『사회주의자 리뷰Socialist Review』에 처음 게재되었다. 해러웨이는 사회주의 페미니즘에 대한 주제로 글을 써달라는 부탁을 받고 당시 유행하던 사이보그의 형상을 떠올렸다. 그녀는 사이보그 개념을 통해 20세기 후반의 소외된 여성의 경험을 더 잘 이해할 수 있을 것이라고 생각했다. 이후 이 선언문은 해러웨이의 다른 글들과 함께 『영장류, 사이보그 그리고 여자: 자연의 재발명Simians, Cyborgs and Women: The Reinvention of Nature』(1991)이라는 책에 실리면서 해러웨이의 철학과 신념을 보여주는 글이 되었다.

앞에서 살펴본 것처럼 과학기술에서 사이보그는 기계와 유기체의 혼종으로 인산과 기계의 특성을 동시에 가지고 있는 융합적 존재이자 물질적 실체였다. 해러웨이는 사이버네틱 이전에는 기계가 분명히 인간의 통제하에 있는 것처럼 보였다고 말한다. 기계는 기껏해야 인간의 명령을 따르면서 그리고(또는) 인간이 입력한 인간을 반영하는 것이 전부였다. 그러나 사이보그가 등장하면서 각각의 상대편에 대한 근접성 및 유사하지 않은 부분들의 결합은 익숙한 사람으로서 종종 인식될 수 없는 하나의 하이브리드를 생산한다. 하이브리드는 순수한 인간도, 순수한 기계도 아니다.

해러웨이에게 사이보그는 여성, 유색인, 자연, 노동자, 동물에 대한 지배의 논리와 실천을 체계화시킨 완고한 이분법을 해체할 수 있는 잠재력으로 작용한다. 그녀는 사이보그가 인간과 기계의 안정적인 이분법적인 경계를 불안정하게 하면서 "더 많은 살아 있는 존재에게서 더 나은 미래를 열어주는 이야기가 등장하고 살아남을 가능성이 있는" 존재임을 발견한다. 사이보그는 "개체인 동시에 은유이며, 살아있는 존재인 동시에 내러티브 구성"이다.

해러웨이가 사이보그 정체성을 과학과 문학의 혼종적 스토리텔링인 SF에게서 찾은 것은 우연히 아니다. 해러웨이는 「사이보그 선언」에서 러스, 새뮤얼 R. 딜레이니Samuel R. Delany, 존 발리John Varley, 팁트리 주니어, 버틀러 등의 현대 SF 작가들을 인용하면서 이들을 "사이보그 이론가"로 명명한다.

> 페미니즘 SF에 등장하는 사이보그 괴물들은 남성(Man)과 여성(Woman)이 등장하는 세속적인 소설과는 사뭇 다른 정치적 가능성과 한계를 정의한다. 사이보그 신체는 순수하지 않다. 에덴에서 태어나지 않았기 때문이다. 사이보그 신체는 통합적 정체성을 추구하지 않기에 종말 없는(또는 세계가 끝날 때까지 유효한) 적대적 이원론을 발생시키며, 아이러니를 당연하게 받아들인다. 기계는 생명을 불어넣거나 숭배하거나 지배할 대상(it)이 아니다. 기계는 우리이고, 우리의 작동방식이자 체현의 한 양상이다.

SF에서 사이보그는 인공지능과 기계적 신체를 이용하여 포스트휴먼의 가능성을 탐구한다. 즉 기술에 의해 신체가 물리적으로 변형된 캐릭터는 인간 정체성의 본질과 존재론적 정치를 탐구하는데 쉽게 활용될 수 있다. 이때의 포스트휴먼과 사이보그는 인간을 지능을 가진 기계와 매끄럽게 접합시키면서 본질적인 차이나 경계를 구분 짓지 않는다. 해러웨이에게 사이보그는 '집적 회로 속 유색 여성들'이다. 집적 회로 속 여성들은 하나의 전자회로 속에 들어있는 초소형의 컴퓨터 칩처럼 작용하며 물질적으로 이데올로기적으로 오염된 정체성을 가진다. 그들은 서구적 자아의 명확한 구분을 무너뜨리면서 인간 정체성의 안정성에 도전하는 타자성을 재현한다. 유색인 정체성은 "복합적인 정치적, 역사적 층위에 퇴적된 이방인 정체성들을 융합하여 합성하는 강력한" 사이보그 정체성이다.

20세기 후반에 일어난 여성운동과 페미니즘은 여성해방을 주장하였지만 모든 여성이 보편적이고 본질적인 여성성이라는 규범을 가지고 있는 것처럼 규정하였다. 당시 페미니스트들은 여성의 경험을 오직 하나의 경험으로 설명하였고 젠더 차별과 보편적 자매애를 주장하였다. 하지만 해러웨이는 '여성됨'과 같은 여성을 자연스레 묶는 규범은 없으며 그 자체가 성과 관련된 과학담론 및 사회적 관습의 경합을 통해 구성된 매우 복합적인 범주라고 주장한다. 젠더, 인종, 계급에 대한 의식은 가부장제, 식민주의, 자본주의라는 모순적인 사회 현실을 겪어 온 우리의 비참한 역사가 강제로 떠안긴 결과인 것이다.

해러웨이는 우리가 지금까지 자연스럽게 여겨왔던 모든 구분과 경계들이 점진적으로 붕괴되고 모호하게 여겨지는 현실을 이야기하면서 인간과 동물의 경계, 유기체와 기계 사이의 경계, 물리적인 것과 비물리적인 것의 경계를 무너뜨림으로써 새로운 의미를 만들고 상상하기 위해 사이보그를 이용한다. 해러웨이의 사이보그는 포스트젠더 세계의 피조물로 인종, 성, 계급의 권력구조를 해체하는 급진적인 서사를 가진다.

윌리엄 깁슨의 『뉴로맨서』에는 사이버스페이스를 중심으로 활동하는 바이오해커와 여성 사이보그 몰리Molly가 등장한다. '면도칼 소녀' 또는 '거리의 사무라이'로 불리는 킬러 몰리는 해러웨이가 말하는 포스트젠더 사이보그이다. 그녀의 눈에는 미러셰이드가 장착되어 있으며 손톱 아래에는 길고 날카로운 칼날을 감추고 있다. 몰리는 소설 속 어떤 남성 캐릭터보다 빠르고, 강하다. 그녀의 강화된 신경계는 어떤 물리적 변화나 공격의 조짐도 즉각 포착하고 대응할 수 있다.

고전 SF나 애니메이션의 사이보그는 주로 남성 사이보그로 재현된다. 그들은 살상용 무기로 표상되고 힘과 권력을 상징한다. 반면 여성 사이보그는 출현 자체도 적을 뿐만 아니라 서사의 주변적 역할을 한다. 이에 반해 몰리는 성별을 재정의하는 새로운 젠더 모델이다. 그녀는 무기를 몸에 이식한 사이버테크닉 전사로, 여성적 수동성과 전형화된 여성성의 규범으로 재현되지 않는다. 예를 들어 한 장면에서 애시풀 Ashpool이 몰리에게 어떻게 우는지 묻는다. 이에 몰리는 울지 않는다고 대답한다. 애시풀이 그래도 누군가가 울게 한다면 어떻게 하겠느냐고 묻자 몰리는 "침을 뱉어요. 관이 내 입으로 연결되어 있어요"(p.183)라고 대답을 한다. 그녀의 신체는 포스트휴먼 구성체로 "자신들의 구축된 본성 때문이 아니라 오히려 혼성적 설계의 불확정성 때문에 지배적인 문화질서를 명백하게 위반한다." 사이보그 몰리는 인간과 기계, 유기체와 무생물, 여성과 남성을 구분하는 경계를 부정한다. 몰리는 여성성을 탈자연화함으로써 힘, 자율성, 호기심과 같은 특성을 사이버스페이스 시대의 문화적 정체성으로 재정의한다.

사이보그는 자의적이고 이분법적인 관념에 의해 제한되는 인간 이외의 '타자'의 예를 우리에게 제공한다. 사이보그는 인간과 기계처럼 이전에 확립되어 불변하는 것처럼 보이는 분리된 범주가 서로 섞여 탄생한 혼종이지만, 백인/흑인, 남성/여성, 자아/타자처럼 보다 인위적이고 사회적으로 구성된 다른 범주의 해체를 암시하기도 한다. 사이보그는 혼합에서 생겨나며 여러 세계의 장점을 결합한 혁신적이고 새로운 상징이다.

해리웨이의 「사이보그 선언」은 여신이 되기보다는 사이보그가 되겠다는 선언으로 끝을 맺는다. 여신이 자연과 여성을 포용하고 물질과 기술의 남성성을 배제하는 신화적 의미라면 사이보그는 기술과학의 시대에 정보네트워크를 스스로 선택하고 실행하는 전사의 능력을 갖춘 존재이다. 사이보그 몰리는 해러웨이가 말하는 남성과 여성의 이분법적 구분을 벗어난 포스트모던적 창조물이다. 이때의 사이보그는 모든 경계를 허물어버리는 분열적, 모순적, 혼종적인 존재로 인종과 생물학적 순수성에 대한 환상을 버리고 새로운 페미니즘 정치의 가능성을 실현하고자 하는 주체이다.

해러웨이의 사이보그 은유는 모순적인 만남에 대한 논의에 적절한데, 사이보그 자체가 경계를 넘나들고, 강력한 융합과 위험한 가능성을 허용하는 모순을 중심으로 구성되기 때문이다. 이러한 위반의 맥락에서 성별, 인종, 계급을 중심으로 구축된 안정적으로 보이는 정체성 범주를 고정하지 않는 것은 타자성에 대한 정의에 이의를 제기하고, 이를 통해 주체성과 정체성을 비전체적인 방식으로 재구성하는 수단이 될 수 있기 때문이다. 해러웨이는 상상 속 사이보그 괴물이 단일 정체성을 추구하지 않으며, 사이보그 이미지는 우리 몸과 도구를 설명해 온 이원론의 미로에서 벗어날 수 있는 길을 제시할 수 있다고 말한다.

3. 여성, 테크놀로지, 사이보그

제임스 팁트리 주니어의 중편 「접속된 소녀The Girl Who Was Plugged In」(1973)는 기술과 권력의 문제, 대중문화와 자본의 문제 등 "사이버-유토피아주의를 잔인하게 해부하면서 실제와 시뮬레이션된 것을 의미 있게 구별할 수 없게 될 현실을 경험하는 방식을 예측"하는 매력적인 사이버펑크 SF이다. 또한 여성의 정신과 몸의 분리라는 테크놀로지적 상상력과 사이보그 신체의 네트워크화를 통해 인간과 기계의 안정적인 이분법을 붕괴시킴으로써 실재 대 현상, 진리 대 환상, 남성 대 여성 등의 이분법을 붕괴시킬 수 있는 잠재력을 갖고 있다.

「접속된 소녀」는 아름다움이 상품으로 소비되는 디스토피아적 미래를 배경으로 한다. 그곳은 미디어와 소비자본주의가 극도로 지배하는 세계로, 필라델피아 버크Philadelphia Burke의 비극적인 이야기가 펼쳐진다. 이야기는 남성 나레이터에 의해 "들어 봐, 좀비"(p.57)라는 말로 시작한다. 남성은 글 초반에 '싸이 파이Sci-fi'한 미래 사회와 대중에게 신처럼 찬양받는 유명인들을 묘사한 후 주인공 버크로 독자의 시선을 유도한다. 남성은 '세상에서 제일 못생긴 여자', '무질서한 몸통과 짝짝이 다리', '짐승소녀' 등의 표현으로 버크를 묘사하면서 버크를 괴물로 형상화한다. 「접속된 소녀」의 시대는 인위적으로 강화된 아름다움을 소비하는 시대로 흉측한 외모를 가진 소녀는 거리에서 비참하게 살아간다. 버크는 자신의 처지를 비관하여 자살을 시도하지만 GTX기업에 의해 구조된다.

미래 세계는 판매를 촉진하기 위해 상품을 전시하는 것을 금지한 헉스터법이 작동되는 사회이다. 따라서 "광고 게시판, 간판, 슬로건, 선전문구, 추천사, 번쩍거리는 정보"(p.60)가 금지된다. 그럼에도 기업은 이윤 추구와 경쟁에 혈안이 되어 미디어 사업을 확장하고 광고 프로젝트를 수행한다. 거대 통신기업인 GTX는 고도의 생체 테크놀로지를 이용하여 전략적인 광고를 만든다. 그들은 아름다운 신체를 가진 여성을 생체공학적으로 만들어서, 사이버네틱으로 조종한다. 시선을 끌기 위해 고안된 사이보그는 멋지고 신나는 삶을 보여주는 홍보용 로봇이다.

GTX의 남성 엔지니어들은 버크에게 전자 임플란트를 장착하게 하여 아바타인 델피Delphi를 조종한다. 델피는 "노란 머리 타래를 늘어뜨린 작은 실크 언덕", "당신이 일찍이 본 중에 가장 사랑스런 소녀", "요정"(p.66)으로 묘사된다. 그녀는 홀로그램 방송을 통해 그녀의 모든 것을 보여주면서 언론과 소비자들의 관심을 끈다. 사회적 미의 기준에 완벽하게 부합한 델피의 육체는 버크의 뇌와 연결된다. 버크의 뇌는 육체로 표상되는 델피의 삶에 맞춰간다. 추한 외모로 인해 사회에서 배제되어 인간다운 삶을 살지 못했던 버크는 아름다운 육체에 접속하여 그토록 갈망하던 유명인의 삶을 살면서 인간 사회에 어울릴 수 있게 된다.

버크-델피는 유기체와 기계의 혼종으로 물리적인 것과 비물리적인 것 사이의 전통적인 경계를 무너뜨린다. 그녀는 "금속 성분이 약간 포함된 연약한 소녀의 살과 피 40킬로그램"을 가진 "특이한 곳에 뇌를 둔", "전송량이 많은 실시간 온라인 시스템"(p.75)인 사이보그 여성이다. 그러나 고전 SF의 테크노틱하고 강력한 전통적 남성적 사이보그와 달리, 팁트리 주니어의 사이보그 표현은 인간과 기계의 이분법적 계층 구조를 전복한다는 점에서 잠재적으로 해방적이다. 유기적이면서 기계적이고, 물리적이면서 비물리적인 존재인 버크-델피는 인간의 경계를 약화시키고 모호하게 만드는 의식 상태를 구현하여 신체와 정체성에 대한 이해를 모호하게 한다. 혼종적 존재로서의 두 사람의 모습은 나레이터의 묘사를 통해 생생하게 느껴진다.

> P. 버크는 자기 뇌가 캐비닛 안에 있다고 느끼지 않아, 그 사랑스러운 작은 몸 안에 들어가 있다고 느끼지. 손을 씻을 때 물이 뇌 위로 흐른다고 느껴? 그렇지 않지. 손에 물이 닿는다고 느끼잖아. 그 '느낌'이라는 것이 사실은 두 귀 사이에 있는 전기화학적인 덩어리에 깜박이는 잠재 패턴이고, 그 깜박임도 손에서부터 긴 회로를 따라 전해진다 해도 말이야. 마찬가지로 캐비닛 안에 있는 P. 버크의 뇌도 화장실에서 손에 닿는 물을 느끼는 거야. (p.67)

그럼에도 불구하고 버크-델피의 해방적 잠재력은 유토피아적이지도 않고, 찬미할 만한 것도 아니다. 버크-델피의 사이보그 모습은 제한된 주체성으로 훼손된다. 그것은 버크-델피가 단순한 사이보그가 아니라 젠더화된 사이보그이기 때문이다.

델피는 "걷고 앉고 먹고 말하며 코를 풀고, 비틀거리고, 오줌을 누고, 딸꾹질할 때마저도 상큼하게 보이도록 하는 훈련"을 "매혹적으로 섬세하게"(p.65)하는 방법을 익혀 가부장적인 사회에 맞는 이상적인 '여성'이 된다. 그녀의 모든 삶은 상품을 팔기 위해 존재한다. 그녀는 판매율을 상승시키는 광고 역할을 하는 육체이다. 따라서 그녀는 기업의 기준을 따라야 하며 비판적 태도나 의문을 가질 수 없다. 그녀의 주체성은 용인되지 않고 그저 마네킹으로 치부된다. 이러한 수동적 태도는 사이보그인 델피뿐만 아니라 버크에게도 보여진다. 버크 역시 건물 지하실 비밀공간에서 명령어를 실행할 뿐이다.

버크에게 기형적 육체로부터의 해방은 세계와의 소통으로 이어지는 것처럼 보인다. 그러나 실제 버크의 육체는 지하 실험실 어두운 방에 갇혀있다. 비크의 불안정한 신체의 새현은 버크에 대한 끊임없는 감시와 통제를 정당화한다. 버크-델피의 모습은 대부분의 사이보그 표현물처럼 "인간, 기계, 그리고 여성성에 대한 부르주아적 관념을 재확인시킴으로써 우리를 다시 지배적 이데올로기 속에 집어넣고 있다."

소설에서 버크의 괴물 같은 육체와 델피의 여신 같은 외모는 분명하게 구분된다. 소설에서 버크와 델피의 몸의 지위는 매우 문제적이다. 버크와 델피의 두 신체는 사이버 시스템으로 연결되어있으며, 신체들에는 훈육, 감시, 처벌이 동일하게 작동된다. 결국 사이보그와 여성의 자율성과 주체성은 권력의 힘 아래 통제되고 조종된다.[8]

소설의 마지막에서 나레이터는 "델피는 다시 살아난다"(p.116)고 말한다. 덧붙여 그는 여전히 젠더화된 사이보그가 존재함을 주장하며 "내가 성장을 말할 때는 진짜 성장을 말하는 거지. 자본 이득의 증가 말이야. …… 저기 눈부신 미래가 있지 않나"(p.116)라는 말로 가부장적 자본주의가 현실은 물론 미래에도 작동하고 있음을 냉소적인 태도로 예견한다. 현실에서 자본주의는 좀비처럼 "매체로 구축된 델피의 공적 세계와 연구 센터의 지배를 받는 버크의 은밀한 존재 양쪽에 다 개입"한다. 과학기술의 발전과 개발은 자본주의와 밀접하게 연결되어 있다. 젠더와 계급은 자본주의적 사회관계 안에서 속박되어 있으며 여전히 여성들은 신체적 차별을 느끼며 살아가고 있음을 팁트리 주니어는 비판한다.

「접속된 소녀」는 사이보그와 여성의 육체의 문제와 더불어 여성 작가의 글쓰기에 대한 비평으로도 읽혀진다. '제임스 팁트리 주니어'는 앨리스 브래들리 셸던Alice Bradley Sheldon이라는 작가의 필명이다. 셸던은 오랫동안 자신의 이름을 숨기고 남성 필명을 사용하여 과학소설계에서 활동하였다. 처음부터 그녀는 강렬하고 견고한 문체의 남성 작가로 인정을 받았다. 팬들은 물론 과학소설계는 이에 대한 의심을 가지지 않았는데 이는 당시 SF가 남성들만이 즐길 수 있는 장르이며 작가역시 남성만 가능하다는 편견 때문이었다. 그러나 대중 앞에 나서지 않았던 그가 여성일지 모른다는 소문이 퍼지기 시작했다. 팁트리 주니어의 단편집에 서문을 써준 로버트 실버버그Robert Silverberg는 이에 대해 다음과 같이 말하면서 소문이 거짓임을 확신했다.

> 팁트리 주니어가 여성이라는 말들이 있지만, 나는 이 사실이 부조리하다고 생각하는데, 왜냐하면 팁트리 주니어의 글쓰기에는 뭔가 불가피하게 남성적인 면이 존재하기 때문이다. 나는 제인 오스틴의 소설을 남자가 썼을 것으로 생각지 않으며 어니스트 헤밍웨이의 작품을 여자가 썼으리라고 생각하지 않는 것처럼……

결국 그녀의 정체가 밝혀지면서 과학소설계는 혼란에 빠졌으며 과연 여성 또는 남성 글쓰기라는 젠더화된 양식은 존재하는가에 대한 의문이 생겼다. 팁트리 주니어는 "말하기 위한 권위를 위해서 뿐 아니라 게임을 할 용기를 위해서도 남자 이름이 필요했다"고 말하면서 당시의 폐쇄적인 과학출판계를 언급했다. 실제로 과학소설계를 지배했던 유명 편집자 존 캠벨이 "여성에게 SF를 쓸 수 있는 능력이 있다고 믿지 않는다. 그리고 찬성하지도 않는다"라고 말한 사실은 유명하다. 많은 여성 작가들은 남성적인 느낌을 주는 가명이나 모호한 성별을 가진 이름을 사용해 소설을 썼다. C. L. 무어의 본명은 캐서린 무어Catherine Moore로 성 중립적인 이름을 사용했으며 안드레 노턴, 레이 브래킷Leigh Brackett, C. J. 체리의 경우도 마찬가지이다. 셸던의 정체가 밝혀졌을 때 사람들은 여자도 남자처럼 글을 쓸 수 있다는 것이 증명됐다고 말한다. 하지만 셸던은 "의도적으로 남성직인 디테일을 넣는 것을 제외하고는 내 자신처럼 글을 썼다"고 말한다.

팁트리 주니어는 그저 쓰기 위해서 다른 이름을 사용했을 뿐이며 그녀의 글쓰기가 '남성적'이라는 평가는 SF를 남성적 특징을 가진 젠더화된 결과물로 구조화한 것임을 알 수 있다. 헤더 힉스Heather J. Hicks는 「접속된 소녀」를 "글과 기술, 여성의 신체에 대한 표현이 가장 생산적으로 읽혀지는 작가적 탈육체화의 우화"라고 이야기하며 셸던이 자신이 버크가 되어 소비자가 원하는 대중인물인 팁트리 주니어에 힘을 실어주었다고 분석한다. 이처럼 팁트리 주니어는 그녀의 작품은 물론 자신의 삶을 통하여 젠더를 해체하고 비판한다. 또한 가부장제 질서와 사회규범은 본질적인 것이 아닌 문화적인 것이며 언제든지 변형되고 해체될 수 있는 것임을 증명한다.

해러웨이에 의하면 페미니스트 글쓰기는 "사이보그의 기술"이다. 그것은 "생존하는 힘에 관한 것으로, 그 힘은 원래의 순수함에 근거하는 것이 아니라, 그들을 타자로 규정하는 세상을 드러내 줄 도구를 손에 넣는 것에 근거한다." 팁트리 주니어의 글쓰기는 남성 중심주의 세계에 대항하는 투쟁이며 젠더화된 삶을 전복시키는 전략이었다.

3장

SF, 외계인으로 읽기

1. 소외된 타자, 외계인

SF에서 외계인에 대한 은유는 다양하게 변주되어 등장한다. 세계적인 SF 작가 아서 C. 클라크Arthur C. Clarke는 "미래를 내다볼 때, 다른 형태의 지능을 만날 수 있다는 희망은 아마도 우주 비행이 밝혀낸 모든 가능성 중에서 가장 흥미로운 것이다"라고 말한 바 있다. 인류가 별을 향해 나아가고 은하계를 가로지를 때, 우리는 이웃 행성의 주인인 그들을 만날 수 있을지 모른다. 안드로메다 우주에서 만나는 그들은 어떤 모습일까? 그들은 어떤 언어로 말할까? 영화 〈컨택트Arrival〉(2016)가 보여주듯 우주 먼 행성의 그들, 외계 생명체와의 만남은 어느 날 갑작스럽게 이뤄질 수 있다.

모든 SF의 기원에는 외계인과의 만남에 대한 환상이 자리잡고 있다. 그 만남은 아마도 가장 두렵고, 가장 흥미진진하며, 가장 에로틱한 만남일 것이다. 하지만 외계인과의 만남은 친숙한 감정보다는 두려움과 공포에 가깝다. 다르다는 것, 이질적인 것은 사회적 정체성의 경계와 한계를 나타내는 중요하면서도 친숙한 문화적 은유이다. 이를 통해 차이는 주변화되고 불협화음은 완화되어 주변부에 대한 중심부의 우위를 확인할 수 있다.

외계인을 의미하는 '에일리언alien'은 '외국 출생의' 또는 '다른 사람, 다른 나라의 소유물'의 라틴어 형용사 'alienus'에서 유래한다. 이 단어는 '부자연스럽다' 또는 '용납할 수 없다'와 같은 의미로 외국인 및 이주민에 대한 적대감을 표현하는 데 자주 사용되었다. SF에서 '외계인'이라는 단어는 1929년 출간된 잭 윌리엄슨Jack Williamson의 『외계 지능The Alien Intelligence』에서 처음 등장했다. 이 때의 외계인은 지구 종족과는 "다른 형태의 지능... 인류에 대한 동정심이나 인간의 감정을 전혀 느끼지 않는, 인류와 무관한 생명체"이다.

기괴하고 이질적인 존재인 외계인에 대한 공포는 문학뿐만 아니라 영화와 만화 그리고 컴퓨터 게임 등의 대중문화에서도 등장한다. 외계인 공포에 관한 유명한 이야기가 있다. 웰스의 『우주전쟁The War of the Worlds』(1898)은 멀리서 우주선을 타고 지구까지 올 수 있는 능력을 지닌 외계인들이라면 십중팔구 우리보다 우월한 과학력으로 우리를 몰살시키거나 노예로 만들지 모른다는 우려를 기본전제로 삼은 SF이다.

1938년 10월 30일 미국의 CBS라디오는 웰스의 『우주전쟁』을 각색하여 드라마화했다. 이때 방송 전반부에서는 '속보' 형식으로 진행되었고, 일부 청취자들은 그것을 진짜 뉴스 방송으로 착각했다. 청취자들은 화성 침공이 실제로 일어났다고 믿게 된 것이다. 물론 이것은 제2차 세계대전으로 인한 공포와 관련이 있다. 하지만 청취자들이 보인 극도의 공황적 반응은 우리 내면에 감춰져 있는 외계인(타자)에 대한 잠재적인 불안이 얼마나 큰지를 의미한다.

하인라인의 『스타쉽 트루퍼스』에서 외계인은 혐오스럽게 생긴 거대하고 사악한 곤충이다. 그들에게 지적 능력이나 사회적·도덕적 면모는 보이지 않는다. 소설을 각색한 영화에서 외계인의 모습은 더욱 과장되어 길고 날카로운 앞다리를 가진 사마귀의 모습으로 그려진다. 그들은 역겨운 냄새를 풍기며 진득거리는 진액을 가진 혐오스런 동물이다. 정부는 외계인을 적으로 규정하여 모두 섬멸해야 한다고 대중들을 선동한다. TV 방송은 어린이들이 외계인을 형상화한 바퀴벌레를 발로 짓밟아 버리며 승리를 자축하는 모습을 반복적으로 보여준다. 하인라인의 바퀴벌레 외계인은 1950년대와 60년대에 등장한 공산주의자에 대한 은유이다. 이 시기의 SF는 냉전 논리가 애국주의와 결합되어 자유진영 이데올로기의 승리를 옹호한다.

팁트리 주니어의 「체체파리의 비법The Screwfly Solution」(1977)의 외계인은 지적 능력이 뛰어난 존재로 등장한다. 소설에서 외계인들은 직접 나시지 않고 은밀한 막후 조종을 봉해 인류를 점진적으로 멸종시킨다. 노골적인 무력 침공으로 에너지를 낭비하는 대신 인간의 남녀 사이를 서로 원수지간으로 만드는 바이러스를 온 세상에 역병처럼 퍼뜨린다. 벌레가 옮기는 바이러스에 감염된 남성들은 정신 착란을 일으켜 광적으로 여성들을 혐오하게 되고 연쇄적으로 살해한다. 그 결과 불과 1세대만에 인류는 멸종위기에 처한다. 이제 외계인들은 서두르지 않고 인류가 소멸하기만을 기다리는 것이다. 이야기는 지구상의 마지막 여성 중의 한 명이 이 모든 상황을 일기 형식으로 고백하면서 마무리된다.

여기에 놈들이 있어요. 그리고 난 놈들이 우리에게 그런 짓을 했다고 생각해요. 우리가 알아서 멸종하게 한 거죠.

왜냐고요?

사람들만 없으면 좋은 곳이니까요. 그런데 사람을 어떻게 없앨까요? 폭
탄, 살인 광선… 다 미개한 방식이죠. 엉망이 되어버리고요. 전부 부서지
고, 구덩이가 패고, 방사능에, 땅을 망치죠. 이런 식으로 하면 혼란도,
호들갑도 없어요. 우리가 체체파리에 했던 것처럼요. 약한 고리를 집어서
공격하고, 조금만 기다리면 되는거예요. (p.53)

중국인 최초로 휴고상을 탄 류츠신Liú Cíxīn의『삼체The Three-Body
Problem』(2008)는 문화대혁명의 피해자가 삼중 항성계를 태양으로 가진
알파센타우리계의 외계인과 협공하여 복수를 벌이는 이야기이다. 외
계인들은 양자역학을 이용하여 지구의 컴퓨터 정보와 과학기술을 왜곡
시키며 지구인들을 조작하고 통제한다. 외계인의 지구 침공이라는 SF
클리셰를 중국 현대사와 연결한 이 작품은 알레고리적 의미를 가진다.

19세기 펄프 SF[*9]는 기괴하게 생긴 괴물 외계인이 매력적인 여성을
납치하면 남성 영웅이 여성을 구출하는 전형적인 스토리이다. 소설 속
포로가 된 여성은 섹슈얼하지만 나약하고 수동적이다. 이에 반해 여성
외계인은 성적 매력과 더불어 초월적 신체 능력과 자연적 힘의 원천을
소유한다. 이러한 묘사는 여성과 자연의 친연성을 강조하면서 외계인
조차 성별 이분법으로 구분하고 있음을 의미한다. 남성 인물은 기술에
의존하고 자연은 여성적인 것으로 묘사되는 관습이 외계인 묘사에도
그대로 적용된다.

여성 외계인은 초월적 생식능력을 가지고 대체 과학을 통해 남성의
지배력에 도전한다. 이런 점을 포착한 페미니스트 SF 작가들은 외계인
을 불평등한 세상에서 여성의 경험을 표현하는 효과적인 수단으로 사
용하기 시작했다. 강인한 여성 외계인의 모습을 통해 여성도 강하고

유능할 수 있음을 보여준다. 여성 외계인은 압도적 신체적 존재감을 가지며 힘과 지략이 강한 인물로 묘사된다. 그들은 프랑켄슈타인의 여성 괴물이 아닌 마녀나 메두사와 같은 신화 속 여성 주인공으로 재창조된다. 외계인의 개념은 남성 중심의 가부장적 사회에서 평등주의적 가능성에 대한 실마리가 된다.

성차별적이라 할지라도 펄프 SF는 여성 작가들에게 많은 영향을 끼쳤다. 르 귄과 버틀러 역시 잡지를 통해 SF를 접했다. 팁트리 주니어는 한 인터뷰에서 '열 살부터 SF를 읽었다'고 말했는데 이는 그녀가 펄프 SF의 영향을 받았다는 것을 의미한다. 메리 셸리 이후 여성 작가들은 '외계인'을 여성적 타자로 표현하려고 노력했다. 여성 외계인의 가능성은 페미니스트 작가들에게 역설적으로 새로운 여성의 힘으로 나타나며 악마화된 여성 외계인은 독립적인 주체로 변형된다. 안드레아 로레인 풀러Andrea Lorraine Fuller는 자신은 강하고 유능한 여성을 찾고 있는데 SF는 바로 그러한 여성을 찾을 수 있는 유일한 곳이라고 말했다.

여성 외계인이 남성 상징질서에 쉽게 적응할 수 없다는 사실은 가부장제의 제약을 강조하고 여성성에 대한 개념을 다르게 구성한다. 괴물 같은 여성 외계인의 몸은 자연에 대한 기존의 설명과 위계화를 거부하고 가부장적 과학의 딱딱하고 기술적인 장치를 왜소하게 만든다. 페미니스트 이론가들은 외계인을 통해 신비롭고 통제할 수 없는 여성성을 되찾아야 한다고 주장하기도 한다. 페미니스트 작가들은 고전 SF에서 강력하고 악마적인 여성의 힘을 재발견한다.

페미니스트 SF에서 외계인은 더 이상 우주탐사 내러티브에 내재된 '진보'가 아니다. 그들은 인종과 젠더 정체성을 재구성할 수 있는 소재를 제공한다. 고전 SF에서 외계인을 만나고 싶은 욕망에는 항상 인간의 힘, 독창성, 야망을 보여주려는 남성적 제국 이데올로기가 수반된다. 하지만 페미니스트 SF는 제국, 탐험의 규범적 구성이 타자성의 가능성으로 상상된다. 여성 작가들에게 외계인은 먼 행성의 괴물스러운 존재가 아니라 인간 사회의 보이지 않는 외계인이다. 그들은 "흑인 여성이나 멕시코계 여성, 주부, 레즈비언, 불임 여성, 혹은 미혼 여성들"로 현재의 가부장적 사회에서 소외되고 배제된 인물들이다.

팁트리 주니어의 「보이지 않는 여자들The Women Men Don't See」(1973)은 소외된 여성이 스스로 외계인이 되는 내용이다. 소설은 1인칭 화자 돈 펜튼Don Fenton의 관점을 통해 진행된다. 돈은 멕시코로 낚시 여행을 가기 위해 비행기에 탑승한다. 그는 모녀관계로 보이는 두 명의 여성 루스 파슨스Mrs. Ruth Parson와 딸 알시아Althea와 동행을 한다. 여행 도중 비행기는 심한 폭풍우 속에서 비상착륙을 시도하면서 맹그로브 숲에 불시착한다. 비행기는 무사히 착륙했지만 돈을 비롯한 일행들은 전혀 예상치 못한 상황을 마주한다. 일행들은 구조를 요청하며 그곳을 벗어나려고 한다.

그때 어디선가 차가운 빛이 나타나 돈과 루스를 감싸며, 하얀 형체가 드러난다. 돈은 그들이 악어 사냥꾼이라고 생각하며 구조를 요청한다. 그러나 뜻밖에도 그들은 외계인이었다. 루스는 돈의 반대에도 불구하고 외계인들에게 "우릴 데려가 줘요. 제발, 당신들과 함께 가고 싶어요."(p.167)라며 절규한다. 결국 루스와 알시아는 외계 행성을 향해 떠난다. 여성들이 외계인을 따라 지구를 떠난다는 황당한 결말은 SF의 일반적인 구조와 관습을 폐기하며 현실의 여성들이 처해 있는 환경과 상황이 얼마나 끔찍하고 견딜 수 없는지를 상징적으로 보여준다.

지금까지 SF의 일반적인 이야기 방식은 백인 남성이 여성을 구하는 것이었다. 여성은 남성의 도움으로 위험한 상황을 이겨낼 수 있었다. 불시착 후 돈은 영웅직인 남성의 억할을 하기 위해 여성들을 관찰하면서 그녀들을 구하려고 한다. 하지만 이상하게도 여성들은 "우는 소리 한번, 떨리는 목소리 한 번 내지 않고"(p.131) 그 상황을 견뎌내고 있었다. 돈은 루스와 알시아가 전형적인 여성의 모습을 보이지 않자 매우 당혹스러워한다. 그에게 여성은 불평불만이 많고 히스테릭한 존재여야 하기 때문이다.

남성 나레이터인 돈은 처음부터 여성 인물을 무시하고 조롱한다. 돈에게 여성들은 "그림자"였으며 "아무것도, 다른 일이 없었다면 다시 그들을 보지도 생각하지도 않았을"(p.121) 존재였다. 소설의 제목처럼 여성은 보이지 않는 투명 인간 같은 존재였다. 설상가상으로 돈은 성차별적인 태도를 보이며 끊임없이 루스를 정욕의 대상으로 삼는다. 팁트리 주니어는 돈의 태도에 성차별적이고 가부장적인 사회를 반영한다. 루스의 항변은 여전히 존재하는 가부장적 이데올로기를 고발한다.

> 여자들에게 권리 같은 건 없어요, 돈. 남자들이 허용할 때를 빼면 없죠. 남자들이 더 공격적이고 더 강력하고, 남자들이 세계를 돌려요. 다음에 또 진짜 위기가 일어나서 남자들을 뒤흔들면 우리의 소위 권리라는 건 마치 연기처럼 사라질 거예요. 우린 언제나 그랬던 대로, 소유물로 돌아가겠죠. 그리고 잘못된 일은 모두 우리의 자유 탓이 될 거예요. 로마의 멸망이 그랬던 것처럼요, 당신도 알게 될 거예요. (p.155)

팁트리 주니어는 젠더적이고 불평등한 권력구조의 상황을 파괴하고 개방적인 서사를 만들어낸다. 고전 SF에서 지구인과 외계인과의 조우는 갑작스럽게 지구인이 납치당하면서 이루어진다. 지구인은 외계인을 목격하고 우주선으로 끌려가 다양한 검사를 받고 포로가 되기도 한다. 지구로 돌아온 인간은 외계인에게 배운 과학기술을 전파하거나 인류에게 환경오염이나 핵전쟁의 위험을 경고한다.

하지만 「보이지 않는 여자들」에서 여성과 외계인은 이방인이며 동일한 운명의 소유자들이다. 외계인은 더 이상 푸른 눈을 가진 기다란 촉수의 벌레가 아니다. 그들은 타자이고 주변인이고 버림받은 존재였다. 루스와 알시아는 미지의 행성으로 여행을 선택하지 않더라도 '인간은 남성'이라고 주장하는 문화에서 여전히 외계인이 될 것이다.

루스는 자신이 인간과 다른 종이라고 생각한다. 그녀는 돈에게 여성은 주머니쥐와 같다고 말한다. "돈, 주머니쥐는 어디에나 산다는 거 아셨나요? 심지어 뉴욕시에도 있다니까."(p.156) 여성들은 주머니쥐처럼 도시에서 인간(남성)과 함께 살고 있지만 어느 누구도 그들이 존재하고 있다는 것을 알지 못한다. 그들은 "남성들 세계 기계의 틈바구니에서"(p.171) 사는 이방인이기 때문이다.

2. 외계인이 된 지구인, 여성이 된 남성

외계인과의 만남, 새로운 행성의 발견과 식민지 개척이라는 우주탐험의 비유는 종종 제국주의, 정해진 운명, 문명의 확산이라는 서구의 팽창 비유와 유사하게 사용된다. 산업혁명으로 급격한 사회변화와 과학의 발달을 경험한 영국은 정복과 착취를 통해 세계 패권국가로 등장했다. 영국 SF가 웰스 시대에 번성한 것은 당시 제국주의의 절정기와 관련이 있다고 할 수 있다. SF의 외계인 담론은 이러한 정복과 탐험, '타자성'의 문제를 갖고 있다. 제국주의 권력은 남성을 자연의 주인이자 소유자로 만들면서 지배의 권력을 제공하고 여성은 타자의 이미지로 한정한다. 또한 지구인은 정복자로, 외계인은 여성과 같은 타자로 규정한다.

버틀러의 「블러드차일드」는 이러한 고전 SF의 외계인 담론을 문제시한다. 플롯은 SF의 전형적 특징인 지구인과 외계인의 조우를 모티브로 하고 있다. 하지만 버틀러가 작품 후기에서 밝혔듯이 이 작품은 지구인이 우주를 탐험하고 개척하는 제국주의적 관점이나 인간의 문명을 전파하는 인간 중심의 이야기가 아닌 "원래 거주민이 있는 태양계 밖 행성에 존재하는 고립된 인류 식민지에 대한 이야기"이다.

테란인Terrans이라고 불리는 지구인들은 죽거나 노예로 될 상황을 벗어나기 위해 지구를 떠나 낯선 행성에 도착했다. 그곳은 틀릭Tlic이라고 불리는 낯선 외계 생명체가 살고 있는 행성이다. 틀릭 종족은 그곳에서 물리적으로, 정치적으로 강력한 힘을 가지고 있지만 번식을 하지 못해 사라질 위기에 처해 있었다. 테란인과 틀릭 종족은 서로의 번식과 안전을 위해 연대를 한다. 소설은 테란인 간Gan의 시점과 주변 인물들과의 대화를 통해 전개된다. 간의 가족은 보호구역을 책임지고 있는 틀릭 종족의 트가토이T'Gatoi와 특별한 관계를 맺고 있다. 트가토이는 간의 엄마 리언Lien과 어린 시절부터 친구로 지내왔으며 간의 가족을 보호하고 있다.

토착 종족인 틀릭은 여느 지구인의 모습과 다르다. 틀릭은 2미터에 달하는 몸에 근육질의 뱀 꼬리를 가지고 있고 곤충처럼 여러 개의 팔과 다리가 있다. 그들은 포유류의 등뼈를 가진 외형으로 물속 생물처럼 보이기도 하며 신화에 등장하는 키메라와 같은 형상이다. 뱀 같기도

하고 전갈 같기도 한 틀릭의 외형과 칼처럼 날카로운 손톱은 기이하면서 그로테스크한 이미지를 연상시킨다. 하지만 하트 모양의 얼굴과 우아한 몸짓으로 간의 가족을 거대한 팔과 다리로 감싸고 있는 모습은 괴물이 아닌 대지의 여신을 연상시킨다.

나레이터인 간이 틀릭과 테란인의 관계의 의미를 이해하기 시작하면서 이야기는 복잡하게 얽히게 된다. 태어나면서부터 트가토이의 대리부였던 간은 테란과 틀릭의 결합이 둘이 함께하는 선하고 필요한 일 즉 '일종의 탄생'이라고 믿으며 성장했다. 하지만 간이 '어린 시절의 마지막 밤'이라고 묘사하는 그날, 간은 틀릭의 알을 출산하는 남성 테란인을 목격하게 된다. 틀릭 종족은 종족 생존을 위해 온혈 동물인 남성 테란인을 대리부로 이용한다. 부화해 나오는 틀릭의 유충은 남성 테란인의 내부를 먹고 이는 그들의 생명에 심각한 위협이 된다.

간은 틀릭 성/젠더 체계에서 트가토이를 외계인이 아닌 배우자이자 모성적 존재로 생각하도록 훈련받아 왔다. 하지만 트가토이 역시 간을 이용해서 자신의 알을 키우고 출산하게 해야 한다. 간은 남성이라는 성별에 따른 신체적 기대를 받아왔다. 이제 그는 자신이 처한 상황의 진실을 직시해야만 한다.

「블러드차일드」는 남성임신의 주제를 통해 남성과 여성의 성 역할 문제뿐만 아니라 자아와 타자, 지구인과 외계인, 문화와 자연 등의 이분법적 가치를 고찰한다. 전통적 SF에서 지구인은 낯선 존재인 외계인의 방문을 통해 그들과 대면했다. 그러나 이 소설에서는 지구인이 외계 행성에 도착함으로써 그들이 외계인이 되어 낯선 행성에 적응해야만 한다. 소설은 남성이지만 여성의 역할을 하는 간과 여성이지만 남성과 보호자의 역할을 하는 트가토이의 모습을 통해 서로 다른 존재의 차이를 섬세하게 살펴본다.

SF에서 외계인은 타자에 대한 은유이다. 1950년대 이후 외계인의 침공은 냉전에 대한 은유로 그려졌다. 이후 외계인은 에이즈나 동성애, 핵전쟁 같은 사회의 기저에 깔린 불안감과 혐오 그리고 공포의 감정을 반영하는 타자로서 존재했다. 외계 생명체는 주체가 억압한 또 다른 존재로 주체를 위협하는 외부 세계이다. 버틀러는 주체와 타자의 역전을 재현함으로써 주체와 타자의 구분이 구성되는 것을 비판하고 있다. 패트리샤 멜저Patricia Melzer는 「블러드차일드」가 여성의 재생산 기능이 '자연스러운' 사회구조를 만드는 것이 아니라 이러한 사회구조가 권력에 의해 구성된다는 것을 상기시킨다고 지적한다. 「블러드차일드」의 인물들은 우리가 알고 있는 재생산 과정을 불안정하게 하면서 범주의 자연스러운 구성을 불가능하게 만든다. 임신한 지구인 남성과 외계인 여성의 모습은 가족 내 젠더 차이를 반전시키고 성별 범주의 자연스러운 구성을 전복시킨다.

또한 버틀러는 인간의 경계와 혼종의 가능성에 대한 질문을 제시한다. 이는 트가토이의 알을 위한 대리 어머니 역할을 해야 하는 간의 태도를 통해 살펴볼 수 있다. 잔혹한 알 제거 과정을 목격한 그의 첫 반응은 공포 그 자체였다. 놀라움과 두려움에 휩싸인 그는 이 과정을 '부적절하고 이질적'이라고 표현하면서 적대적인 감정을 가진다. 하지만 트가토이와의 대화를 통해 간은 마침내 기꺼이 그녀의 알을 낳는데 동의한다. 이는 외계인과의 공생 과정의 공포를 극복하고 새로운 공존의 가능성을 보여준다. 버틀러의 소설 대부분에 등장하는 기생충, 숙주, 공생체의 모습은 해러웨이의 사이보그가 말하는 생존에 결정적인 타자성에 대한 이해와 동화, 혼종의 통합과 협상을 문자 그대로 표현한다고 할 수 있다.

지구를 떠나 외계인과 공생하는 모습은 팁트리 주니어의 「섬세한 광기의 손으로With Delicate Mad Hands」(1981)[*10]에서도 볼 수 있다. 소설은 폭력과 차별, 억압적이고 여성혐오적인 세계에서 살아가는 'CP'라고 불리는 한 여성의 이야기이다. 그녀는 태어날 때 눌리는 바람에 괴상하게 크고 납작한 코를 가지고 있다. 그래서 그녀는 캐롤 페이지라는 이름을 갖고 있지만 추한 외모 때문에 '인기 없는 돼지Cold pig'라는 뜻의 CP로 불린다. 하지만 어린 시절부터 총명한 그녀는 우주선의 승무원이 되길 원했다. 그녀는 수학은 물론 전자공학, 천문학, 우주학, 간호학, 우주에 관련된 것은 무엇이든 배우며 결국 우주선에 탑승한다. 그녀는 비행업무는 물론 탐사업무에 있어서도 뛰어난 업적을 쌓는다.

하지만 소설은 처음부터 끝까지 성차별주의와 여성혐오적인 내용으로 가득 차 있다. 우주선 선장은 CP를 이름 대신 '돼지'라고 부르며 모욕과 무시를 일삼는다. 선장의 CP에 대한 차별과 성폭력은 여과 없이 잔혹하게 묘사된다. 결국 CP는 선장을 죽이고 우주선을 훔쳐 태양계 너머의 미지의 공간으로 탈출한다. 이 시점까지 보면 소설은 여성혐오적 사회에서 한 여성이 시스템에 반항하여 죽음 직전에 탈출한 해방의 스토리이다.

정말 흥미로운 부분은 마지막 후반부의 몇 페이지에 걸쳐 있다. CP는 오랜 희망대로 우주선의 조종사가 되어 "홀로 자유롭게, 사랑하는 별들 사이에 있었다."(p.169) CP가 탄 우주선은 태양계 외곽의 이름 없는 행성을 향해 간다. CP는 한 행성에 도착한다. 그곳에서 그녀는 자신에게 텔레파시를 보냈던 외계인을 만난다. 외계인들은 다양한 모양과 크기, 색상으로 전달되는 텔레파시로 자신을 표현한다.

외계 행성의 풍경은 완전히 비인간적 세계이다. 이곳의 외계인은 「블리드차일드」에서와 마찬가지로 인간과 동물의 특징을 모두 가지고 있다. 그들은 뿔과 더듬이가 있고 돼지의 귀의 모양을 갖고 있지만 생식기와 배설기관이 없다. 그들은 꼬리가 있고 네 발로 걷기도 하고 뛰기도 한다. 소설에서 외계인들은 괴물이나 혐오스런 존재로 묘사되지 않는다. 그들은 캥거루처럼, 거북처럼, 돼지의 형상을 하고 있다. 그들의 친숙한 외모는 편안함을 제공하고 CP는 모든 것이 옳다는 막연한 느낌이 든다. 이 행성인들은 자신의 성별을 선택할 수 있으며 성차가 없다. CP는 이들에게 자신의 몸은 연체동물이나 지도처럼 성적 또는 성별 의미가 없는 중립적인 존재라는 사실을 알게 된다.

팁트리 주니어의 소설은 우주탐험에 대한 일반적인 외계인-괴물 서사를 뒤집는다. 남성의 세계를 떠나고자 하는 선택에서 시작된 CP의 여정은 대안적 미래, 즉 퀴어의 미래에 대한 탐험으로 나아간다. 팁트리 주니어는 우주가 마지막 개척지라는 비유를 전복하여 젠더 체계가 다르거나 심지어 존재하지 않는 대안적 세계를 상상한다. 페미니스트 SF는 외계인의 몸과 먼 미래를 통해 강제적인 이성애와 가부장제에서 벗어날 수 있는 가능성을 탐구하고 선택과 친밀감의 연대 속에서 욕망이 충족되는 세상을 상상한다.

3. 새로운 종의 탄생, 연대와 공존의 가능성

옥타비아 버틀러는 과학소설계에서 여성주의적 관점과 인종주의적 관점을 도입하여 타자성의 문제에 천착한 페미니스트 SF 작가이다. 대부분의 아프리카계 미국인들이 그렇듯 그녀 역시 어린 시절 가난과 인종차별을 겪으며 성장하였고 후에 이러한 그녀의 경험은 대표작인 『킨』을 비롯하여 『야생종』, 『릴리스의 아이들』, 『어린 새』 등에 재현되었다. 버틀러의 소설은 인종과 젠더의 지배적 담론이 '타자'와 '이방인'에 대한 정의를 고착화하려는 방식에 의문을 제기하며, 변형과 차이, 경계의 위반에 일관되게 관심을 가져왔다.

『킨』은 시간여행 서사와 아프리카계 미국인의 문학 형식인 노예 서사를 결합한 작품이다. 아프리카계 미국 여성 다나Dana는 자기 조상들이 노예로 취급받던 남부로 갑작스러운 시간 여행을 떠난다. 버틀러는 이 SF적 효과를 통해 과거에 대한 학습된 지식을 현실주의적으로 그려진 주관적 노예제 경험을 통해 더 구체화하고, 체계적인 인종차별주의가 과거를 현재에도 영속시키는 정도를 보여주면서 그것이 계속된다면 어떤 미래가 올지를 예상하게 한다.

버틀러는 2006년 갑작스러운 사망 전까지 다양한 사회적 주제와 이슈를 가지고 SF를 썼다. 여성주의적 관점과 인종주의적 관점을 교차적으로 사용한 그의 작품은 환상적이면서 사회비판적이다. 특히 지구인과 외계인의 만남을 소재로 한 이야기는 독자들의 마음을 완전히 사로잡았다. 1987년에 발표한 『완전변이세대 시리즈The Xenogenesis Series』인 『새벽Dawn』, 『성인식Adulthhood Rites』, 『이마고Imago』가 대표작이다. 이 작품들은 2000년에 『릴리스의 아이들』이라는 제목으로 재출간되는데 인간과 외계 종족의 만남, 인간과 비인간과의 이종결합을 주제로 한다. 소설은 20세기에 일어난 핵전쟁으로 대규모의 폭발과 화재가 일어나 지구상의 모든 생명체와 자연이 파괴되고 인류가 멸종된 세계를 그리고 있다. 이때 유전물질로 생물체를 재생할 수 있는 기술을 보유한 외계 종족 오안칼리Oankali는 전멸하고 있는 인간 생존자들을 구출한다. 그들은 왜 인간을 종말 위기에서 구출하는 것일까? 오안칼리는 남성, 여성, 제3의 성별인 올로이Ooloi로 나뉘는데 다른 종과의 유전적 교배, 즉 '거래'를 통해 진화하기 때문이다.

『새벽』은 아프리카계 미국인 여성 릴리스 이야포Lilith Iyapo가 혼수상태에서 깨어나는 것으로 시작한다. 희미한 형체의 누군가가 그녀에게 말을 건다. 그녀는 대답을 하는 듯 하지만 곧 잠이 들고 깨어나기를 반복한다. 릴리스는 잠에서 깨어나지만 스스로 얼마나 잤는지, 어떤 상황이 벌어졌는지 전혀 알지 못한다. 그녀가 처음 본 형상은 오안칼리 남성 제이다야Jdahya이다. 그의 모습은 어렴풋이 인간의 형태를 하고 있는 것처럼 보이지만 그에게는 눈, 코, 입 등의 감각기관이 없다. 그는 회색피부를 가지고 있으며 뱀처럼 꿈틀거리는 미세한 촉수가 온 머리와 얼굴을 덮고 있다. 릴리스는 처음 마주친 외계인의 모습에 두려움과 공포에 휩싸인다. 릴리스는 오안칼리의 모습에서 메두사를 떠올린다. 메두사는 신의 노여움으로 인간이 뱀으로 변한 신화 속 괴물이다. 릴리스에게 오안칼리는 구원자가 아니라 인간과 동물이 결합된 기괴한 괴물일 뿐이다.

오안칼리는 스스로를 '유전자 거래상'이라고 부른다. 오안칼리는 새로운 종족의 유전물질을 발견하여 그들과 교배한다. 오안칼리는 새로운 종족의 가장 좋은 특성과 자질을 유전자 풀에 추가하고 그 대가로 자신들의 더 나은 자질과 능력을 전수하면서 종족을 보전한다. 인간은 그들이 가장 최근에 선택한 파트너 종이다. 핵전쟁으로 지구가 황폐화되고 인류는 멸종위기에 처했을 때 오안칼리는 가능한 한 많은 인간과 동식물을 구출하여 릴리스처럼 생기를 정지시켜 보관하면서 지구와 지구의 유기체를 회복시켰다.

스토리가 시작되고 250년이 지난 지금, 지구는 사람이 살 수 있는 상태로 회복되었고 오안칼리는 다시 사람들을 받아들일 준비를 마치게 된 것이다. 릴리스는 오안칼리가 회복시킨 지구로 돌아갈 수 있도록 자신이 선택된 인물임을 알게 된다. 릴리스는 흑인 여성으로 절대적인 타자성을 가지고 있는 인물이다. 버틀러는 그런 릴리스를 통해 내부자와 외부자, 중심부와 주변부의 대립에 내포된 복잡한 문화적 관계를 그려내려고 시도한다. 성경에 나오는 아담의 전설적인 첫 번째 아내처럼 불순종적이고 폭력적인 릴리스는 끊임없이 저항과 탈출을 시도한다.

오안칼리의 목표는 그들과 인간의 유전자가 결합된 완전히 새로운 생명체를 만드는 것이다. 생물학에서 종의 차이는 일반적으로 교배가 불가능한 것으로 정의된다. 하지만 오안칼리는 다른 종의 유전자를 직접 감지하고 조작할 수 있는 중성 그룹인 올로이를 가지고 있기 때문에 이 단점을 극복할 수 있다. 그들이 릴리스에게 처음 이 사실을 설명했을 때 릴리스는 엄청난 충격을 받았다. 릴리스는 그와 같은 행위야말로 인간에 대한 대량 학살이라고 생각했다.

인간적인 관점에서 오안칼리와의 결합은 인간의 순수성과 절대적인 인간의 특징이 상실되며 '메두사'와 같은 괴물을 세상에 내놓을 수 있다는 것을 의미한다. 인간은 인간의 형태에서 벗어난 모든 신체적 특징을 두려워한다. 심지어 오안칼리와 인간의 혼종 아이들 역시 변태 후 인간의 특성을 잃는 것을 두려워한다. 이것은 '다른 상태가 된다는 것', 즉 '타자'는 동일하지 않다는 것이며 그것은 정상이나 표준이 아님을 의미한다. 오안칼리의 등장으로 인류는 이제 그 자체로 '타자', 정복된 계급이 되었다. 인류는 야만적이고 개선과 교화가 필요한 계층이 되었다. 인류는 생존하기 위해서 변화해야만 한다.

한편 오안칼리에게 인간도 "끔찍하게 외계인적이다."(p.16) 오안칼리와 인간은 서로에게 외계인이다. 그들은 지적, 문화적, 생태적 환경에 있어서 너무나 다르다. 오안칼리에 의하면 인류는 근본적인 결함이 내재되어 있다. 그것은 "양립할 수 없는 한 쌍의 유전적 특성"(p.41)인 지능과 위계질서에 대한 성향이다. 그 결과 인류는 사람들 사이에 분열을 만들고, 질서를 강요하고, '정상'에서 벗어나는 것을 처벌하고, 현상 유지를 위해 전쟁을 벌인다는 것이다.

'당신은 똑똑합니다', 그는 말했다. '그것은 두 특징 중 더 새로운 특징이고, 당신 스스로를 구하기 위해 노력했을지도 모르는 일입니다. 당신은 우리가 찾은 가장 지능적인 종 중 하나입니다. 비록 당신의 목적이 우리와 다르다고 해도 말이지요. 그래도 여전히 당신은 생명과학, 심지어 유전학에서도 좋은 출발을 할 수 있을 겁니다.'

'두 번째 특징은 무엇인가요?'

'당신은 위계적입니다. 그것은 더 오래되고 확고하게 자리 잡은 특징입니다. 우리는 이것을 당신의 가장 가까운 동물들과 먼 동물에게서 볼 수 있었습니다. 그것은 지구의 특징입니다. …… 인간을 지능적이고 위계적으로 만들기 위해 함께 작용하는 유전자의 복잡한 조합은 당신이 인정하든 인정하지 않든 여전히 불리한 조건이 될 것입니다.'

'나는 그렇게 단순하지 않다고 생각해요. 그건 그냥 나쁜 유전자 한두 개일 뿐이죠.'

'단순하지도 않고, 한두 가지 유전자 때문도 아닙니다. 유전자에서 시작되는 여러 가지 요인이 얽히고설킨 결과일 뿐입니다.' (pp.41-42)

오안칼리와의 교배의 '대가'는 이러한 모순이 종족에서 사라지고 완벽한 인간—올로이 혼종으로 탄생되는 것이다. 오안칼리는 인간의 유전자를 읽고 인간의 행동을 주의 깊게 분석한다. 올로이 니칸즈Nikanj는 인간 중 한 명에게 다음과 같이 말한다.

> 파트너는 생물학적으로 흥미롭고 우리에게 매력적이어야 하는데 당신은 매혹적입니다. 당신은 공포와 아름다움을 동시에 지닌 보기 드문 조합입니다. 아주 현실적으로, 당신은 우리를 사로잡았고 우리는 도망칠 수 없습니다. (p.173)

'공포와 아름다움'은 오안칼리가 '인간의 모순'이라고 부르는 것의 산물이다. 지적인 종족이면서도 위계적이어서 끔찍할 정도로 파괴적인 무기를 만들고 사용하기 때문이다. 오안칼리가 단순히 지구에 인간을 다시 채우고 번식하고 재건하도록 내버려둔다면, 모순은 인간들이 또다시 스스로를 파괴할 수밖에 없다는 것을 예고하는 것이다. 오안칼리는 이를 '육체의 확실성'이라고 표현할 정도로 확신하고 있다. 결국 인류의 유일한 탈출구이자 미래는 인류의 파괴 본능이 정화된 새로운 외계종이 되어야하는 것이다. 올로이 교배자 중 한 명은 릴리스에게 이렇게 말한다.

> 우리 아이들은 우리 둘 중 누구보다 더 나은 사람이 될 것입니다. …… 우리는 너희의 계층 문제를 완화할 것이고 너희는 우리의 신체적 한계를 줄여줄 것입니다. 우리 아이들은 전쟁에서 스스로를 파괴하지 않을 것이며, 팔다리를 다시 자라게 하거나 다른 방식으로 자신을 변화시켜야 한다면 그렇게 할 수 있을 것입니다. 그리고 다른 이점도 있을 것입니다. (p.44)

2권과 3권인 『성인식』과 『이마고』에서는 릴리스와 오안칼리의 아이들의 이야기를 다룬다. 인간이 점차 오안칼리와 그들의 혼종 자손을 받아들이는 과정을 보여 주는데, 릴리스의 아들인 아킨Akin의 인간성을 통해 미래의 혼종 아이들이 지구인보다 더 인간적으로 보일 수 있음을 시사한다. 마지막 『이마고』에서 릴리스의 자녀이자 올로이의 최초의 구성체인 조다Jodahs와 아오르Aaor는 인간의 사춘기에 해당하는 변태 시기가 다가오면 짝의 욕망에 따라 외형을 변형할 수 있는 능력을 개발한다. 몸에서 괴물의 흔적을 모두 지울 수 있게 된 조다와 아오르는 마침내 인간과 외계인의 결합을 완성하고 새로운 종으로의 전환을 이룬다. 『릴리스의 아이들』은 결국 인간과 외계종과의 결합의 과정을 둘러싼 타자와의 연대의 가능성과 공존, 공생의 가능성을 제시한다.

이 소설에서 외계 종족인 오안칼리는 침입자가 아니라 인류를 회복시키고 구출한다는 점에서 기존 SF의 폭력적이고 공격적인 외계인과는 다르다. 오히려 유전학과 생물학적으로 뛰어난 능력을 보여준다는 점에서 우주의 지적 생명체로의 역할을 톡톡히 한다. 버틀러는 '괴물' 오안칼리를 통해 인간에 대한 '정상' 또는 '인간적인' 본성이 무엇인지를 질문하며 새로운 의미 생성과 변화의 가능성을 탐색한다. 서구의 기독교 전통에서 인간은 지성과 영혼을 가진 존재로 항상 다른 존재와 근본적으로 구분되어 있다고 생각했다. 이러한 구분은 인종, 성, 계급 등의 차이와 경계를 나누고 한쪽을 거부하고 배척한다. 소설 역시 오안칼리에 대한 인간의 저항을 마치 제노포비아처럼 표현하고 있다.

외계인과의 만남은 우리에게 차이와 동일시라는 일관되게 반복되는 주제를 제기한다. 우주여행에서든 외계인의 지구 방문에서든 우리가 어떤 생명체를 만나든, 그 생명체는 우리와 크게 다를 수밖에 없다.

만약 우리가 실제로 진정한 외계인을 만나게 되면, 영화 〈스타트렉Star Trek〉에 등장하는 수많은 휴머노이드 외계인은 익숙한 형태와 모양으로 은하계를 채우려는 우리의 상상력의 투영에 불과한 것으로 보일 수도 있다.

외계 종족과의 뜻하지 않은 만남은 분명 흥분과 두려움을 불러일으킨다. 새로운 종족과의 접촉은 평화로운 공존의 시대를 열 수도 있고, 인류 전멸의 시작이 될 수도 있기 때문이다. 이 장에서 우리는 SF를 통해 새로운 외계 생명체와 만났다. 그들과의 만남은 타자에 대한 이해와 관용의 중요성을 일깨워 준다. SF에서 외계인은 인간과는 다른 '종'의 존재로 분리되고 구분되는 타자의 위치로 그려진다. 외계인은 괴물이 아니라 우리와 다른 누군가일 수 있다. 외계인을 이해하면 인류는 다른 피부색과 방식, 신념을 이해할 수 있는 법을 배울 것이다. 처음 보는 사람을 이해할 수 있다면 우리는 공감하고 공존할 수 있을 것이다. 외계인을 향한 두려움과 혐오감은 본질주의적 정체성에 대한 질문이며, 이러한 표현을 통해 성차와 인종, 계급에 대한 해체를 시도할 수 있다.

또한 외계인과의 만남은 우리 자신에 대한 이해의 폭을 넓혀준다. 외계인을 상정한다는 것은 외계 생명체와 인간의 관계가 적대적이든 우호적이든 간에 제3자의 눈을 통해 우리를 객관화할 수 있는 기회를 마련한다. 외계인과의 커뮤니케이션과 그로 인한 갖가지 영향을 사고실험하고 사변적으로 뒤돌아보는 일은 그 어느 누구도 아닌 바로 우리 자신을 더 잘 이해할 수 있게 되는 길이다. 완전히 다른 이질적인 존재와 직면함으로 인간 세계를 더 명확하게 보고 이해할 수 있는 길을 연다.

4장

SF, 페미니스트 유토피아로 읽기

1. 유토피아에서 페미니스트 유토피아로

유토피아 문학은 사람들이 언제나 지금보다 더 나은 삶을 꿈꾸는 소망에서 시작했다. 인간은 고통과 불행이 없는 삶의 비전을 그리며 완벽한 이상향을 희망한다. SF에서 유토피아는 핵심 주제로 작동한다. SF는 새로운 세계를 가능하게 하는 실험소설이며 미지의 시간과 장소를 구체화시켜 사회변화의 가능성을 탐색하기 때문이다. 모든 SF는 질문을 던진다. 우리의 삶의 방식이 변화될 수 있는지, 그러려면 무엇을 해야 하는지, 어떤 실천이 필요한지를 제안한다.

이상향을 나타내는 단어 '유토피아Utopia'는 토마스 모어Thomas More가 1516년 라틴어로 쓴 『최선의 국가 형태와 새로운 섬 유토피아에 관하여; 즐거움 못지않게 유익한 참으로 귀한 안내서Libellus vere aureus, nec minus salutaris quam festivus, de optimo rei publicae statu deque nova insula Utopia』라는 아주 긴 제목의 책에서 유래되었다. '완벽한 이상적 세계'라는 의미로 사용되는 '유토피아'는 그리스어로 장소나 위치를 뜻하는 'topos'와 부정이나 부재를 뜻하는 접두사 'ou'에서 따온 'u'를 결합한 것이다. 모어는 유토피아를 에우토피아Eutopia로 '행복의 땅', 즉 좋은 장소로 설명한다. 그래서 유토피아는 아무 곳도 아닌 곳이나 어디에도 없는 곳이 아니라 존재하지 않는 좋은 곳을 의미하게 되었다.

『유토피아』는 모어가 도착한 상상 속 미지의 섬에 관한 이야기이다. 그곳은 평등하면서도 지혜로운 원로들의 권위가 지배하는 사회였다. 위계적이고 가부장적이었으며, 매우 엄격한 법과 가혹한 처벌이 있었다. 그럼에도 섬사람들은 당시 영국의 시민들보다 훨씬 안락하고 편안한 삶을 누리고 살고 있으며 정치, 사회, 종교 모든 면에서 완전한 자유를 갖는다. 또한 그들은 남녀 모두 평등한 교육과 적정한 노동시간을 가지며 이상적인 삶을 살아간다. 모어는 완벽한 평등과 쾌락, 덕을 갖춘 유토피아를 추구한다.

'유토피아'라는 단어는 모어가 만들었지만 더 나은 세계를 향한 유토피아적 전망은 고대부터 존재했다. 서구문화에서 유토피아의 역사를 구성하는 전통 중에는 성경의 에덴동산, 고대 그리스와 로마의 신화에 등장하는 아틀란티스와 같은 지상낙원이나 황금종족 및 황금시대 개념이 있다. 이러한 전통은 인류가 경제적으로 곤궁하거나 비참한 시기가 오면 새로운 형태로 재창조되어 등장했다. 신화와 전설로 이어지던 유토피아 개념은 문학 장르로 발전한다. 기원전 작품인 그리스 철학자 플라톤의 『국가』는 서양 유토피아니즘의 기원으로 간주되는데 여기서 묘사하는 사회는 이상적 사회에 최대한 근접한 곳으로 모든 개인은 각자에게 가장 적합한 직업에 종사하므로 결과적으로 모두가 행복할 것이라고 시사한다.

유토피아 문학의 역사는 모어 이후 많은 작가에 의해서 그 전통이 계승되었다. 작가들은 인류의 삶의 조건이 현실보다 나아지는 방법을 상상하고 창조한다. 19세기 후반과 20세기 초반의 유토피아 작가인 미국의 에드워드 벨라미Edward Bellamy와 영국 작가 윌리엄 모리스William Morris, 웰스 등은 유토피아와 그 안에 가려진 디스토피아 현상을 분석함으로 사회의 불평등과 모순을 밝히고 개선하고자 했다.

20세기 들어서는 유토피아 문학보다는 부정과 경고의 메시지를 담은 디스토피아 세계를 그린 작품들이 출간되었다. 러시아 작가 예브게니 자먀틴Yevgeny Zamayatin의 『우리들We』(1924)과 영국 작가 올더스 헉슬리 Aldous Huxley의 『멋진 신세계Brave New World』(1932), 조지 오웰George Orwell의 『1984Nineteen Eighty-Four』(1949) 등이 대표적 작품이다.

벨라미의 『뒤를 돌아보면서Looking Backward, 2000-1887』(1888)는 미래의 매사추세츠 보스턴을 배경으로 하는 유토피아 소설이다. 주인공 줄리안 웨스트Julian West는 1887년에 잠들어 113년 후인 2000년에 깨어난다. 시간여행 모티브를 사용한 이 소설은 주인공이 변화된 세계에서 경제적 발전과 기술적 변화를 목격하면서 완벽한 이상 사회를 경험한다. 미래 사회는 국가가 노동자들을 직접 고용하며, 자본과 노동의 갈등이 존재하지 않는다. 사람들은 인터넷과 비슷한 기술 발전의 혜택을 받으며 균등하게 배분된 사회적 재화를 누린다. 근로자들의 노동시간은 짧아졌고, 미래인들은 45세에 은퇴하여 편안한 삶을 영위한다.

1960년대 들어 유토피아 개념은 당시 변화하는 사회현실과 개혁정신과 맞물려 조금씩 재해석되기 시작했다. 남성이 쓴 대부분의 유토피아와 마찬가지로 벨라미의 『뒤를 돌아보면서』도 여성에게 평등을 제공하지는 않았지만, 이 소설이 불러일으킨 엄청난 화제와 유토피아적 희망은 의심할 여지 없이 여성 작가들이 페미니스트 유토피아를 만들도록 자극했다. 페미니스트 작가들은 완벽한 세계인 유토피아에 여성들을 위한 별도의 공간이 없었음을 인지하면서 여성의 공간을 창조하고자 했다.

페미니스트 유토피아 역시 계보를 가지고 있지만 남성 작가에 의한 유토피아 문학보다 훨씬 덜 알려졌다. 초기 페미니스트 유토피아 소설은 거의 인쇄물로 발표되지 않았기 때문이다. 남성 작가 에드워드 불워-리턴Edward Bulwer-Lytton이나 월터 베산트Walter Besant의 소설은 대학 도서관에 보관되어 읽을 수 있었지만 여성 작가들의 소설은 임시 저널에 연재된 것이 전부였다.

여성 작가의 SF와 유토피아 문학을 복원하고 재평가한 『유토피아와 여성 SF Utopian and Science Fiction by Women』의 저자 제인 L. 도나워스Jane L. Donawerth와 캐롤 A. 콜머텐Carol A. Kolmerten은 여성 SF와 유토피아 문학을 "여성의 낯설게 하기 문학"으로 정의하면서 익숙하고 친숙한 삶의 방식들을 새롭고 낯설게 보기 위한 서사 방식이라고 설명한다. 그것은 사회와 가족구조, 성, 젠더 역할 등 자연스럽다고 생각한 것에 대한 능동적 인식과 대안적 비전이다.

페미니스트 유토피아는 진보적인 사회 질서 및 대안 과학과 결합된 여성적 가치를 기반으로 한다. 또한 페미니스트 유토피아는 재생산을 중시하고 모성을 여성 통치의 정당화로 묘사하며 여성적 가치의 채택이 가져올 목가적인 미래를 바라본다. 따라서 초기의 페미니스트 유토피아는 남성 중심의 SF에 대응하는 기능을 했다. 그 결과 작가들은 가부장제의 만연성과 파괴적인 힘으로부터 보호하기 위해 물리적 고립과 대격변에 의존하는 유토피아를 설립한다. 그 세계는 남성과 여성의 분리주의를 강조하며 계급이 없고, 정부가 없으며, 생태주의적이고, 성적으로 관용적인 급진주의적 유토피아이다.

　초기 페미니스트 유토피아의 대표적인 작품은 메리 E. 브래들리 레인 Mary E. Bradley Lane의『미조라: 예언Mizora: A Prophecy』(1890)와 샬럿 퍼킨스 길먼의『허랜드』가 있다.『미조라』는 1880년에서 81년에 신시내티 신문에 처음 익명으로 연재되기 시작했다. 교사이자 작가인 메리 레인이 쓴 이 소설은 큰 인기를 얻으면서 책으로 출간되었다. 레인에 대해서는 알려진 바가 거의 없다. 하지만 작품에서 보여지는 셸리의『프랑켄슈타인』의 암시는 레인이『프랑켄슈타인』을 읽었으며 직접적으로 영향을 받았음을 알 수 있다.

　『프랑켄슈타인』의 월튼과 마찬가지로『미조라』의 여주인공 베라 Vera도 북극으로 여행을 떠난다. 그녀는 정치적 박해를 피해서 도망다니는 러시아의 젊은 귀족으로 변장한다. 북극에 발이 묶인 그녀는 백인의 발이 한 번도 닿아본 적 없는 땅을 탐험하고 싶은 욕망을 느끼는데, 이는 "인간의 발이 한 번도 밟아본 적 없는"(p.15) 땅을 개척하고 싶어하는 셸리의 인물과 놀랍도록 유사하다. 가족을 잃고 북극에 버려진 베라는 미조라 땅을 발견하는데, 이는 외로운 월튼이 대원들의 반란 위협을 받고 프랑켄슈타인과 그의 괴물을 만나는『프랑켄슈타인』의 플롯과 유사하다.

　미조라는 단성생식으로 수천 년 동안 스스로를 번식시켜 종족을 만들어낸다. 미조라인들은 수백 년을 살며 시각과 후각이 예민하고 젊음의 아름다움을 유지한다. 남성들이 멸종되면서 그들은 자신들만의 이상 세계를 건설한다. 그곳은 전쟁도 범죄도 없으며 어떤 불안과 두려움도 존재하지 않는다. 미조라인들은 과학에 대한 여성들의 능력을 발전시킨다. 그들의 과학기술은 더 이상 파괴의 용도가 아니라 생명의 창조에 사용된다. 레인은 미조라 땅을 현실 세계와 분리하여 설정함으로써 베라의 가부장 사회를 비판한다.『미조라』는 과학적으로 진보된 세계를 보여주면서 그 과정에서 과학이 남성적 가치가 아닌 여성적 가치에 기반한다면 어떤 세계가 될 수 있는지에 대한 상상적 비전을 제시한다.

여성운동가이자 사회개혁가였던 길먼의『허랜드』는 최초의 본격 페미니스트 유토피아 소설이다.『허랜드』는 1979년까지 책으로 출간되지 않았지만, 그 영향력은 상당했다. 소설의 시작은 세 명의 남성이 여자들과 여자아이들만 사는 기이한 나라가 있다는 소문을 듣고 그곳을 방문하기로 결심한다. 남성들은 아무도 그 나라를 본 사람은 없다는 말에 호기심을 가지고 실행에 옮긴다. 그들은 여성들의 세계는 질서나 조직 같은 것은 기대할 수 없다며 발명이나 진보가 없는 원시적인 나라라고 추측한다.

그러나 허랜드는 잘 건축된 도로와 건물, 자연이 조화로운 아름다운 나라이다. 그곳은 2000년 동안 남성들이 없는 여성들만의 세계이다. 따라서 남성과 여성의 위계적 권력관계가 없으며 단성생식을 기반으로 세대를 이어간다. 허랜드는 '모성'을 사회적 질서이자 정신적, 도덕적 가치로서 추구한다. 그들에게 모성은 공격으로부터 아이를 보호하는 맹목적 열정이나 단순한 본능이 아니다. 허랜드의 모성은 "개인적인 감정이 아니며, 종교"(p.113)라고 표현될 정도로 함께 아이들을 보살피며 돌보는 휴머니즘의 원리이다. 모성의 사회화가 실현되면서 모든 여성은 무한한 자매애를 가지며 자유롭게 자신의 삶을 추구한다. 여성들은 모두 공통의 돌봄과 양육을 하며 성인이 되면 경제적 독립이 가능하다. 그들은 또한 놀라운 지성을 가지고 있다. 길먼은 소설에서 여성들이 페미니즘적 가치에 기반하여 관계와 공동체를 소중히 여기도록 장려한다.

두 소설은 여성 외계인과 여성 과학자, 여성 통치자의 존재는 디스토피아라는 고전 SF의 비유를 뒤집는다. 『미조라』와 『허랜드』에서 여성은 과학계에서 인정받지 못한 여성 생리학에 집중한다. 그 결과 여성 '마녀들'은 생명의 비밀을 밝히고 생식을 조절하는 방법을 발견한다. 테리Terry와 제프Jeff, 밴 딕Vandyke 등의 남성들이 미지의 대륙을 탐험하는 동안 여성 과학자들은 정신과 영혼의 세계를 탐색한다. 그 결과 여성은 전통적인 과학의 관점에서 보면 마법처럼 신비롭게 보이는 정신적 힘을 발견한다.

『미조라』와 『허랜드』는 전통적인 남성 중심 과학에 반대하고 페미니스트 과학기술을 개발할 수 있도록 지원하며, 모성에 대한 신화를 재구성하고 공동체와 가정을 강조한다. 두 소설은 19세기의 인종주의적 경향과 여성들의 세계가 초기 페미니스트 유토피아로서 결말까지 유지되지 않는다는 한계에도 불구하고 여성들의 자율성과 대안 과학을 제시했다는 점에서 페미니즘 유토피아의 가능성을 보여준다.

2. 내 삶을 빼앗을지라도 내 삶의 의미는 뺏기지 않겠어

1970년대는 페미니스트 유토피아 소설의 르네상스였다. 르 귄의 『어둠의 왼손』과 『빼앗긴 자들』, 러스의 『여성남자』, 새뮤얼 딜레이니의 『트라이톤Triton』(1976), 그리고 마지 피어시의 『시간의 경계에 선 여자』 등 "우리의 세계를 재평가하고 행동하도록 자극"하는 유토피아

SF가 넘쳐났다. 페미니스트 유토피아 SF는 젠더에 대한 전통적 가설들을 해체하고 젠더가 사회적 구성물이라는 점을 강조한다. 페미니스트 작가들은 성평등이 이루어진 가상적 공간에서 가부장적 구조를 비판하고 해방의 대안을 제시했다.

러스의 단편 「그것이 변했을 때」는 미래의 와일어웨이라고 하는 여성 유토피아 행성의 이야기이다. 와일어웨이 행성은 600년 동안 전쟁과 바이러스로 남성이 사라진 여성 중심의 사회이다. 남성들이 사라지면서 지구로부터 버려진 식민지는 여성들의 '단성생식'을 통해 세대를 이어가며 자신들만의 정치와 경제를 구축한다. 지구로부터 분리되어 남성적 헤게모니가 작동하지 않는 와일어웨이에 갑작스럽게 남성들이 도착하면서 와일어웨이인들은 성별차이로 인한 편견과 차별의 가부장 지배문화를 경험하게 된다.

등장인물은 나레이터인 자넷Janet과 아내 케이티Katy, 딸인 유리코 Yurico와 남성 지구인들이다. 자넷은 강하고 합리적이며 분별력 있는 인물로 묘사된다. 그녀는 대중적으로 영향력 있는 인물로 지구 남성들을 대면하는 임무를 맡는다. 아내 케이티는 말수가 적지만 강하고 거친 성격의 인물로 묘사된다. 스토리는 자넷과 지구남자의 대화로 전개된다.

나레이터인 자넷의 딸인 유리코가 "남자들이 돌아왔어! 진짜 지구 남자들!"(p.233)이라고 소리치는 순간 네 명의 러시아 우주탐험대가 와일어웨이에 도착한다. 지구 남성들은 지구인들이 수 세기 동안 방사능과 마약으로 유전적 손실을 겪었다고 말한다. 그들의 목적은 와일어웨이의 유전자를 이용하여 지구의 유전자를 복원하는 것이다. 그들은 와일어웨이에 남성들이 돌아와야 한다고 주장한다. 나레이터인 자넷은 지금까지 평화로웠던 와일어웨이가 지구 남성들의 방문으로 변화할 것을 예상하며 불안과 공포에 휩싸인다.

러스는 기존의 남성 영웅이 등장하고 외부 세계를 개척하고 탐험하는 남성 중심의 SF를 비판하면서 현실 사회에 고착화된 젠더 역할과 가부장적 가치관의 문제를 드러내는 사변적 미래 사회를 그린다. 보부아르가 '여자는 태어난 것이 아니라 만들어진다'라고 말한 것처럼 러스는 남성과 여성의 이분화된 젠더 역할은 사회적 규범에 따라 규정되고 체화되었음을 선명하게 드러낸다.

> 케이티는 미치광이처럼 운전한다. 우리가 그 모퉁이 길을 시속 120킬로미터가 넘는 속도로 달려가고 있는 게 분명했으니까. 그래도 케이티는 잘했다. 뛰어나게 잘했다. 나는 그녀가 하루 만에 차를 완전히 분해했다가 다시 조립하는 걸 본 적도 있다. 와일어웨이에서 나는 주로 농기계에 열중하는 지역에서 태어나서 자랐고, 터무니없는 속도의 5단 기어와 씨름하는 것을 거부했지만, 최악이었던 그곳만큼 형편없는 시골길을, 그것도 한밤중에 이렇게 급회전을 거듭하며 달리는데도 난 케이티의 운전이 무섭지 않았다. 하지만, 아내와 관련해 재미있는 사실은 그녀가 총을 사용하지 않는다는 것이다. 그녀는 한 번에 며칠씩 48도 선 위쪽 산림지대로 가면서도 총기를 가져가지 않았다. 그것이 나를 더 무섭게 한다. (p.233)

위의 인용문은 작품의 도입부로 나레이터가 아내를 소개하는 장면이다. 1인칭 '나'는 아내 케이티가 운전을 매우 거칠게 한다고 설명하면서 기계를 싫어하고 거부하는 자신과 달리 그녀는 차를 완전히 해체했다가 조립하는 모습을 보이며 기계에 친숙하다고 묘사한다. 이 소설을 처음 읽는 독자들은 '나'를 당연히 남성으로 인식한다. 하지만 곧 다음 단락에서 '나'가 여성이라는 것을 알게 된다. 이곳은 여성들만의 세계인 와일어웨이이기 때문이다.

러스는 소설의 시작에서 의도적으로 인물의 젠더를 모호하게 묘사한다. 「그것이 변했을 때」에서 여성 인물들은 강하고 자신감이 있으며 지적이고 때로는 난폭하기까지 하다. 러스는 독자들에게 젠더의 모호함과 불확실함을 제공함으로써 젠더 역할의 편견과 고정성을 사유하고 해체하게 한다. 러스는 여성다움 혹은 남성다움이라는 성 역할 인식은 자연적이고 본질적인 것이 아니며 사회문화적으로 학습된 것임을 전하고자 했다.

남성 탐험대 중 한 명은 와일어웨이가 "무언가를 놓치고 있다(p.237)"며 자신들이 돌아옴으로써 비극이 끝난다고 말한다. 하지만 자넷은 지구 남성들에 의해 과거의 여성들처럼 와일어웨이 여성들이 조롱받고, 약한 존재인 것처럼 배려를 받거나 '하찮고 어리석은 존재'로, '완전한 인간성을 가지지 못한' 이방인으로 취급받을 수 있다는 생각에 두려움과 불안에 휩싸인다. 러스는 자넷의 두려움과 공포가 당시의 시대적 상황에서 여성들이 일상에서 마주치는 감정임을 토로한다. 1970년대에도 여전히 여성들은 주변인이자 소수자로 위치하기 때문이다.

지구 남성들은 반복적으로 지구에 성평등이 이뤄졌다고 공표한다. 하지만 남성 비행사의 태도는 이러한 사실을 믿기 어렵게 만든다. 남성 비행사는 와일어웨이의 역사적 사실을 알고 있음에도 불구하고 반본적으로 "사람들은 어디에 있습니까?"(p.235)라고 질문을 한다. 자넷은 그가 말하는 '사람들'이 와일어웨이에서 6세기 동안 없었던 '남자'임을 깨닫게 된다.

남성의 질문은 가부장제가 가지고 있는 여성 부재의 역사를 드러내고 있다. 가부장제는 남성 지배와 여성 억압이라는 이데올로기를 기반으로 여성들을 배제하며 타자화한다. 인류의 역사에서 여성은 지워진 존재였다. 자유와 평등을 노래하던 근대 시민혁명에서도 여성은 없었다. 시민의 기본 권리인 여성 참정권이 보장된 것은 생각보다 오래되지 않은 일이다. 영국에서는 1918년에, 미국은 1920년, 우리나라는 해방 이후 선거권이 여성에게 주어졌다. 사우디아라비아는 최근에야(2015년) 여성의 선거 참여를 허용했다.

러스가 이 단편을 발표했을 때는 1972년이었다. 당시는 여성들이 정치적, 사회적으로 권리를 보장받았다고 평가받았던 시기이다. 그러나 실제로는 여전히 성차별이 존재하고 불평등한 제도와 구조화된 억압이 여성들에게 가해졌다. 러스는 문학의 중심인물은 언제나 남성이었으며 "문학을 하는 이도, 문학을 다루는 이도 남자"로 여성들은 남성 주인공과의 관계에서만 존재할 뿐 결코 현실에 존재하지 않는다고 비판했다.

소설의 끝에서 자넷은 "큰 총을 가진 문화와 아무 무기도 없는 문화가 부딪칠 때 어떤 결과가 나올지는 뻔했다"(p.238)고 말하면서 두려움을 표현한다. 이러한 두려움은 남성들이 도착했을 때 그들의 이중적인 태도에 의해 야기된다. 남성들은 연신 당당하고 자신감 있는 태도를 보인다. 그들은 지구에서 남녀의 완전한 성평등이 이루어졌다고 주장하지만 실제로는 성평등에 대한 인식이 없는 듯 무례한 태도를 보여준다. 남성은 자넷에게 "제가 온 곳에서 여성은 이처럼 수수하게 옷을 입지 않아요 (p.236)"[11]라고 말하거나 케이티가 자넷과의 관계를 설명할 때 '아내들'이라고 하자 "좋은 경제적 계약관계"(237)라고 말하면서 와일어웨이인들의 제도 혹은 삶의 방식을 무시하는 태도를 보인다.

지구 남성들은 여성은 어떤 모습이어야 한다는 규범적 '여성성'에 대한 관념이 그들의 인식 속에 여전히 자리 잡고 있으며, 끊임없이 와일어웨이 사회는 '불완전'하고 '부자연스러우며' '부족한 곳'임을 주장한다. 이러한 인식은 여성이 홀로 주체적으로 사회를 이끌어 나갈 수 없으며 남성이 있을 때 완전한 사회가 가능해진다고 말하는 남성들의 불평등한 권력관계 의식을 반영한다. 편협한 남성들의 시각에 분노한 케이티는 '인간다움humanity'이야말로 부자연스럽다고 항변한다.

왜 케이티는 인간다움이 부자연스럽다고 할까? 그녀에게는 인류야말로 부족하고 불완전한 존재이기 때문이다. 합리성과 이성의 가치를 추구한 인류는 수많은 인명을 살상하고 차별과 편견을 일삼았다. 인류는 서로를 혐오하고 인종차별과 성차별을 시행하며 폭력과 전쟁을 벌였다. 역사에서 보듯 인류 자체가 너무나 비인간적이며 인간다움을 추구하지 못했다. 러스의 말을 들으면 자연스러운 것 또는 부자연스러운 것은 무엇인가라는 의문이 든다. 러스는 정상, 보편, 본질의 개념에 도전하며 이러한 개념이 자의적으로 해석된 것을 비판한다.

와일어웨이는 허랜드와 마찬가지로 여성들로만 구성된 사회이다. 이 사회는 공동체의 성격을 띠고 있으며 생태적 사고를 기반으로 구성되어 있다. 와일어웨이는 고도의 지능을 가진 두세 가지 영역의 전문성을 가진 사람들로 구성되었고 꽤 큰 규모의 인구가 있으며 천천히 산업화를 통해 발전해 간다. 하지만 러스는 이곳을 완벽한 이상향으로 그리지는 않는다. 와일어웨이 세계도 북부와 남부로 나누어졌으며 서로 질시와 반목, 전쟁도 한다. 자넷 역시 몇 번의 결투와 대립으로 얼굴에 흉터가 있으며 정치문제로 인해 사람들과 불편한 관계를 맺고 있다. 그러나 이곳은 성별로 인한 차별과 혐오가 존재하지 않는다. 차별과 혐오는 위계적인 불평등한 권력관계에서 나오기 때문이다.

소설의 결말은 "내 삶을 빼앗길지라도 내 삶의 의미는 뺏기지 않겠어"(p.239)로 끝난다. 소설에서 와일어웨이 여성들은 자신감 넘치는 남성들에게 위압감을 느끼고 위축되는 모습을 보인다. 하지만 자넷은 육체적인 것 또는 물질적인 것 혹은 표면적인 것이 지배당할 수 있어도 그 누구도 규정할 수 없는 자신의 정체성과 같은 '삶의 의미'는 빼앗기지 않겠다고 선언한다.

다음 해에 출간된 피어시의 『시간의 경계에 선 여자』는 시공간을 넘나드는 유토피아 SF이다. 피어시는 『시간의 경계에 선 여자』 외에 『그, 그녀 그리고 그것He, She and It』(1991)이라는 페미니스트 SF를 썼다. 『그, 그녀 그리고 그것』은 미래의 사이버 유토피아를 그린 작품으로 영국에서 『유리의 육체Body of Glass』라는 제목으로 소개되었고 영국 SF문학상인 아서 클라크상Arthur Clarke Award을 수상하기도 하였다.

『시간의 경계에 선 여자』는 급진적 사회주의와 페미니스트 행동주의를 유토피아 정치학과 연결한 작품으로 개인과 사회적 시스템과의 관계를 탐구한다. 윌리엄 깁슨이 사이버펑크의 원조라고 일컬을 만큼 이 작품은 미래의 컴퓨터 기술에 대한 영감으로 가득하다.

『시간의 경계에 선 여자』는 가난한 멕시코계 미국인 여성 코니 라모스Connie Ramos가 정신병원에 수감되면서 이야기가 시작된다. 코니는 딸 안젤리나Angelina를 제대로 돌보지 않았다는 혐의로 아동학대범으로 낙인 찍히면서 정신병원에 수감된다. 그 후 조카 돌리Dolly를 보호하지만 또 다시 폭력 사건에 휘말려 정신병원에 재수감된다.

범죄자가 된 코니는 거리 폭력의 대상에서 인종차별과 성차별이 무자비하게 이뤄지는 관료적이며 자본주의 시스템의 축소판으로 기능하는 정신병원의 제도적 폭력의 대상이 된다. 그곳에서 코니는 당시 미국 사회에서 인정받지 못하는 동성애자 스킵Skip, 마녀로 취급되는 사이빌 Cybil, 폭력적인 앨리스Alice 등과 함께 '비정상적인' 인물로 취급되며 감시 속에 살아간다.

인종주의적 가부장제 사회에서 코니는 물론 사이빌, 앨리스는 마녀이고 괴물로 취급된다. 이 여성들의 감금은 가부장제 사회가 이들을 주변인으로 한정하고, 귀 기울이지 않고 있음을 나타낸다. 코니와 여성들은 이질적인 존재로 처벌되고 교화되어야 할 대상으로, 그들의 과격한 행동을 통제하기 위한 실험 프로젝트의 대상이 된다.

'시간의 가장자리에 있는 여성'인 코니는 끔찍한 디스토피아 같은 현실과 유토피아를 오간다. 코니는 1975년경의 뉴욕에서 2137년의 매타포이셋Mattapoisett을 마치 시간여행처럼 경험한다. 그녀를 안내한 것은 미래 세계에서 온 루시엔테Luciente이다. 루시엔테는 매타포이셋의 식물 유전학자로 코니의 정신에 접속하여 그녀와 만난다. 매타포이셋은 미래의 유토피아로 겨우 600명이 살고 있는 작은 공동체이지만 고도의 과학기술로 친환경적 생태를 가지고 있는 세계다. 그곳은 부자도 가난한 사람도 없다. 각 마을은 유기적으로 자급자족의 농업 활동을 하며 모든 물건을 공동으로 생산하고 공동으로 분배한다. 환경에 관한 정책은 서로 논의하며 의견을 공유하고 중요 사항은 공동으로 결정한다.

매타포이셋의 중요한 원칙은 차별과 억압이 없는 평등하고 조화로운 사회를 만드는 것이다. 매타포이셋의 생명공학기술은 인종주의의 철폐를 목적으로 만들어졌으며 그곳에서는 구성원 모두가 평등하게 지낸다. 그들은 다른 사람들과 함께 살아가는 연대 능력을 가장 중요시하며 부족한 자원을 함께 사용하고 재활용하며 공존의 생활을 하고 있다. 탐 모이란Tom Moylan은 매타포이셋의 유토피아적 성격을 민주적이고 무정부주의적이며, 공산주의, 환경주의, 페미니스트, 비인종주의적인 자유와 책임이 균형을 이루는 안정된 경제와 억압적이지 않은 가치 체계가 존재하는 곳으로 설명한다.

특히 매타포이셋은 젠더에 의한 성차가 없는 세계이다. 매타포이셋인들은 양성인으로 서로를 차별하거나 지배하지 않는다. 이곳 사람들은 강제적인 임신과 출산을 하지 않는다. 모든 아이들은 세 명의 어머니들이 있으며 어린이들은 "모든 이들의 후손, 모든 이들의 일, 모든 이들의 미래"(p.175)이다. 아이들은 인공적으로 잉태되며 공동 양육과 자유로운 교육을 통해 성장한다.

피어시는 매타포이셋을 통해 강제적 이성애와 가부장제에 대한 비판을 하며 대안적 성을 제시한다. 이는 파이어스톤의 인간 삶을 망치게 하는 억압과 성차의 근원이 근본적으로 가부장주의에 근거한 생물학적 사정의 불평등한 힘의 관계에서 비롯된다는 주장과 연결된다. 매타포이셋은 생물학적인 여성의 역할을 거부한다. 루시엔테는 우리가 생물학적으로 매어있는 한 우리는 결코 동등해질 수가 없다고 말하면서 매타포이셋에는 자본주의적 가부장적 가족은 더 이상 존재하지 않는다고 주장한다.

그런데 문제는 매타포이셋이 미래의 또 다른 평행세계로부터 위협을 받고 있다는 점이다. 코니는 매타포이셋과 평행으로 연결된 디스토피아 세계에 접속한다. 뉴욕에 있는 이 세계는 매타포이셋과 대조적으로 자본주의가 심화된 사회로, 위계질서와 계급 격차가 극대화되었다. 부자와 가난한 사람들은 같은 곳에 살 수 없으며 서로 분리되어 거주한다. 빈곤층은 지구의 오염된 공기로 외부로 나갈 수도 없는 상태이다.

그곳은 전체주의 사회의 모습을 하고 있으며 성차별주의와 인종차별주의가 만연해 있다. 코니는 그곳에서 길디나Gildina라는 여성을 만난다. 이곳에서 여성들은 남성의 소유물로 취급받는다. 여성들은 외모에 따라 등급이 매겨지는 상품으로 취급된다. 길디나 역시 계약된 성매매의 대상이다. 코니는 그곳이 자신이 살고 있는 정신병원의 모습과 유사하다고 생각한다.

코니는 현실로 돌아오면서 자신의 삶의 변화가 미래 세계에 중요한 역할을 할 수 있다는 것을 깨닫는다. 루시엔테가 코니를 자신의 세계로 안내한 것은 미래의 아름다운 유토피아를 보여주기 위함이 아니였다. 루시엔테는 "모든 것이 서로 연결되어 있어요. 우리는 단지 가능한 하나의 미래일 뿐이예요"(p.169)라고 말하며 코니를 통해 미래 세계를 변화시키고자 한다. 미래는 과거에 의해 결정된다. 실현된 변화의 세계는 지금 우리의 능력으로 결정되며 우리의 낯선 시간과 공간은 복수의 다층적 시공간을 탄생시킬 수 있는 것이다.

소설 후반부에 코니는 실험 프로젝트로부터 탈출한다. 그녀는 정신병원의 의사들을 독살하고 스스로를 해방시키면서 이야기를 끝낸다. 코니는 "내 최고의 희망으로부터 태어날 당신들을 위해서"(p.370) 싸웠다고 말한다. 코니의 세계는 길디나의 세계로 갈 것인가 루시엔테의 세계로 갈 것인가. 코니의 마지막 선언은 유토피아를 향한 그녀의 다짐이며 그 길을 향해 가고 있는 것을 보여준다. 유토피아를 향한 충동 뒤에는 누군가의 고통이 감춰져 있으며, 고통 받는 자들은 계급과 성은 물론 인종차별까지 포함하는 고통과 대면함과 동시에 저항한다. 더 이상 코니는 사회에서 버림받고 약자로 취급되는 숨겨진 존재가 아니다. 스스로의 세계를 만들어 가고 있는 역사의 승리자이다.

3. 유토피아를 넘어서

르 귄의 『빼앗긴 자들』은 그녀의 대표작인 『어둠의 왼손』과 더불어 '헤인시리즈 중 최고의 작품'[*12]으로 인정받는 대표적 유토피아 소설이다. 비평가들은 『빼앗긴 자들』을 가장 철학적이고 형이상학적 소설로 평가하며 암울한 시대에 유토피아의 유용성에 대해 전파하는 유토피아 문학으로 정의한다. 로렌스 데이비스Laurence Davis는 르 귄의 유토피아를 "사회갈등과 역사적 변화 속에서 지속되는 현실의 수용을 전제로 하는 역동적이고 혁명적인 유토피아"로 해석한다. 알렉시스 로디언 Alexis Lothian은 르 귄의 소설이 "정치적 책임 의식을 표현해 왔고 그녀가 그리는 환상세계의 변화는 그러한 정치적 현실 참여가 수년에 걸쳐 발전해 온 방식을 반영한다"고 설명한다.

『빼앗긴 자들』은 서로의 달이자 지구인 두 행성 아나레스와 우라스를 배경으로 전개된다. 아나레스는 170년 전에 우라스의 권력구조와 자본주의적 착취, 성적차별에 반대한 혁명가 오도Odo의 추종자들에 의해서 세워진 아나키스트 사회이다. 비록 자연환경은 척박하고 황폐하지만 계급이나 빈부의 격차가 없고 성적 차별이 없는 평등주의 사회이며 개인의 자유와 공동체적 가치를 중요시하는 아나키즘적 이상 세계이다. 이에 반해 우라스는 물질적인 부와 풍부한 자원으로 이루어진 세계이며 정부와 제도에 의해 지배되고 유지된다. 그곳은 물질주의를 신봉하고 경쟁적이고 위계질서로 조직되어 있는 남성 중심의 가부장적 사회이다.

이야기는 아나레스의 과학자이며 '시간 동시성' 이론의 대가인 쉐벡이 고향 행성 아나레스를 떠나 우라스에 도착하면서 벌어지는 다양한 사건과 고향 행성에서 겪은 경험들이 현재와 과거의 시제로 번갈아 기술

되고 있다. 르 귄은 "프로메테우스 아나키스트"인 쉐벡의 여행을 통해 자연환경뿐만 아니라 사회적, 정치적으로 상반된 두 세계의 대조적인 특성을 번갈아 보여줌으로써 자유와 억압, 정신과 물질, 소유와 분배, 평등과 차별 같은 이원론적 문제를 제기한다. 처음 작품을 접한 독자는 아나레스를 유토피아로, 우라스를 디스토피아로 받아들이게 된다. 그러나 소설을 읽어갈수록 어느 한쪽도 유토피아나 디스토피아가 아니며 선과 악의 세계도 아니라는 것을 느끼게 된다. 오히려 두 행성은 마치 하나의 세계처럼 보이며 우리의 현실을 조금 더 비틀고 확대한 것임을 깨닫게 된다. 실제로 두 세계는 개인과 사회와의 긴장과 갈등에 초점을 맞추고 있으며 여기서 이 작품의 부제인 '모호한 유토피아an Ambiguous Utopia'가 떠올려지게 된다.

아나레스에는 중앙집권적인 행정부, 사법부 등의 어떠한 권력기관도 존재하지 않으며 사회를 구성하는 모든 경제 요소와 법률, 교육, 심지어는 제도화된 결혼관계 등도 존재하지 않는다. 아나레스는 아나키스트 표트르 크로포트킨Pyptr Kropotkin이 이야기한 공동체 원리에 기반한 아나키즘 사회로 PDC Production and Distribution Coordination라는 관리 조직을 통해 공동 생산과 공동 분배의 원칙을 지킨다. 어린아이부터 성인까지 모두 공동체 생활을 하며 다이브랩Divlab이라는 컴퓨터를 통해 순번제 리스트를 만들어 노동 분배를 하며 모든 사람이 공평하게 일을 하게 한다. 주인공인 쉐벡 역시 수학과 과학에 매우 뛰어난 능력을 가지고 있고 전 우주에서 가장 획기적인 이론인 '시간 동시성' 이론을 만든 천재적인 과학자이지만 숲 가꾸기와 같은 물리적, 육체적인 노동에 참여한다.

또한 아나레스에는 사적 소유가 존재하지 않는다. 아나레스에서 소유욕은 부를 향한 탐욕이다. 소유욕은 권력이 되고 권력은 타인을 복종시키고, 파괴하고, 착취하고, 노예로 만드는 힘이기 때문이다. 아나레스의 소유의 부재는 언어인 프라빅Pravic에서 보여진다. 프라빅에서는 '나의my'와 같은 단수 소유격은 가끔 강조에 사용되기도 하지만 실제로는 거의 사용하지 않는다. 아주 어린아이들은 '나의 엄마'로 부르기도 하지만 곧 그들도 소유격을 사용하지 않고 '엄마'라는 호칭에 익숙해진다. 아나레스인들은 자본가가 될 수 없는데 그것은 프라빅에 '자본주의'라는 어휘가 없기 때문이다.

하지만 아나레스에도 문제는 존재한다. 아나레스 행성은 거칠고 황량한 사막지역의 지형을 가지고 있다. 기후는 뜨겁고 건조해 가시가 있는 홀럼 나무를 제외한 동식물들이 생존할 수 없는 불모의 땅이다. 이러한 자연환경에 의한 물리적 결핍은 단순한 생존의 문제가 아니라 인간의 절대 자유와 '인간다움'의 가치를 해치는 요인이 되고 있다. 더불어 아나레스의 가장 큰 결함은 PDC에 있다. 생산과 배급을 조정하는 관리 네트워크인 PDC는 실제로는 모든 정보를 차단하고 자유로운 의사소통을 통제하고 억압하는 기구였다. 초창기 PDC는 모든 조직과 조합, 생산 활동을 수행하는 개인들이 서로 협력하는 자유 시스템이었다. 그러나 시간이 지나면서 PDC는 폐쇄적이고 배타적으로 작용되며, 그곳 역시 권력이 작동한다.

마침내 쉐벡은 자신이 협력하는 것이 아니라 복종하고 있는 것임을 깨닫게 된다. 변화는 자유이자 삶이라는 친구의 말처럼 변화 없는 아나레스에 자유가 존재하지 않음을 깨달은 쉐벡은 우라스로 여행을 시작한다. 우라스는 폭포수처럼 쏟아지는 햇볕과 새들이 노래하고 녹색의 물결이 가득한 살아 숨 쉬는 아름다운 자연을 가지고 있다. 쉐벡은 우라스의 모습을 보면서 "세상은 마땅히 이런 모습이어야 하지"(p.65)라고 생각한다.

우라스는 아나레스와는 달리 에이 이오A-Io, 츄Thu, 벤빌리Benbili라는 세 나라로 구성되어 있다. 마치 지구의 모습처럼 에이 이오는 자본주의, 츄는 사회주의, 벤빌리는 제3세계 국가의 모습으로 경쟁적이고 위계질서로 조직되어 있다. 세 국가는 하나의 권력구조가 정부, 행정, 경찰, 군대, 교육, 법률, 생산 등 모든 것을 조종한다는 점에서 공통점을 가지고 있다. 특히 쉐벡이 머무는 에이 이오는 물질적 소유가 최상의 목적이며 적자생존의 원리를 신봉하고 자본주의와 같은 경제 원리에 의해 모든 제도와 사회가 움직인다. 우라스의 존경받는 과학자인 아트로Atro는 쉐벡의 이론의 우수성을 인정하고 그를 초청했다. 그는 아나레스와 우라스가 형제임을 역설하면서 쉐벡의 '동시성 이론'은 오로지 자신들을 위해서만 쓰여야 한다고 주장한다.

우라스에서의 노동의 의미는 인간적인 가치와 능력을 실험하는 아나레스와 대조된다. 아나레스에서 노동은 자신의 능력에 도전하고 자부심을 느끼면서, 성취의 즐거움과 삶의 기쁨을 유지하는 강력한 힘인 데 반해 우라스에서 노동은 천하고 부끄러운 일이며 주인과 노예를 구별하는 기준이 된다. 과학자인 오이에Oiie가 관리인이었던 자신의 할아버지를 부끄러워하는 모습처럼 노동은 그들 사회에서 소외된다. 노동자 계급은 착취의 대상이며 열등한 계급이다. 우라스의 물질에 대한 추구는 경쟁적이고 위계적인 질서를 만들며 철저하게 개인적이고 이기적인 사회를 형성한다. 우라스인들에게 공동체나 노동자들에 대한 이해는 없으며 노동의 진정한 가치와 공유는 중요하지 않다.

르 귄은 아나레스와 우라스의 가치와 이념, 개인과 사회, 삶의 모습등을 번갈아 보여줌으로써 서로의 모습을 반영한다. 이러한 상호반영 석 구조는 우라스의 풍부한 물질주의 뒤에 숨겨진 억압된 자유와 가부 장적인 위계질서를 비판하는 한편, 평등 사회인 아나레스의 아나키즘 을 무조건 옹호하지도 않음을 나타낸다. 아나레스에서 쉐벡이 겪는 학 문적 좌절과 고통을 통해 평등의 허울 아래 가려진 권력구조와 집단주 의가 개인의 삶과 자유를 어떻게 통제하고 제어하는지를 보여준다.

아나레스와 우라스는 여성주의 관점에서도 대조적인 사회이다. 특 히 여성 인물의 묘사와 설명은 상당히 다르다. 쉐벡의 반려인 타크베르 Takver는 강한 정신의 소유자로 확고한 결단력과 의지를 가진 인물이다. 오도니안 철학대로 그녀는 밭과 농장에서 육체적 노동을 하는 것을 꺼 려하지 않으며 심지어 기근이 덮쳤을 때도 공동체의 생존을 위해 쉐벡 을 떠나 낯선 곳에서 고군분투한다.

또한 그녀는 연약하고 겁 많은 여성이 아니라 스스로 문제를 해결하 고 실천할 뿐만 아니라 반려이자 동지인 쉐벡의 고통을 함께 나누기도 하는 사려 깊고 이성적인 인물로 묘사된다. 사불Sabul의 방해에 의해 쉐벡의 연구인 '동시성 원리'가 출간되지 못할 때 "중요한 건 책이야. 아이디어지"(p.240)라고 말하면서 비록 사불과 명성을 나누더라도 더 중요한 것이 무엇인지 생각할 수 있도록 대안을 제시한다. 또한 쉐벡이 우라스로 여행을 가도록 자극과 동기를 주는 인물 역시 타크베르이다. 이러한 타크베르의 모습은 성별 고정관념을 해체하는 인물로 표상되며, 전형적인 여성성 규범이 지닌 편협함과 경직성에 도전한다.

'물고기 유전학자'라는 독특한 직업을 가지고 있는 타크베르는 지구 상의 모든 유기체와 상호작용하는 생태적 비전을 가진 인물로 그려진 다. 그녀는 "그 물체의 확장이 되고 그 물체는 그녀의 확장이 되었다"(p.185)는 쉐벡의 묘사처럼 자연과 살아있는 생물에 대해 유기적인 관계 인식을 가지고 있으며 자연을 거대한 사냥터로 보는 것이 아니라 인간을 포함하는 생태적 공존의 한 과정으로 인식한다.

타크베르의 자연과 생물과의 유기적 인식은 시간과 공간을 초월해 전 우주적 의사소통을 가능하게 하는 쉐벡의 동시성 이론과 연결되면서 자연과 생태의 복잡한 관계망에서 서로 다른 것들의 존재를 인정하고 이해하며 결합하려는 소설의 중심 주제를 암시한다. 르 귄은 타크베르를 여성과 자연을, 남성과 문명을 단순히 일치시키는 본질주의적 존재가 아닌 스스로의 삶을 적극적으로 표현하고 자연의 다양한 종들과 함께 살아가는 표현의 주체로 자리매김한다.

이에 반해 우라스는 위계적이고 본질주의적 젠더 체계를 가지고 있다. 우라스 사회는 이웃 행성인 아나레스와 자연환경은 물론 정치 사회 면에서 완전히 대조적인데 특히 계급과 자본의 소유, 젠더 문제에 있어서 마치 유토피아와 디스토피아의 모습처럼 정반대의 모습을 보인다. 쉐벡이 파티에서 만난 여성들은 머리를 밀고, 옷을 거의 입지 않았으며, 도발적으로 보이도록 피부에 기름을 바르고 보석으로 몸을 장식한 기괴한 모습이었다.

이 세계에서 남성과 여성은 확연히 구분된다. 우라스 여성은 "억압되고 말하는 것이 금지된 동물적인 여성"(p.74)이며 "새장에 넣어둔 표독스러운 계집"(p.74)으로 정치, 사회, 교육 등 모든 영역에서 배제된 채 오로지 '소유물'로만 취급된다. 쉐벡이 우라스 여성들에 관해 묻자 "오, 거기도 다를 건 없군요. 선생님. 취향만 말씀해 주시면 바로 준비할 수 있습니다"(p.73)라는 파에Pae의 섣부른 오해는 이 세계에서 여성의 범주를 "아내들"과 "다른 여성들"(p.73) 즉 '매춘부'로만 나누고 있으며, 여성은 공적 영역의 시민이 아닌 "그들의 소유자"(p. 213)에게 속한 일종의 사적재산으로 인정되고 있음을 알 수 있다.

우라스 여성들은 남성들과 달리 교육을 받지 못하고 직업도 가지지 못하며 오직 남편의 계급과 위치에 따라 그들의 역할이 정해진다. 오이에의 아내인 세와 오이에Sewa Oiie와 여동생인 베아Vea의 모습처럼 우라스 사회에서 여성들은 아내와 어머니라는 가정 내의 역할만 강조되며 공적인 역할은 부정된다. 세와 오이에는 말수가 적고 수줍음이 많은 여성으로 아이를 돌보고 요리와 집안일을 하는 전통적인 여성의 모습을 재현한다. 베아는 "아름답고 고결한 여인은 우리에게 영감을 주죠. 지구상에서 가장 귀중한 것이고요"(p. 75)라는 파에의 말처럼 오로지 외적인 면모와 성적 대상으로 그려진다. 르 귄은 여성을 과거의 세대와 마찬가지로 이상화된 정숙한 여성 또는 도덕적으로 문란한 여성이라는 틀로만 여성을 규정하고 있는 점을 언급하며 여전히 여성을 남성에게 의존하고 보호가 필요한 존재로만 여기고 있음을 비판한다.

쉐벡은 아나레스와 다르게 풍요롭고 아름다운 사회에서 왜 여성이 열등하고 부정한 존재로 취급받는지 이해할 수가 없었다. 여성이 사라진 이 세계가 아나레스를 세운 여성 혁명가 오도가 탄생한 세계임을 믿을 수 없던 쉐벡은 우라스의 과학자들에게 자신의 스승인 미티스Mitis와 그바랍Gvarab이 여자임을 이야기하면서 이곳의 과학자들은 왜 전부 남자인지를 물어본다.

"과학자들이요?" 오이에는 믿지 못하겠다는 듯이 물었다.
파에는 헛기침하며 대답했다. "과학자들, 아, 네, 모두 남자들입니다. 물론 여학교에는 여선생도 몇 사람 있지요. 하지만 그들은 결코 자격증을 취득하지 못해요."

"왜 그렇습니까?"

"그들은 수학을 못 합니다. 추상적 사고를 할 머리가 없어요. 당신도 알다시피 여성들이 생각할 수 있는 건 자궁에 관련된 것뿐입니다. 물론 약간의 예외는 있지만요. 질이 쪼그라들어 그런지 끔찍하게 머리가 뛰어난 여자들이 있어요."(pp.73-74)

위의 대화는 가부장적 이데올로기에 의해 나타나는 성차별주의적 태도와 여성혐오를 극명하게 가시화한다. 가부장 사회에서 남성은 주체적 역할을 수행하며 우월한 지위를 확보하기 위해 여성을 열등한 대상으로 규정한다. 남성들은 자신의 생존을 위해 여성들의 사고능력과 지적 활동들을 부정하며 여성들의 종속을 당연하게 여긴다. 자궁과 질이라는 여성 신체의 언급은 여성의 열등함을 출산과 관련짓는 것으로, "유약하고, 끈적거리며, 유동적이고, 냄새나는 존재로서, 여성의 몸은 오염된 불결한 영역"으로 취급하는 것이다. 여성차별적 혐오의 원인은 "동물적 삶의 연속성, 몸의 유한성"과 밀접하게 연관되면서 "대부분의 문화권과 역사 속에서 여성은 오물과 더러움, 유혹하는 오염의 원천으로 표현되어 왔으며, 그러므로 어떻게든지 접근하지 못하게 하고 응징해야 하는 존재로 여겨져 왔다."

케이트 만Kate Manne은 이러한 여성혐오가 "가부장적인 규범과 기대치를 적용하고 강제하고 강화"한다고 주장한다. 즉, 남성은 그들만의 특권을 누리는 반면 여성은 "박탈을 경험하는 사회구조"를 경험하고 성차별은 그런 사회구조를 정당화시키는 것이다. 르 귄은 우라스 사회를 통해 현실 사회가 "여성들은 재화 제공자로, 남성들은 자유와 쾌락의 자율성을 누리는 존재"로 왜곡되어 있음을 '낯설게 하기'로 보여준다.

여성 작가들은 이 장르를 통해 "남녀의 차이, 가족구조, 성, 젠더역할에 대한 '본질적인' 가치와 '자연스러운' 사회 합의에 관한 우리의 상상"을 탐구한다. 여성 독자에게 유토피아는 "변화된 사회를 안전하게 상상할 수 있는 피난처이자 보호소"이며 "우리 자신의 세계를 재평가하고 행동하도록 자극"한다. 『빼앗긴 자들』역시 "과학소설과 유토피아 소설의 전통적인 남성 관습에 부합하지만 동시에 이러한 관습을 여성의 목소리를 통해 전복하고 되살린다."

르 귄은 이상적인 사회의 완성을 목표로 하지 않으며 유토피아를 예시하면서 동시적으로 해체한다. 우라스와 아나레스를 동시적으로 보여주는 르 귄의 의도는 "오도니안 철학의 최종 실패를 보여주는 것이 아니라 오히려 그것의 영원한 필요성을 보여준다." 르 귄은 억압되고 소외되어 왔던 여성의 경험을 새로운 언어와 이론, 세계로 상상하고 실문한다.

페미니즘은 제2물결 페미니즘을 거쳐 제3물결 페미니즘, 그리고 포스트 페미니즘 시대로 이어졌다. 현대에 들어 더 이상의 페미니즘 운동은 폐지되어야 한다는 주장이 힘을 얻고 있다. 성희롱이나 성차별을 위한 법이 만들어졌으며 여성이 학교와 직장에서 차별 없이 교육받고 있으며 평등을 달성했다는 것이다. 그러나 여전히 불평등한 젠더 시스템은 존재하고 평등은 퇴행하며 직장 내 성별 임금 격차는 사라지지 않았다. 페미니스트 혁명은 완성된 것이 아니다. 우리 사회에서 페미니즘 가치와 이상을 위한 도전은 계속되고 있다. 페미니스트 유토피아는 르 귄의 말처럼 "혁명이며, 영구적이며 진행 중인 과정"(p.176)이다.

5장

SF, 뱀파이어와 좀비로 읽기

1. SF와 뱀파이어, 좀비의 기이한 동거

SF의 비인간 생명체는 로봇과 외계인뿐만 아니라 삶과 죽음의 경계를 넘나드는 뱀파이어와 좀비도 있다. SF의 뱀파이어와 좀비는 최첨단의 과학기술과 생물학, 유전공학의 힘을 빌어 단순한 괴물이 아닌 초월적인 능력을 소유한 비인간적 존재로 등장한다. 뱀파이어는 판타지에 주로 등장하는 인물이지만 SF에 뱀파이어 행위가 등장하는 경우, 그것이 어떤 성격의 행위가 되었든 언제나 합리적인 방식으로 그 원리가 설명된다. SF 뱀파이어는 생물학적 돌연변이로 인해 동물, 식물, 혹은 인간의 대사 작용이 변형되어 버린 결과로 재현된다. 예를 들어 모하비 사막의 박쥐가 흡혈 박쥐로 돌변하는 마틴 크루즈 스미스Martin Cruz Smith의 『나이트윙Nightwing』(1977)은 동물이 돌연변이를 겪는 SF이다. 옥타비아 버틀러의 『어린 새』 속 뱀파이어는 흑인 여성과 뱀파이어의 유전자 조작으로 탄생하기도 한다.

흡혈귀, 드라큘라, 뱀파이어, 좀비, 늑대인간 …… 생각만 해도 두렵고 떨리고 공포스러운 괴물들은 아이러니하게도 대중문화에서는 영국의 고귀한 백작에서 락 스타, 영화배우까지 매력적이고 스타일리시한 인물로 변신한다. 한마디로 기괴하고 무서운 괴물이 완전무결한 존재로 진화에 진화를 거듭한 것이다. 특히 초자연적 존재이면서 '살아있는 시체'를 의미하는 뱀파이어와 좀비는 19세기 고딕 문학에서 처음 등장한 이래로 소설과 영화, 애니메이션, 게임 등 다양한 매체에 변주되어 나타난다. 뱀파이어와 좀비는 인간과 친구가 되기도 하고, 줄리엣과 로미오처럼 사랑에 빠진 연인이 된다. 이제 뱀파이어와 좀비는 과거처럼 피에 굶주리고 인간을 죽이는 무시무시한 존재가 아니라 우리 주변에 존재하는 매력적인 캐릭터이다.

뱀파이어와 좀비는 살아있으면서 죽은 존재라는 공통점이 있다. 두 존재는 서로 다른 역사적, 문화적 신화의 영향을 받아 다양한 이야기로 발전했다. 우리가 뱀파이어를 상상했을 때 가장 먼저 떠올려지는 이름인 '드라큘라'는 예로부터 내려오던 뱀파이어 전설을 소설화한 브램 스토커Bram Stoker의 『드라큘라Dracula』(1897)의 영향 때문이다. 워낙 이 작품이 유명하다 보니 드라큘라는 뱀파이어와 동의어로 사용된다. 소설 속 드라큘라 백작은 트란실바니아에 있는 성에 살며 마늘, 성수, 십자가를 두려워한다. 그는 안개, 박쥐, 신사 등으로 변신하여 사람들에게 접근한다. 드라큘라는 낮에는 관에서 쉬며, 밤에는 사람들의 피를 빨아 그들을 감염시킨다. 그는 인간을 초월한 힘을 소유하고 있으며 햇볕에 노출되지 않는 한 절대 죽지 않는다.

『드라큘라』 전에도 뱀파이어가 등장한 소설이 있다. 바로 영국 작가 존 폴리도리John Polidori의 『뱀파이어The Vampyre-A Tale』(1819)이다. 폴리도리는 입에서 입으로 전해 내려오던 옛날 신화와 전설을 소설로 재탄생시켰다. 그는 당대의 이름난 시인 바이런의 비서이자 주치의였다. 그는 바이런과 함께 이탈리아, 스위스 등지로 유럽 여행을 떠났는데, 바이런이 퍼시 셸리와 메리 셸리, 메리의 의붓여동생 클레어에게 무서운 이야기를 써 보자는 제안을 한 그날 밤 함께 있었다. 그 날 메리 셸리는 프랑켄슈타인의 아이디어를 생각했고 폴리도리 역시 공포소설을 써야겠다고 결심했다. 그 결과물이 『뱀파이어』다.

『뱀파이어』는 매력적인 영국 신사 루스벤 경Lord Ruthven이 뱀파이어이며, 그가 여성들을 유혹하고 속이는 내용이다. 폴리도리의 소설은 로맨스를 강조함으로 진부한 측면이 있지만 악마적이면서도 매력적인 뱀파이어 인물을 만들어냄으로써 후대의 소설가들에게 강렬한 영향을 끼쳤다. 스토커의 '드라큘라 백작'도 이러한 영향으로 탄생한 캐릭터 중의 하나이다.

뱀파이어는 피와 생명, 죽음 등의 종교적, 문화적 의미가 혼합되면서 삶과 죽음의 이미지로 그려진다. 프랑켄슈타인이 납골당에서 구한 여러 시체의 부분들을 연결하여 생명을 불어넣음으로써 '괴물'을 탄생시켰듯이, 여러 문화권에서 거론되어 왔던, 피를 빠는 어떤 존재에 관한 전설과 살아 돌아온 시체에 관한 이야기들이 서로 교환되고, 유통됨으로써 보편성을 갖게 된 뱀파이어가 만들어졌다. 따라서 뱀파이어는 각 문화권이 서로 소통하던 역사적이고 정치적인 틀과 사회적 기준을 보여준다.

문화적 재현에 있어 뱀파이어는 인간의 경계와 존재론적 질문으로, 사회적 약자를 억압하는 지배자에 대한 정치적 비유로 해석된다. 때로는 인류를 한꺼번에 죽일 수 있는 전염병에 대한 은유로 사용되기도 한다. 인류 역사에 있어 가장 끔찍했던 전염병인 페스트는 1346년에 발생했다. 최초의 페스트는 약 4년에 걸쳐 일어났고 유럽 인구의 1/3정도가 사망했다고 한다. 당시 사람들은 페스트의 치료법은 물론 원인과 감염 경로를 제대로 규명하지 못했다. 사람들은 이유도 모르는 채 죽어나갔다. 원인을 알 수 없는 죽음에 대한 공포는 사람들의 이성을 마비시켰고, 사람들의 광기와 잔혹함은 공동체의 기반을 흔들리게 했다. 교회 사회는 페스트를 뱀파이어의 소행으로 규정하여 인간의 죄에 대한 책임을 전가했다.

포의 단편소설 「붉은 죽음의 가면극The Masque of the Red Death」(1842)은 이러한 상황을 문학적으로 재현하였다. 어느 나라에 사람들의 몸에 붉은 반점이 생겨 피를 쏟고 목숨을 잃는 적사병이라는 죽음의 질병이 유행한다. 그런데 그 나라의 왕자인 프로스페로Prospero는 국민들이 죽어가고 있는 상황에서도 귀족들과 파티를 즐기며 향락의 세계에 빠져 있다. 소설 속의 적사병은 사람처럼 묘사되는데 그의 모습은 마치 뱀파이어와 흡사하다.

> 실제로 그 자리에 있던 사람들은 모두 그 낯선 인물의 차림새나 행동거지에 재치나 예의가 전혀 없다는 것을 깊이 느낀 듯했다. 그자는 키가 크고 비쩍 마른 체격에 머리끝부터 발끝까지 무덤 속의 시체들처럼 수의로 온몸을 감싸고 있었다. 얼굴을 가린 가면은 뻣뻣하게 굳은 송장의 모습과 너무나 흡사해서, 아무리 꼼꼼하게 살펴봐도 그게 시체를 흉내 낸 가면이라는 것을 알아차리기가 어려웠을 것이다. …… 옷에는 피가 얼룩져 있었고, 이목구비만이 아니라 넓은 이마에도 핏빛 공포가 흩뿌려져 있었다.
> (p.154)

전염병을 뱀파이어로 묘사한 「붉은 죽음의 가면극」은 섬뜩한 죽음의 공포를 가장 극적으로 그려냈다. 포의 또 다른 단편 「생매장The Premature Burial」(1844) 역시 죽은 후 다시 살아나는 뱀파이어 성향의 인물들을 다루고 있다. 소설의 나레이터는 매장됐지만 다시 살아난 사람들의 사건을 기록해 삶과 죽음의 기괴한 경계를 탐구한다.

뱀파이어와 비슷하지만 좀 더 현대적인 느낌을 주는 흡혈귀인 좀비가 있다. 영화의 영향 탓이겠지만 뱀파이어가 창백한 얼굴의 귀족적인 느낌을 준다면 좀비는 살아있는 시체로 감염된 현대인을 나타낸다. 초점 없는 눈을 가진 좀비는 썩어서 흐물거리는 몸을 질질 끌며 걷다가 살아있는 사람을 발견하면 거침없이 공격한다. 좀비에게 습격당한 사람은 좀비 바이러스에 감염되어 그 역시 좀비가 된다.

전통적 좀비 서사에서 좀비는 인종주의적 두려움과 야만성을 상징하는 타자였다. 그것은 좀비 탄생의 기원이 노예로 끌려간 아프리카 흑인들의 디아스포라에 있다는 점에서 기인한다. 17세기 프랑스는 식민지였던 아이티에 대규모 사탕수수와 커피 농장을 조성하면서 부족해진 노동력을 대체하기 위하여 아프리카 흑인 노예를 데려온다. 이때 흑인 노예들과 함께 그들의 민속 종교인 부두교 종교가 들어왔고, 그 종교적 징벌 수단의 하나가 인간을 좀비로 만드는 형벌이다. 이때의 좀비는 "시체라거나 죽은 후에 되살아난 괴물적 존재"가 아니라 "사악한 힘에 영혼을 빼앗긴 상태이며, 죽어서까지 영원한 노예 상태"인 존재이다. 이후 미국이 아이티를 군사 점령하던 1915년부터 34년까지 대중문화에 등장한 좀비는 주술적인 식인 좀비의 모습으로 묘사되면서 "백인이 지닌 이민족에 대한 불온한 호기심과 인종적 멸시가 결합하여 탄생한 영혼 없는 노예"로 재현된다.

백인들에게 좀비는 미국 내부의 타자인 흑인과 동일시되고 노예의 이미지와 결부되면서 백인의 자리를 침범하는 타자로 공포와 두려움의 대상이다. 예를 들어 영화 〈화이트 좀비White Zombie〉(1932)에서 흑인 부두교 마법사의 주술로 백인 여성이 좀비로 변하게 되는데, 이를 백인 남성이 구해낸다는 식의 서사는 "미국 내부의 인종적 긴장감과 흑·백 분리 정책을 고집하는 백인들의 정당성을 대변"한다고 할 수 있다.

현대적 좀비의 원형을 보여준 조지 A. 로메로George A. Romero 감독의 〈살아있는 시체들의 밤Night of the Living Dead〉(1968)은 "사회구조의 깊은 분열, 완전한 취약성을 드러내는 풍자"로 평가받는데 이 작품 역시 좀비의 출현으로 전통적이고 규범적인 위계질서의 해체와 "인종 정치의 심오하고 미스테리한 변주"를 나타낸다. 이 작품에서 좀비와 처절한 사투를 벌이고 생존한 주인공 벤Ben에 대해 특별한 인종적 언급이 없지만 아프리카계 미국인인 두안 존스Duane Jones이 연기한 벤이 영화의 마지막 장면에서 그를 좀비로 오인한 백인 보안관에게 무자비하게 살해당하는 모습은 인종차별의 잔혹함을 연상시킨다.

SF에는 뱀파이어와 좀비의 형상을 한 외계 생명체가 등장한다. 그들은 피를 빨거나 인간의 생명력을 자양분으로 한다. 웰스의 『우주전쟁』은 화성인들이 피를 뽑기 위해 인간을 생포한다. 앨런 하이더Alan Hyder의 『머리 위의 뱀파이어Vampires Overhead』(1935)는 우주에서 온 박쥐 외계인들이 지구를 침략해 인간들의 피를 빤다. 에릭 프랭크 러셀Erik Frank Russell의 『사악한 장벽Sinister Barrier』(1939)에서는 은밀한 형태의 침략이 그려지는데, 인간의 생명력을 흡수하는 보이지 않는 생명체가 나타난다. 그들은 인간 틈에 끼어 살며 인간의 감정을 먹어치운다.

외계인 뱀파이어는 진화를 거듭해 기계와 대립적인 유기적 생명체로 SF의 주인공이 되었다. 피를 빨아먹는 흡혈귀로서의 고전적인 뱀파이어는 멸종되고 SF의 첨단 기술 세계를 수용하는 새로운 뱀파이어들이 등장한 것이다. 토비 후퍼Tobe Hooper의 〈라이프 포스Life Force〉(1985)는 외계 종족과 뱀파이어 신화를 결합한 SF 영화이다. 이 영화는 지구의 살아있는 영혼을 먹어치우겠다고 위협하는 치명적인 우주 뱀파이어 집단과 인간이 전쟁을 벌인다. 영화 속 뱀파이어들은 인간의 피를 흡혈하는 것이 아니라 인간의 생명 에너지를 흡수한다. 뱀파이어들이 흡수한 에너지는 그들의 우주선으로 전송되어 힘을 강화시키는 데 사용된다. 뱀파이어와 SF 세계관이 만나면서 현대적인 유전학, 신경과학의 결합은 바이러스를 확산시키고 인간들을 감염시키며 아포칼립스 세계를 만든다.

2007년 개봉한 〈나는 전설이다 I am Legend〉에서는 전 세계 인구의 대다수를 야행성 포식자로 만든 인공 바이러스로 인해 좀비와 같은 흡혈 생명체가 등장한다. 이 영화는 소설을 원작으로 하는 영화인데 원작이 여러 번 영화화되면서 소설과 의미가 달라지긴 했지만 디스토피아적 영상미를 잘 보여준 좀비 영화의 수작이다. 윌 스미스Will Smith가 연기한 주인공은 종말 이후의 세계에서 마지막으로 남은 인간 중 한 명으로 인간의 고립과 생존을 절박하게 보여준다. 맥스 브룩스Max Brooks의 소설을 원작으로 한 〈월드 워 Z World War Z〉(2013)는 전 세계적인 좀비 팬데믹을 다루며 브래드 피트Brad Pitt가 연기한 전직 유엔 조사관이 좀비 발생을 막고 인류를 구할 방법을 찾기 위해 노력하는 과정을 따라간다.

위의 영화처럼 뱀파이어와 좀비 SF는 감염, 유전자 변이, 종말 시나리오 등의 요소를 도입하여 과학적 또는 사변적 맥락에서 재구성된다. 뱀파이어와 좀비 SF는 초자연적 생명체가 과학기술과 만나면 어떻게 변화하는지, 그리고 기술적으로 발전된 미래 세계에서 이러한 만남이

어떠한 결과를 가져올 수 있는지를 재현한다. 뱀파이어와 좀비는 더 이상 흡혈귀로만 존재하는 것이 아닌 미래 사회의 다양한 인간 군상 중의 하나가 된다.

한국 SF에서도 뱀파이어 소재는 낯설지 않다. 『천 개의 파랑』(2020)과 『어떤 물질의 사랑』(2020)을 쓴 천선란의 『밤에 찾아오는 구원자』(2021)는 뱀파이어 SF이다. '밤에 찾아오는 구원자'라는 제목이 의미하는 것처럼 뱀파이어는 소외되고 외로운 사람들에게 구원자처럼 찾아온다. 인천의 한 재활병원에서 환자들의 연쇄 자살이 일어나면서 형사인 수연과 완다, 난주의 이야기가 겹치면서 죽음과 외로움, 뱀파이어의 이야기가 펼쳐진다. 완다는 뱀파이어를 믿건 믿지 않건 그것은 중요하지 않다고 말하면서 믿음과 상관없이 그들은 존재한다고 이야기한다. 천선란의 다른 소설과 마찬가지로 『밤에 찾아오는 구원자』는 소외되고 타자화된 사람들의 이야기이다.

2. 뱀파이어와 좀비 신화의 새로운 변주

뱀파이어 SF의 대표적 작품으로는 1954년 리처드 매드슨Richard Matheson이 발표한 『나는 전설이다 I am Legend』가 있다. "뱀파이어 신화와 SF를 연결한 최초의 현대적 시도"라는 평가를 받는 이 소설은 유명한 조지 A. 로메로의 좀비 시리즈를 비롯하여 수많은 좀비물에 영향을 주었다. 이 소설은 〈지구 최후의 사나이The Last Man on Earth〉(1964), 〈오메가 맨The Omega Man〉(1971), 〈나는 전설이다〉라는 제목으로 세 번이나 영화로 각색되었다.

소설은 1954년을 기준으로 근미래인 1970년대 후반, 죽음의 도시로 변한 LA가 배경이다. 핵전쟁 후 모든 인류는 하루아침에 뱀파이어로 변했다. 그들은 신선한 피를 마셔야 생명을 유지하고 햇볕을 피해야 살아남을 수 있다. 주인공 로버트 네빌Robert Neville은 홀로 살아남은 인간이다. 그는 매일 밤 뱀파이어와 싸우며 하루하루를 버티어 나간다. 밤이 되면 도시는 뱀파이어들의 소굴이 되고, 뱀파이어들은 네빌의 피를 빨아먹기 위해 매일 밤 그의 집 주변에 나타난다. 뱀파이어들은 그를 집 밖으로 끌어내기 위해 온갖 추악한 짓들을 벌인다.

이 작품은 SF답게 주인공 네빌이 과학적 지식과 합리성을 동원해서 뱀파이어를 설명하려고 한다. 네빌은 뱀파이어의 발생 원인과 그들의 본성이 무엇인지 알기 위해 다양한 실험과 연구를 한다. 결국 네빌은 뱀파이어의 원인을 찾아낸다. 그것은 바로 뱀파이어의 혈액에 있는 뱀피리스Vampiris 박테리아이다. 흡혈귀 박테리아에 감염되면 인간은 뱀파이어가 되고 새로운 피를 찾아 사람들을 공격한다.

> 여주인공의 침대 위를 떠도는 붉은 눈의 흡혈귀도, 대저택의 창문을 두드리는 흡혈 박쥐도, 초자연적인 안개도 없었다. 흡혈귀는 실존했다. 다만 진실이 감춰져 있을 뿐이었다. …… 문제는 박테리아였다. 공포에 휩싸인 채 전설과 미신의 베일 속에 숨어 버린 무지한 인류에게 천벌을 전파하는 병원균 말이다. (pp.109-110)

네빌은 뱀파이어들을 모두 죽이는 일만이 자신이 해야 하는 마지막 과업이라 생각하고 닥치는 대로 뱀파이어들을 죽인다. 그러나 후반부에 네빌은 감염된 여성 루스Ruth를 통해 살아남은 감염자들이 있다는 것을 알게 된다. 네빌의 이론과는 다르게 그들은 감염되었지만 약을 먹으면서 생존가능하다. 감염자들은 새로운 사회를 세울 계획까지 한다. 네빌은 루스와의 만남을 통해 감염자들이 자신과 같은 인간이라는 사실을 알게 된다. 하지만 감염자들은 네빌이 흡혈귀에게 느꼈던 공포와 두려움을 네빌에게 느끼고 있으며, 네빌이 그랬던 것처럼 감염자들은 네빌을 처형하려고 한다. 네빌이 갖고 있던 뱀파이어 대 인간, 죽은 자 대 죽지 않은 자에 대한 이분법적 이해는, 낮 동안 걸어 다니는 인간 여자처럼 보이는 루스를 만날 때 직접적으로 도전을 받는다.

『나는 전설이다』는 인간과 뱀파이어의 정체성, 선과 악, 타자의 문제, 인간의 불안과 공포, 종말에 대한 두려움 등의 주제를 이야기한다. 특히 뱀파이어가 드라큘라와 같은 악마나 초자연적 괴물이 아닌 감염과 슈퍼바이러스, 유전학적 돌연변이의 결과임을 재현하면서 핵전쟁과 과학의 발전에 대한 두려움을 의미한다. 소설에서는 세계대전이 시작되고 밤새도록 모래 폭풍이 불었다. 집안의 가구에는 "밀가루처럼 먼지가 깔렸고, 머리카락, 눈썹, 손톱 밑에도 먼지가 끼었다. 먼지들은 피부에도 내려앉아 숨구멍을 막아 놓기까지 했다."(p.59) 네빌의 아내 버지니아Virginia는 이유를 모른 채 숨쉬기를 힘들어했고 딸 역시 아팠다. 동식물도 죽어가고 파리, 모기 등의 벌레가 마을을 뒤덮고 마을 사람들의 반은 이름도 모르는 병에 걸려 죽는다. 이 모든 것이 세균전 때문이라는 소문이 돌지만 진실을 아는 사람은 없었다. 『나는 전설이다』에서 세상의 종말은 더 이상 흡혈귀나 악마의 저주로 야기된 것이 아니다. 그것은 인간의 오만과 탐욕의 결과이다.

영화 〈나는 전설이다〉의 뱀파이어들은 새로 만들어진 암 치료제로 인한 바이러스 감염자들이다. 영화의 도입부는 암을 치료할 수 있는 약을 개발한 연구원의 인터뷰로 시작한다. 그 개발자는 유전자 조작 바이러스를 통해 신약이 성공했다고 자랑스러워한다. 영화의 다음 장면은 폐허가 된 미국 뉴욕의 모습을 보여준다. 변종된 백신의 부작용으로 대부분의 사람들은 사망하고 흡혈귀로 변한 사람들은 햇빛에 취약해지면서 어두운 밤에만 활동한다. 과학에 대한 맹신과 이해관계자들의 탐욕과 이기심이 결국 인류 문명자체를 파괴시킨다.

미국 문화에서 좀비 장르는 〈화이트좀비〉를 시작으로 1950년대의 냉전과 핵전쟁의 불안과 두려움을 반영한 〈신체 강탈자의 침입Invasion of the Body Snatchers〉(1956) 등의 공포영화를 거쳐 조지 A. 로메로 감독의 〈살아있는 시체들의 밤〉에 이르러 본격적인 좀비 서사를 형성한다. 아이티의 부두교 종교에서 기원한 좀비는 역겹고 그로테스크한 괴물에서 후기 자본주의 사회의 하층 계급 노동자와 유색인, 이주민으로, 또는 바이러스 감염자로 묘사되면서 현실 사회의 불안한 양상을 재현하고 비판하는 중요한 표상으로 이용된다. 이후 세기말의 혼란스러운 현실과 9·11테러, 금융위기 등의 사회적 상황과 맞물려 2000년대 좀비 서사는 〈좀비랜드Zombieland〉(2009)와 〈워킹데드The Walking Dead〉(2010), 〈웜바디스Warm Bodies〉(2013), 〈월드 워 Z〉, 〈오만과 편견 그리고 좀비Pride and Prejudice and Zombies〉(2016) 등 로맨틱 장르와 코미디물, 종말론까지 다양한 형식과 매체를 통해 변주되면서 이른바 "좀비 르네상스"[13]를 맞이하게 된다.

이러한 상황에서 콜슨 화이트헤드Colson Whitehead의 『제1구역Zone One』(2011)이 출판된다. 화이트헤드는 『언더그라운드 레일로드The Underground Railroad』(2017), 『니클의 소년들Nickel Boys』(2020)로 두 번의 퓰리처상을 받으며 "살아있는 가장 위대한 미국 작가 중 한 명"이라는 평가를 받는 아프리카계 미국 작가이다. 총 여덟 편의 소설과 두 편의 논픽션을 출간한 화이트헤드는 다양한 주제와 스타일의 작품으로 미국 사회를 향한 날카로운 비평과 더불어 인간의 삶과 문화를 성찰하고 새로운 가치를 모색한다.

『제1구역』은 원인 불명의 전염병 발병으로 사람들이 좀비로 변하고 모든 것이 파괴되고 사라진 세계를 배경으로 한 좀비 서사이자 포스트 아포칼립스 SF이다. 사변소설과 고딕소설의 특징을 가지며 "포스트-인종에 관한 미국의 알레고리"로 읽혀지는 『제1구역』은 "후기 자본주의에 대한 비판"과 더불어 "종말과 종말 이전의 세계가 서로 붕괴되는 그 순간에 좀비 서사를 비판적으로 재구성함으로 죽음의 세계가 이미 도래했음을 암시한다."

생존자들은 종말 이전의 삶에 대한 트라우마로 고통받으며 좀비 세계에서 생존을 위해 투쟁한다. 임시정부격인 '버펄로Buffalo'는 과거의 문명을 회복하고 미국을 재건하기 위해 맨해튼을 좀비로부터 탈환하는 군사작전을 계획하여 맨해튼 남부지역인 커널 거리에 방어벽을 건설한다. 해병대들은 방어벽 내의 안전 구역을 '1구역'으로 명명하면서 좀비들이 1구역으로 유입되는 것을 막으며 한편으로는 빌딩과 거리를 수색하면서 남아있는 좀비들을 제거한다. 마크 스피츠Mark Spitz는 동료 게리Gary, 케이틀린Kaitlyn과 함께 민간인 청소부팀으로 해병대들이 완전히 제거하지 못한 좀비들을 죽이고 맨해튼을 종말 이전의 도시로 회복시키는 임무를 맡고 있다. 소설은 세계가 멸망한 이유가 명확히 드러나지 않은 채 '최후의 밤' 이후 가까스로 생존한 주인공 마크 스피츠의 회상과 기억이 3일간 펼쳐지는데, 이는 생존자와 좀비의 이야기와 섞이고 모호해지면서 시간과 장소를 넘나든다.

화이트헤드의 좀비 서사는 관습적인 '검은 좀비'의 모습을 그리지 않는다. 그의 좀비늘 역시 폭력과 살상을 저지르는 좀비임에도 불구하고 공포와 극단의 두려움을 보여주기보다는 인간과 삶에 대한 애도와 우울의 증상을 체현하는 존재라는 점에서 지금까지의 좀비 서사와는 차별적인 면모를 보여준다. 또한 좀비를 두 가지 형상의 존재, '스켈Skels'과 '스트래글러Stragglers'로 구분하여 인종 담론에 대한 주제의식을 효과적으로 보여준다는 점 역시 『제1구역』이 가지는 의의라고 할 수 있다. 스켈은 사람들을 잔혹하게 공격하여 인간의 육체를 먹어 치우며 또 다른 좀비로 감염시키는 로메로의 영화나 〈워킹데드〉 속 좀비의 모습과 동일하다. 이에 반해 스트래글러는 폭력성이 전혀 없으며 마치 마네킹처럼 멈춰 있으며 최후의 밤 이후 자신이 했던 마지막 일을 기억하는 좀비이다. 그들은 "걱정과 근심에서 벗어나" "자신들만의 천국에서"(p.197) 영원히 살아가는 존재로 그들이 거주하는 곳은 "오직 가능성만"(p.197) 보여진다.

『제1구역』에서 스켈과 스트래글러를 좀비라고 부르는 장면이 없다는 점 역시 주목해야 할 부분이다. 작품에서 그들은 "죽은 자들the dead" (p.16)로 묘사된다. 이것은 관습적인 좀비 서사와 차별점을 두는 것으로 탈사회, 탈문명적인 괴물이나 비존재가 아닌 그들을 살아 있었던 인간으로 기억하는 것이다. 그들은 인간성을 상실한 그로테스크한 기형적 좀비가 아니라 "복사기 소년 네드Ned the Copy Boy"나 "마지Marge"의 이름을 가지고 있는 감염과 오염으로 인해 희생자가 된 우리 주변의 평범한 인물들이다.

이 작품은 좀비의 이야기가 아니라 우리 주변의 보이지 않는 존재에 관한 이야기이다. '뒤처진 사람'이라는 의미의 스트래글러는 자신이 살아가던 공간에서 삶과 죽음의 경계를 넘나들며 과거와 현재의 기억 속에 머물러있다. 스트래글러는 무해한 존재이지만 버펄로는 스켈이 아닌 이들을 첫 번째 타격 목표로 삼는다. 수색대들은 죽인 스트래글러를 파괴된 건물잔해나 폐기물처럼 쓰레기봉투에 담아서 버리는데, 이는 노동을 위해 검은 몸만 남겨진 흑인 노예나 유색인종을 연상시킨다. 사물적 대상으로 변형된 스트래글러는 비정상적이고 위험하며 열등한 존재로 배제되고 거부된다. "그를 그냥 놔두는 게 어때?"(p.102) "그는 누구도 해치지 않아"(p.102)라는 마크 스피츠의 언급에도 그들은 기분 전환의 대상으로 살인과 폭력의 위험 속에 노출된다.

『제1구역』은 스트래글러와 스켈 비유를 통해 미국 역사에서 배제된 인종화된 과거와 현재를 끊임없이 상기시킨다. 마치 유령처럼 인종차별과 혐오의 행위들이 여기저기서 출몰하면서 인종차별적 역사 패러다임이 작품의 배경 속에 끊임없이 펼쳐지기 때문이다. 맨해튼에 "여러 형체들이 노예처럼 터벅터벅 걸어서 계속 미드타운으로 올라오고 있었다"(p.9)라는 서술처럼 미국 문화와 역사 속에 인종 억압과 차별은 만연하고 지속되고 있다. 좀비를 잡기 위한 도구를 "올가미Lasso"(p.76)라고 칭하는 게리의 모습은 과거의 백인들이 흑인들을 참혹하게 린치하고 살해하는 인종주의 역사를 기억하게 하며 스켈들의 '검은' 치아와 잇몸, 손가락, 손톱, 눈, 입술, 그리고 그들의 검게 그을린 피부의 강조와 스켈을 태우는 장면, 절단 등의 시체 훼손은 인종적 폭력과 죽음을 시각화하면서 환기시킨다. "우리가 상처를 입을 수 있다는 사실, 타인도 상처를 입을 수 있다는 사실, 다른 사람의 변덕에 우리가 죽을 수 있다는 사실은 모두 두려움과 슬픔을 자아낸다"는 주디스 버틀러의 말처럼 여전히 미국 사회에서 폭력과 억압적 현실은 존재한다. 화이트헤드는 좀비 서사의 새로운 변주를 통해 "폭력의 순환을 멈추고 덜 폭력적인 결과를 이끌어내는데 관심이 있다면"(p.25) "슬픔의 위계질서"(p.26)는 더는 존재하지 않아야 함을 이야기한다.

3. 검은 여성 뱀파이어, 햇빛 아래 걷다

고전 뱀파이어 소설에 등장하는 뱀파이어는 초자연적인 마술적 힘을 휘두르며 인간보다 더 뛰어난 능력을 가지고 있다. 창백한 얼굴의 드라큘라 백작이 갖고 있는 이미지는 세대를 넘어 잘생겼지만 우울하고 냉소적인 표정의 백인 남성 뱀파이어로 그려진다. 20세기 뱀파이어 영화는 뱀파이어 캐릭터를 젊고 잘생긴 대학원생으로, 신비스러운 귀족 소년으로, 매혹적인 남성 뱀파이어로 변형시킨다. 판타지 영화인 〈트와일라잇Twilight〉(2008) 시리즈에서는 백색의 피부를 가진 매력적인 뱀파이어와 인간의 운명적인 사랑이 펼쳐진다.

이에 반해 옥타비아 버틀러의 『어린 새』는 흑인 소녀 뱀파이어가 주인공이라는 점에서 다른 뱀파이어물과 구별된다. 『어린 새』는 버틀러가 세상을 떠나기 1년 전에 출간된 작품으로 뱀파이어 소녀인 쇼리 매슈스Shori Matthews가 가족 모두가 죽임을 당하고 그녀 홀로 살아남게 되면서 사건의 전모를 해결해 나가는 과정을 그리고 있다. 뱀파이어라는 대중적 소재와 고딕소설적 특징을 가진 『어린 새』는 다른 작품들과 달리 초반에는 비평적 관심을 끌지 못하였다. '가벼운 소설'이라는 평가와 더불어 느린 이야기 전개 그리고 불완전한 결말로 인해 혹평을 받기도 하였다. 버틀러 역시 한 인터뷰에서 『어린 새』는 반복적인 뉴스 시청의 피로감과 무기력을 벗어나기 위해 재미를 목적으로 쓴 글이었음을 밝힌 바 있다.

『어린 새』는 다양한 퀴어 혼성가족을 통해서 정체성, 친족, 친밀감을 급진적으로 상상하여 전통적 뱀파이어 신화의 관습적 비유에 도전하면서 버틀러가 추구해 온 주제의식인 종, 젠더, 계급의 이분법적 신화의 해체와 공존과 혼종을 관통하며 "상호의존, 자유와 비자유, 인간 생존에 따른 노력"에 대한 광범위한 주제를 함의하고 있는 작품이다.

『어린 새』는 쇼리가 뱀파이어로서 정체성을 찾는 전반부와 그녀가 뱀파이어 공동체의 학살 사건을 해결하는 과정이 후반부를 구성한다. 『어린 새』의 가장 독특한 특징은 전통적 뱀파이어 서사를 전유하면서 인종혐오의 주제를 그려냈다는 점이다. 주인공 쇼리는 뱀파이어와 흑인 여성의 DNA결합의 유전자 실험을 통해 탄생한 인물로 10살에서 11살 정도의 어린 소녀의 모습을 하고 있지만 뱀파이어 나이로 53세인 흑인 여성이다. 유동적이고 경계적 주체인 쇼리를 통해 버틀러는 이분화되고 위계화된 인종적 가치를 해체한다.

쇼리는 인간이면서 뱀파이어로, 소녀이자 성인으로, 뱀파이어 집단에서 거부된 이질적이고 부정된 존재인 아브젝트로 탄생한다. 주류 뱀파이어 집단의 가부장적 질서를 지키기 위해 쇼리는 경계 바깥으로 버려지고 폭력적으로 배제된 존재로 재현된다. 주류 집단은 그들의 집단적 동일시와 정체성을 지키기 위하여 타자의 배제를 통해 완벽한 통일성을 유지하려고 한다. 버틀러는 이러한 혐오적 타자로 비유된 뱀파이어 서사를 통해 미국 역사에 존재하는 인종차별의 역사를 유비하며 여전히 현실 사회에 공고한 차이와 경계의 문제를 살펴본다.

버틀러는 아프리카계 미국인으로 자신이 겪은 인종 간의 갈등과 차이가 가져오는 혐오와 차별이 아닌 인간성 회복을 위한 공존과 연대의 가능성을 작품 속에 펼치고자 하였다. 그녀의 작품은 "인간이 차이를 두려워하기보다 받아들이는 것이 얼마나 어려운지, 그리고 그렇게 하는 법을 배우는 것이 얼마나 필요한 것인지를 탐구"한다.

이야기는 주인공 쇼리가 자신의 정체는 무엇이며, 어디에 있는지, 무슨 일이 일어났는지 알 수 없는 어둠과 혼란 속에서 깨어나면서 시작된다. 자신의 정체에 대해 무지한 그녀는 길에서 만난 인간 라이트 햄린Wright Hamlin의 도움으로 자신이 뱀파이어라는 사실을 알게 되고 그녀를 찾으러 온 뱀파이어 아버지인 이오시프 페트레스쿠Iosif Petrescu를 통해 기억을 회복해 간다. 이오시프는 자신들이 오랜 시간 지구에서 "인간과 어울리면서"(p.63) 살아온 뱀파이어 종족이며 인간과 구별되는 다른 종 '이나(Ina)'임을 쇼리에게 설명한다. 쇼리는 이나 공동체의 관습에 따라 어머니들, 그리고 그녀의 자매들과 공동체를 이루며 살아왔다. 어느 날 그들을 적대시하는 자들의 습격으로 가족들과 집은 모두 불에 타 사라지게 되고 쇼리만 살아남게 된다. "배고픔과 고통 이외에 내 세계에는 아무것도 없었다"(p.1)며 홀로 깨어난 쇼리의 모습은 미국 사회의 인종차별의 역사를 환기시킨다. 뱀파이어와 인간의 혼종적 존재인 쇼리의 '갈색피부'는 아프리카계 미국인을 상징하며 살해당한 그녀의 가족은 인종주의로 인한 학살의 희생자를 연상시킨다.

『어린 새』의 뱀파이어는 초자연적 존재가 아니라 생명종이며 인간과 함께 어울려 수백 년을 살아온 것으로 묘사된다. 뱀파이어들은 자신들만의 공동체를 가지고 인간 '공생자symbiont'들과 더불어 살아간다. 그들은 강한 힘을 가지고 있고 냄새와 소리에 예민하며 날카로운 감각을 소유한다. 또한 그들은 인간들보다 긴 수명을 가지며 상처나 아픔을 스스로 치유할 수 있는 능력도 가지고 있다. 하지만 이나 뱀파이어들은 한 가지 결점이 있다. 그것은 그들이 햇빛을 견딜 수 없다는 것이다. 그들은 오로지 밤에만 활동할 수 있다. 따라서 뱀파이어들은 낮에도 활동할 수 있는 방법을 몇 세기 동안 연구해왔으며 연구의 결과가 바로 쇼리이다.

"가장 성공적이면서 가장 최신의 결과물"(p.66)인 쇼리는 "멜라닌이라는 해결책"(p.147)을 통해 인간과 이나 DNA를 가진 검은 뱀파이어로, 낮에도 인간처럼 활동할 수 있는 특별한 힘과 능력을 소유한다. 하지만 쇼리는 이나 사회에 존재하는 인종 및 종의 차이와 차별에 직면한다. 그녀는 햇빛을 잘 견디며 낮에도 민첩하게 움직일 수 있는 진화된 존재임에도 불구하고 순수함을 위반했다는 이유로 거부당한다.

실크Silk 가문은 인간을 동반자로 여기지 않는다. 그들은 인간 공생자를 필요에 의해 취하며 '가축'으로 여긴다. 오래전에 인간이 이나를 전멸시킨 역사를 기억하는 실크 가문은 인간은 적이며 이나와 인간은 분리되어야 한다고 생각한다. 그들은 쇼리가 이나 뱀파이어들과 생물학적으로 다르며 혼종은 '잘못된 것'이라고 여긴다. 그들은 쇼리를 자신들과 같은 특성을 가진 이나로 보기를 거절한다. 마일로 실크Milo Silk는 쇼리의 인간적 특징 때문에 그녀가 불완전하다고 주장한다. 그는 쇼리의 몸이 저절로 치유되는 온전한 이나가 아니라고 말한다. 그들에게 쇼리는 경계 밖에 있는 인물이며 주체도 대상도 아니다. 그들에게 쇼리는 "상상적 이질성인 동시에 현실의 위협인 아브젝트"로 "동일성이나 체계와 질서를 교란시키는 것"으로 존재한다.

줄리아 크리스테바Julia Kristeva는 아브젝트로 응고된 우유, 똥, 구토

물, 시체들을 예로 든다. 특히 시체는 살아있음에 대한 직접적인 오염으로 그것은 삶을 죽음으로 전염시키는 아브젝트이다. 쇼리의 혼종성은 이나 뱀파이어의 오염이며 순수성에 대한 죽음을 의미하는 것으로 판단된다. 실크 가족을 변호하는 캐서린Katharine의 대사는 끊임없이 토로하는 "판단과 정서, 구형과 심정의 토로, 기호들과 충동들의 혼합물"인 아브젝시옹 그 자체이다.

> 너는 이나도, 인간도 아니야. 너의 냄새, 너의 반응, 얼굴 표정, 몸짓까지 어느 것도 맞지 않아. 네 공생인이 막 죽었다고 했지. 그렇다면 넌 충격으로 몸도 제대로 가누지 못할 거야. 그렇게 거짓말이나 하면서 이곳에 앉아 있지 못할 거야. 진정한 이나는 공생인을 잃은 고통이 어떤지 알아. 우리는 이나야. 넌 아무것도 아니라고! (p.272)

차이와 혼종을 나타내는 그녀의 이질성은 순혈주의를 강조하는 실크 가족에게 자신의 경계를 끊임없이 위협하는 공포와 혐오의 존재이다. 그들은 이나 종의 순수성을 지키기 위해 인간과 이나의 분리를 주장한다.

버틀러는 인간과 뱀파이어의 종 경계의 해체를 통해 본질적 정체성이 얼마나 자의적이고 불안정한지를 폭로하고 있다. 전통적 뱀파이어 서사에서 뱀파이어는 삶과 죽음의 경계 속에서 분열된 의식을 가진 초자연적 존재로 등장하며 어둠과 악의 화신을 상징한다. 뱀파이어는 주로 백인 남성으로 그려지며, 인간을 뱀파이어로 변형시키거나 죽게 만드는 기괴하고 불길한 존재이다. 그러나 『어린 새』에서 뱀파이어는 초자연적 존재가 아니며 인간과 같은 역사와 문명을 가진 '다른 종'일 뿐이다.

버틀러의 뱀파이어 전유는 테오도라Theodora의 "너(쇼리)는 원래 키가 크고 잘생긴 어른 백인 남자여야 하는데"(p.91)라는 대사에서 보듯이 백인 남성 뱀파이어가 흡혈을 통해 여성을 희생자로 삼는 전통적 서사와 달리 흑인 여성을 서사의 중심으로 삼으며 주체적 존재로 위치하게 한다.

버틀러는 『어린 새』에서 혼종의 쇼리를 순수함과 비교해서 약화되거나 타락한 존재로 묘사하지 않는다. 오히려 그녀가 가진 차이와 혼종의 비전이 주체적인 변화를 주도할 수 있다는 긍정적인 의미를 제시한다. 다른 뱀파이어와 달리 어두운 피부와 햇빛 아래에서도 당당하게 걸을 수 있는 그녀의 혼종적 특징은 새로운 희망의 가능성을 보여준다. 이나 여성인 마거릿 브레이스웨이트Margaret Braithwaite는 이러한 쇼리의 혼종적 특징을 쇼리의 "독특함"(p.213), "굉장한 가치"(p.213)라고 말하며 "너는 보물이야"(p.214) "모든 공동체에 자산이 될거야"(p.215)라며 그녀의 가치를 인정한다. 프레스턴Preston 역시 판결위원회에서 다음과 같이 쇼리를 변호하기에 이른다.

쇼리 매슈스도 우리들처럼 이나입니다. 게다가 그녀는 어쩌면 우리를 구원해줄지도 모르는 인간의 DNA를 갖고 있습니다. 그 DNA로 인해 검은 피부를 가지게 되었고 또 우리가 여러 세대에 걸쳐 찾던 햇빛 아래에서 걷는 능력, 낮 동안에도 맑은 정신으로 깨어 있는 능력을 가지게 된 겁니다. (p.272)

쇼리의 검은 피부와 인간의 몸은 혐오 대상이 아니라 새로운 삶을 살아갈 수 있는 능력이며 주체적이며 자율적으로 살 수 있는 권리이다. 이것은 그들의 거주지인 푼타 누블라다가 공격을 당했을 때 발휘된다. 이나로서 예민한 감각을 소유하고 뜨거운 햇빛도 견딜 수 있는 그녀는 침입자들로부터 이나들과 공생자들을 구하는 구원자이자 지도자의 능력을 보여준다. 그녀의 선택과 결정은 빠르고 정확했다. 이나들과 공생자들을 보호하는 그녀의 모습은 작품의 시작에서 묘사된 원초적 상태로 인간을 잡아먹는 혐오스럽고 동물적인 모습과 달리 새로운 뱀파이어 종의 탄생을 예견한다. 공포감을 주는 존재이자 혐오의 대상이었던 쇼리는 폭력의 역사적 대물림에서 문제를 해결하기 위해 적극적으로 사건의 실체에 다가서며 자신의 공생자들을 지키기 위한 힘과 가능성을 보여준다.

쇼리의 독은 남자 이나는 물론 여자 이나도 자신의 가족으로 결속시킬 수 있다. 또한 검은 피부의 아이를 낳을 수 있는 그녀의 능력은 새로운 관계의 시작을 약속한다. 어린아이이자 여성 이나인 쇼리는 이나 종 사회에서 다른 공생자들을 살리는 강력한 힘을 가지고 있다. 브룩Brook 은 쇼리에게 이나 여성으로서 힘과 권력에 대해 말한다.

> "이나 아이들, 남자나 여자는 모두 더 강한 독을 가지고 있어. 그렇지만 여자의 독이 남자보다 훨씬 강해. 그런 점에서 이나는 일종의 '모계 중심 사회'라고 할 수 있어. 쇼리처럼 몸집이 작은 이나가 어쩌면 더 강한 힘을 가질 수도 있어." (p.109)

버틀러는 이나 사회의 권력관계를 새로운 젠더관계로 역전시키며 전복적 힘의 가능성을 보여준다. 겉으로 보기에 가장 어리고 힘이 없는 여성 뱀파이어가 가장 강력한 힘을 소유한다는 설정은 인종과 여성 혐오를 벗어나 적극적 주체의 가능성을 보여준다. 이러한 젠더 계층의 역전은 유색인종이자 여성을 지도자의 위치로 설정했다는 점에서 중요하다. 쇼리는 "온 힘을 다해 그들을 안전하게 지킬게요"(p.149)라며 자신의 책임을 다하고 그 사회에서 더 큰 이로움을 위해 자신의 힘을 사용할 수 있다는 것을 보여준다.

뱀파이어 신화에서 뱀파이어가 인간을 물면 인간은 뱀파이어로 변형된다. 하지만 이 작품에서 뱀파이어가 인간을 무는 행위는 감정적 공감의 형태로 표출된다. 뱀파이어와 인간은 "상호적 공생관계mutualistic symbiosis"(p.123)를 이루고 있다. 이나와 공생인들과의 관계는 서로 의존적이며 집단 결혼의 형태를 띤다. 이나는 인간들을 통해 피를 얻을 수 있고 신체적 접촉 및 성적 쾌락에 대한 욕구를 충족시킬 수 있지만 생존하려면 공생자와 공감의 감정을 가져야 한다. 공생자들 역시 마찬가지이다. 그들 역시 이나로부터 연장된 삶의 시간을 얻으며 깊은 감정적 관계를 유지한다. 실리아Celia와 브룩이 그의 이나인 스테판Stefan이 죽었을 때 보여주는 모습처럼 인간은 특정 이나가 그의 독에 감염된 후 이나와의 친밀감을 갈망하고 심지어 이나를 잃으면 죽을 수도 있다.

쇼리는 자신에게 인간 공생자가 필요하다는 사실을 알면서도 인간 라이트에게 떠날 것인지 머무를 것인지 선택할 수 있는 기회를 제공한다. 쇼리는 권력을 가지고 있지만 권력을 자신의 목적을 위해서만 사용하지는 않는다. 쇼리가 그녀의 공생자들을 동등하게 대우하는 모습에서 그들의 관계는 "협력하고 공생하는 대안의 예"로서 보여진다. 쇼리는 공생자를 희생자나 도구로 생각하지 않고 상호의존과 균형적 의식을 보여준다.

『어린 새』에서 이나와 인간의 관계는 도나 해러웨이가 말한 '반려종companion species'의 관계로 상상해볼 수 있다. 해러웨이는 그의 글 「반려종 선언The Companion Species Manifesto」에서 반려종인 동물 타자와의 책임있는 관계를 통해 비인간 타자와의 관계 맺기를 주장하며 삶과 생명의 관계를 모색하고 있다. 해러웨이에 의하면 반려종은 단순히 반려동물을 의미하는 것이 아니라 "지구상에서 살나 죽는 섭합제"를 의미하며 "교향악을-통한-생산, 절대 홀로 있지 않은 채 다른 세계들과 늘 얽힌 채로 함께 만들기"하는 연결된 타자성을 상징한다. 버틀러 역시 이 작품에서 인간적인 것과 비인간적의 구분을 벗어나 기생적이고 계층적 관계가 아닌 공생적 관계를 통해 "자연과 문화가 내파"되길 시도하고 있다.

한편, 이나가 장애로 취급하는 쇼리의 기억상실은 아이러니하게 그녀에게 새로운 정치적 가능성을 소환한다. 기억상실로 인해 쇼리는 지금까지 도전받지 않았던 이나 사회의 법과 질서에 대한 믿음에 의문을 제기한다. 쇼리는 학살의 원인과 책임을 지기 위한 기억, 증언, 재현을 위해 판결위원회를 구성하기를 주장한다. 쇼리는 자신과 이나의 관계를 새롭게 구성하는 것이다. 버틀러는 뱀파이어가 감정적 애착과 공동체 의식 등의 자질을 획득함으로써 경계의 넘나듦을 통해 다양한 실천을 시도하길 제안한나.

작품의 마지막에 쇼리는 자신의 공동체를 만든다. 그녀의 공동체는 피부 색깔이나 연령, 성차의 구분이 없는 공동체이다. 쇼리는 "기억은 없지만 난 내 여자 가족의 일부야. 그들에 대해 다시 배우고 그렇게 가족의 대를 이어나가면 그들에 대한 기억을 지속시킬 수 있을 거야"(p.286)라고 말하면서 새로운 문화와 역사를 복원키길 희망한다. 쇼리의 공동체는 "상호주의적 공생이 나타내는 협력을 통해 인종주의 성차별과 종파적 폭력을 거부하는 미래주의적 사회 모델"이 되는 것이다.

6장

SF, 포스트아포칼립스로 읽기

1. 포스트아포칼립스 세계와 최후의 인간

영화 〈더 로드The Road〉(2009)는 '환한 빛이 쏟아졌고 세상이 흔들렸다'로 시작된다. 회색빛의 하늘과 땅, 죽어가고 있는 숲과 나무들, 모든 것을 삼켜버린 어둠과 끊임없이 타오르는 불, 무슨 일이 일어났는지 알 수 없지만 세상은 파괴되었다. 인간의 모습은 보이지 않고 혹독한 추위와 삭막한 풍경 속에 아버지와 아들이 남쪽을 향해 무작정 걷고 있다. 그들은 낡은 지도를 보면서 따뜻한 남쪽을 향해 무작정 걷고 또 걷는다. 비가 오면 낡은 건물이나 망가진 자동차에 잠시 쉬었다가 또 길을 향해 나선다. 아버지는 아들에게 총 쏘는 법을 가르친다. 인간이기를 포기한 사람들은 굶주림을 견디지 못해 서로를 죽이고 인육을 먹는다. 코맥 매카시Cormac McCarthy의 소설 『로드The Road』(2006)를 영화화한 〈더 로드〉는 이렇게 처음부터 끝까지 암울한 종말의 세계를 그리고 있다. 오로지 생존만이 그들의 삶이고 목표이다. 그들은 계속 살아남을 수 있을까? 남쪽으로 걸으면 희망은 있는 것일까? 아포칼립스 세계는 두려움과 잔혹함만이 남아있다.

앞 장에서 살펴본 『나는 전설이다』와 『제1구역』은 물론 많은 SF는 인류의 생존과 문명의 붕괴를 단골 소재로 다룬다. 세계 종말의 원인은 다양해서 바이러스, 뱀파이어 또는 핵전쟁이 될 수 있다. 왜 많은 SF는 인류의 종말을 배경으로 채택하는 것일까?

먼저 종말의 의미를 살펴보자. 우리 표준국어대사전에서 종말은 "계속된 일이나 현상의 맨 끝"을 의미한다. '마지막', '최후'를 의미하는 종말의 영어 표현인 아포칼립스apocalypse는 종교적 의미를 가진 단어로 '계시', '알려지지 않은 것의 폭로' 등을 뜻하기도 한다. 이 표현은 그리스어 아포칼립시스apokalypsis에서 기원한 단어로, 세상의 끝이 다가옴을 계시한다는 의미이다. 즉 기독교적 종말인 우주적 파국과 최후의 심판을 의미하는 종교적 표현이다.

SF는 과학적인 상상력과 아이디어를 활용한 소설이다. 그래서 SF가 종교적인 의미와는 거리가 먼 소설 장르라는 편견이 존재한다. 하지만 SF만큼 종교적인 주제를 민감하게 의식하는 장르도 드물다. 과거 자연 현상이 인간 세계에 큰 영향력을 끼칠 때 종교는 고대인들이 세상을 이해하는 유일한 단서였다. 과학기술이 진보하고 문명이 발달하면서 종교의 역할이 줄어들어 과학이 그 자리를 대체하고 있지만 우리가 갖고 있는 모든 궁금증을 과학이 다 해결해 주지는 않는다. SF는 이러한 한계를 벗어나게 한다.

SF는 우리의 현실을 명확하게 볼 수 있도록 아주 다른 현실을 상상한다. 이를 위해 종교적 아이디어를 배치함으로 먼 과거, 대안의 현재, 가까운 미래 또는 먼 미래의 이야기를 할 수 있다. 그것은 일상적 경험의 울타리를 벗어나 더 자유로운 사고실험의 장을 위하여 종교적 의미를 제시한다.

SF는 현실의 모순과 비극은 물론 우리가 가지고 있는 실존적 질문을 비판적으로 인식하게 한다. 과학기술의 놀라운 발전과 자본주의의 물질적 풍요는 인간에게 무한한 가능성과 편의성을 제공하지만 동시에 다양한 종류의 환경오염과 에너지 및 자원의 고갈, 무기 개발과 그에 따른 전쟁의 위협, 인간성 상실, 공동체 파괴 등의 문제들을 양산한다. 이러한 인류의 미래에 대한 존재론적 불안감과 더불어 최근 들어 과학기술의 놀라운 발전과 기후변화와 재난으로 인한 생태적 위협과 종말의 가능성이 현실화되기 시작하면서 아포칼립스 문학이 인기를 끌게 된 것이다.

포스트아포칼립스Post-Apocalypse는 아포칼립스, 즉 대규모의 재난이나 인류 종말로 인한 문명의 파국 이후의 세계를 의미한다. 아포칼립스는 외계인 침공이나 행성 충돌, 핵전쟁, 좀비와 뱀파이어의 탄생, 전염병과 바이러스, 기후변화, 자원고갈 등 수많은 요인으로 일어날 수 있나. 이러한 새앙의 기저에는 사실 인간의 어리석음과 이기심이 깔려있다. 인간은 과학기술과 물질문명을 과도하게 사용하고 산업화와 도시화라는 명목으로 자연과 생태계를 거침없이 파괴했기 때문이다.

'세상의 종말'은 불완전한 과거에서 벗어나 새롭고 더 나은 세계로 가는 길을 제공한다. 과거와 현재 사이의 갑작스러운 단절 또는 전환점을 야기하는 역사적인 사건은 미래에 대한 불확실성을 예고한다. 인류는 포스트아포칼립스를 통해 현재 우리가 직면한 문제는 무엇이며, 문제를 해결하기 위해 우리는 무엇을 해야 할지, 어떻게 대안 세계를 꾸려야 할지를 탐색한다.

포스트아포칼립스 문학은 SF 이전에 기독교적 세계관인 요한계시록을 통해 존재했다. 기독교에서의 종말은 세계와 인류의 종말인 동시에 예수 그리스도의 부활을 의미하는 것으로 새로운 세상과 사물들의 창조이다. 그런 의미에서 SF에서의 포스트아포칼립스 문학은 더 나은 세상을 향한 인류의 희망이며 도전이다.

　아포칼립스 문학의 기원은 SF의 기원이라고 하는 메리 셸리의 또 다른 작품 『최후의 인간The Last Man』(1826)으로 거슬러 올라간다. 『최후의 인간』은 출판 당시 영국에서 많은 비평가들의 혹평을 받았으며 1833년 미국에서 해적판으로 유통되다 20세기 중반까지 절판되어 문학적 논의의 대상에서 거의 배제되어 왔다. 그러다 20세기 초 스페인 독감과 제 1, 2차 세계대전으로 인류 종말에 대한 두려움이 전 세계적으로 확산되면서 다시 주목받기 시작하였다.

　『최후의 인간』은 21세기 말 미래를 배경으로 원인을 알 수 없는 전염병으로 전세계 사람들이 다 죽어가고 최후의 인간으로 살아남은 주인공이 인류 종말의 과정을 기록으로 남기는 내용이다. 이야기의 전반부는 2090년 영국의 정치 사회의 변화와 더불어 시작한다. 주인공 리오넬 버니Lionel Verney은 몰락한 귀족가문의 자손으로 어린 시절 아버지를 잃고 고아로 어렵고 힘들게 살아왔다. 리오넬은 영국 왕자 아드리안Adrian을 만나 그와 함께 새롭고 고귀한 영국 제국을 건설하려고 한다. 그러나 이야기의 후반부에 갑자기 번진 전염병은 이 모든 것을 불가능하게 한다. 전염병을 막기 위해 리오넬은 여러 가지 노력을 하지만 결국 그것을 막을 수가 없었다. 런던에 감염자가 생기고 사망자가 발생하면서 리오넬이 가졌던 이상적 공동체의 허상이 부서지고 만다. 전염병의 원인이 접촉이나 세균이 아닌 공기에 의한 감염이라고 추정되면서 7년간 이어지는 전염병은 전 세계를 마비시키며 인류를 공포에 몰아넣는다.

『최후의 인간』이후 포스트아포칼립스 문학은 1950년대 원자폭탄의 등장과 함께 나타난다. 그 후 제2차 세계대전이 끝나고 공산주의와 미국의 냉전 이데올로기가 극으로 치달으면서 포스트아포칼립스 소설은 핵전쟁으로 세계가 멸망하는 작품이 주류를 이루었다. 필립 K. 딕의 『안드로이드는 전기양의 꿈을 꾸는가?』는 끝없는 핵전쟁으로 인류가 더 이상 지구에서는 살 수가 없는 상황을 배경으로 한다. 최후의 세계 전쟁은 왜 발발했는지, 전쟁에서 누가 이기고 졌는지 알 수 없으며 오로지 죽음만이 지구를 휩싸고 있다. 전쟁 후 처음에는 하늘의 올빼미들이 죽었다. 중세의 흑사병으로 수많은 쥐들이 죽었던 것처럼 깃털이 수북한 새들이 거리 여기저기에 쓰러져 있었다. 하늘에서는 방사능 낙진이 비처럼 내려와 도시는 물론 사람들의 몸속까지 파고 들어간다. 사람들은 지구를 떠나 화성으로 이주한다.

커트 보니것Kurt Vonnegut, Jr.의 『고양이 요람Cat's Cradle』(1963) 역시 제2차 세계대전을 배경으로 한 포스트아포칼립스 문학이다. 작가 보니것은 실제로 제2차 세계대전에서 연합군의 포로가 되어 드레스덴의 포로수용소에 수감되었다. 이 경험을 통해 그는 『제5도살장Slaughterhouse-Five』(1969)을 썼다. 『제5도살장』은 전쟁의 잔혹함과 삶의 허무함을 시간여행이라는 SF적 상상력을 통해서 표현한 소설이다.

『고양이 요람』역시 보니것의 전쟁의 경험을 통해 과학기술의 오만함을 냉소적으로 표현한 작품이다. 소설은 자신을 요나Jonah라고 소개하는 1인칭 나레이터가 '세상이 끝난 날'이라는 제목의 책을 쓰기 위해 자료를 수집하면서 벌어지는 일을 플래시백으로 구성한다. 나레이터는 히로시마에 최초의 원자폭탄이 떨어진 날, 그것을 만든 과학자들이 무엇을 하고 있었는지를 찾아보기 위해 자료를 수집하던 중 '아이스나인’이라는 물질을 알게 된다. 아이스나인은 물분자들을 쌓고 고착시켜서 모든 것을 얼린다. 그 물질은 땅에 떨어지는 즉시 얼어서 모든 것을 파괴시킨다. 결국 아이스나인은 지구상의 모든 강과 바다, 지하수 등모든 물을 얼리면서 격렬한 토네이도를 일으켜 세상을 파괴한다. 요나는 성경의 노아처럼 지하벙커에서 열흘 동안 숨어 지내다가 세상으로 나온다. 세상의 종말을 목격한 요나는 인간의 어리석음과 마지막 날을 기억하기 위해 역사서를 쓰기로 한다. 보니것은 아이스나인을 통해 냉전 시대의 핵무기 개발 경쟁을 재현하면서 인간의 이기심과 탐욕으로 점철된 전쟁과 과학기술을 비판한다.

포스트아포칼립스 장르도 세대를 따라 조금씩 바뀌어간다. 21세기에 인류의 종말을 앞당기는 소재는 기후위기와 환경오염이다. 〈투모로우The Day After Tomorrow〉(2004), 〈인터스텔라Interstellar〉(2014), 〈매드맥스Mad Max〉(1979) 등의 재난영화와 마거릿 애트우드의 『미친 아담 MaddAddam』(2013) 시리즈와 파올로 바치갈루피Paolo Bacigalupi의 『와인드업 걸The Windup Girl』(2009)은 환경오염과 기후변화로 인류 전체가 위험에 빠진 미래 세계를 그린다. 『와인드업 걸』은 기후변화로 변화된 미래 경제에 대해 쓰인 가장 정교한 SF 중 하나이다. 소설은 〈타임 TIME〉, 〈로커스Locus〉, 〈퍼블리셔스 위클리Publishers Weekly〉에서 그해 최고의 소설로 꼽혔으며 휴고상, 네뷸러상, 로커스상 등 과학소설계의 유명한 상을 석권했다.

소설은 극심한 기후변화로 자원이 고갈되고 많은 생물종들이 멸종된 세계인 태국의 도시를 배경으로 하고 있다. 미래의 세계는 석유 팽창에서 수축의 시대로 변화하면서 화석연료가 고갈되고 심각한 에너지 위기를 겪고 있다. 더불어 지구온난화로 해수면이 상승되고 농작물은 황폐화되었다. 세계는 기근과 기아가 발생하고 돌연변이를 일으키는 전염병이 확산된다. 이때 유전자 변형 식물을 설계하는 대규모 기업이 부상하는데, 그들은 전세계 식량 생산 대부분을 통제한다. 다국적 생명공학 기업과 농업 기업은 식량 생산의 우위를 차지하기 위하여 생물학적 전쟁을 벌인다. 이러한 결과로 치명적인 전염병의 끊임없는 위협 속에서 세계는 종말로 치닫는다. 소설은 유전자변형 식품의 생물학전의 위험성을 경고하면서 더 나아가 인류가 지금 당장 행동을 취해야 한다고 강조한다.

지구의 고통과 신음소리에도 인류의 무관심과 무시는 계속되고 있다. 한편, 대규모의 산불과 지진, 홍수 등 전에 없던 기상이변이 빈번하게 발생하는 상황은 지구 종말에 대한 불안감과 두려움을 가중시킨다. 대재앙으로 인한 생태계의 파괴는 나무와 흙, 자연에만 위협을 주는 것이 아니라 살아남은 사람들의 실존을 위협하고 이것은 인간성 상실과 폭력의 문제로 확대된다. 지금의 시기를 '인류세Anthropocene'라고 표현한다. 즉, 환경오염과 기후변화는 인간의 활동으로 지구 환경이 근본적으로 변화했음을 보여준다. 옛 세계가 파괴됨으로 그 폐허 위에서 과거의 죄와 과오를 되짚어 보고 한계를 벗어난 새로운 세계의 건설을 꿈꿀 수 있다는 점에서 포스트아포칼립스는 유토피아와 디스토피아 장르와 맞닿아있다.

2. 하이퍼리얼리티에서 살아남기

TV 예능프로그램의 인기 장르 중에 '리얼리티 쇼'가 있다. '리얼리티 쇼'는 정해진 대본에 기반하기보다는 출연자들의 다양한 상황과 우연히 벌어지는 뜻밖의 사건을 실제 그대로 보여주는 장르이다. 출연자들은 연예인이거나 일반인일 수 있다. 그들은 자신들이 무엇을 먹고 입는지, 누구를 만나는지 보여주며 문제가 발생했을 때 해결하는 자신들만의 방법을 제시하기도 한다. 시청자들은 리얼리티 프로그램을 통해 즐거움을 느끼는 한편 자신의 일처럼 화를 내기도 한다. 수잔 콜린스Suzanne Collins의 『헝거게임The Hunger Games』(2008)은 이러한 리얼리티 쇼를 모티브로 한다. 콜린스는 한 인터뷰에서 실시간으로 녹화된 리얼리티 프로그램을 우연히 보다가 순간 현실의 경계가 흐려지기 시작했다고 말한 바 있다.

『헝거게임』 시리즈는 총 3부작으로 2008년에 1권이 출간된 이후 2009년에 『캣칭 파이어Catching Fire』, 2010년에 3권인 『모킹제이Mockingjay』가 나온 후 전 세계적인 베스트셀러가 되었다. 첫 출판 이후 소설의 선풍적인 인기는 영화화로 이어지며 열광적인 팬덤 문화가 형성되었다. 엄청난 상업적 성공은 이후 출판된 『다이버전트Divergent』(2011), 『메이즈 러너Maze Runner』(2009)와 같은 청소년 디스토피아 소설의 성공에 영향을 주면서, 실제로 '청소년 판타지 문학'이라는 새로운 장르 카테고리가 만들어졌다.

『헝거게임』 시리즈의 모든 이야기는 '헝거게임'을 중심으로 이루어진다. 1편 『헝거게임』과 2편 『캣칭 파이어』에서 캐피톨Capitol의 74회와 75회 헝거게임이 등장한다. 1편의 전반부는 캣니스가 게임을 수행하기 위해 캐피톨로 이동하여 전사가 되기 위해 준비하는 과정과 인터뷰를 진행하는 모습을 묘사한다. 후반부는 경기장에서 실제 전투를 벌이는 잔혹한 내용을 담고 있다. 2편 역시 25년마다 벌어지는 특별 헝거게임을 하기 위해 캣니스와 피타Peeta가 다시 선발되면서 지금까지의 우승자들과 겨루는 내용이 소실 전체를 구성한다.

헝거게임은 열두 구역에서 추첨을 통해 조공인을 선발하여 캐피톨의 경기장에서 최후의 승자가 선정될 때까지 싸우게 하는 서바이벌 게임이다. 게임은 소설을 이끌어 가는 중요한 동인이며 소설 속 인물의 행동과 결정을 통제한다. 또한 그것은 판엠Panem의 사회와 문화를 규정하는 상징적 의미를 가진다.

소설의 시작은 헝거게임을 위한 추첨행사를 하는 것으로 시작된다. "행복한 헝거게임이 되시기를"(p.19)이라는 사회자 에피Effie의 개회사와는 반대로 으스스한 분위기가 감도는 광장에서 이루어진 추첨행사에서 캣니스는 동생 프림Prim을 대신하여 여성 조공인으로 자원한다. 남성 조공인인 피타와 더불어 캣니스는 헝거게임이 벌어지는 캐피톨로 향한다. 열렬한 환영식과 아름다운 의상과 달리 "나는 화려한 의상을 입고 산해진미를 먹으려고 온 것이 아니다. 관중들이 나를 죽이는 사람을 응원하는 동안, 피범벅이 되어 죽으려고 여기에 있다"(p.80)라는 캣니스의 섬뜩한 독백은 헝거게임이 단순한 놀이나 스포츠가 아님을 환기시킨다.

헝거게임은 표면적으로는 공정하게 추첨을 통해 조공인을 뽑고 경기장에 들어가 최후의 승리자가 될 때까지 싸우는 정정당당한 게임으로 보이지만 반역 협정으로 만들어진 판엠의 정치적 통제수단이자 대중에게 가해지는 형벌이며 처형의식이다.

종말 이후 세워진 디스토피아 국가인 판엠은 "한때 북미였던 대륙이 잿더미가 된 후에 그 땅에 들어선 나라"(p.18)이다. 가뭄과 폭풍우의 재앙으로 바다가 침식해 들어와 땅의 상당 부분이 잠겨 한정된 자원을 놓고 벌어졌던 잔혹한 전쟁 이후에 만들어진 나라이다. 초기의 판엠은 지배세력이자 수도 역할을 하는 캐피톨과 열세 개의 구역으로 이루어졌다. 판엠의 전체주의에 대한 반발로 열세 개의 구역들은 반란을 일으킨다. 그러나 구역들이 전쟁에 패배하면서 13구역의 사람들과 지역은 모두 말살되고 나머지 구역들은 캐피톨에게 항복하면서 캐피톨의 필요한 자원을 공급하는 식민지가 되었다.

구역들의 반란 이후 캐피톨은 다른 구역들이 저항을 하지 못하게 하는 강제적 압박의 수단을 만들었다. 그것이 독재 정권의 권력을 강화하며 역사적 기억의 도구로서 정당화된 헝거게임이다. 12세에서 18세까지의 가난한 집 아이들을 선발하여 서로 살해하고 구역의 사람들에게 그 모습을 보여주어 "다시 한번 반란을 일으켰을 때 우리(구역인들)가 살아남을 확률이 얼마나 희박한지 일깨워주는"(p.18), 구역인들의 "약함을 상기시켜주는 하나의 장치"(p.186)인 것이다.

헝거게임은 "공개 처벌의 소름끼치는 광경이 아니라 처벌당한다는 확신, 그것이야말로 범죄를 단념하게 만드는" 징벌이다. 미셸 푸코Michel Foucault에 의하면 신체에 대한 이러한 형벌은 "개인으로부터 권리이면서 동시에 재산으로 생각되는 자유를 박탈하기 위한 것"이다. 공포를 조장함으로써 피지배인들 스스로 복종하게 하는 이러한 시도는 가장 손쉬운 통치 방법이라고 할 수 있다.

전체주의는 정치권력에 대한 민중의 공포를 기반으로 운영되는 정치체제이다. 헝거게임은 캐피톨 전체주의의 공포정치를 보여주는 가장 대표적인 사례이다. 야만적인 학살 경기에 열광하는 군중들이 죽어가는 아이들에 대해 연민이나 죄책감을 느끼지 않고 오락으로 받아들이도록 하는 데에는 전체주의적 기제가 활발히 작동하고 있다. 과거

히틀러가 나치즘의 이데올로기로서 우생학과 반유대주의를 선전하였듯, 캐피톨 정부는 자신들의 정책을 효율적으로 실현하기 위해 오락을 강조한다.

헝거게임은 통제와 감시의 '하이퍼리얼리티'이다. 즉 지배자들이 권력의 힘과 그에 대한 민중의 두려움을 이용해 민중을 통제하려는 수단이다. "농작물을 거두어들이다reaping"라는 의미의 추첨행사와 "공물tribute"인 조공인은 열두 구역이 식민지로 전락하였으며 영원히 캐피톨에 종속되었음을 상징한다. 미래의 혁명을 억제하기 위하여 만들어진 헝거게임은 보드리야르Jean Baudrillard가 "시뮬라크르들의 완벽한 모델"이라고 말한 '디즈니랜드'와 같은 것이다. 보드리야르는 디즈니랜드가 "실제의 나라, 실제 미국 전체가 디즈니랜드라는 사실을 감추기 위하여 있다"고 말하는데 실제의 미국이 거짓 환상과 구성된 역사로 가공되어졌다는 것을 은폐하기 위하여 디즈니랜드를 만든 것과 같다.

또한 이는 삼옥의 비유와 맥락을 같이한다. 감옥이 우리 사회가 감금되어 있다는 것을 감추기 위하여 있는 것처럼 헝거게임 역시 이중적이며 은폐된 억제전략이다. 헝거게임에서는 오직 한 명의 승자만이 살아남을 수 있는데 내 아들 혹은 딸만이 살아남을 수 있다는 거짓된 희망으로 헝거게임의 잔혹함과 야만성을 감추고 있다.

판엠은 "빛나는 캐피톨이 한가운데를 차지하고 열세 개 구역이 그 주위를 둘러싼 나라"(p.18)이다. 록키산맥에 우뚝 자리하고 있는 캐피톨은 푸코의 판옵티콘을 연상시키며 감시탑처럼 험준한 장벽으로 둘러싸여 있다. 각각의 구역들은 전기 울타리로 둘러싸여 외부와 단절되며 '평화유지군'이라는 무장군인들에 의해 감시와 통제를 받고 있다. 정보와 통신망 등이 차단되며 구역 간 교류나 협력의 과정도 배제된 구역의 모습은 상징적인 감옥이다. 모든 정보와 교류는 오직 캐피톨로 집중되어 있고 독점적으로 이루어진다. 이러한 단절과 분리 정책은 헝거게임에도 그대로 적용된다. 게일Gale의 "우리들끼리 분열되어 있는 것이 캐피톨에게는 이득이 되는 거야"(p.14)라는 말처럼 헝거게임은 조공인들이 준비하고 훈련하는 과정부터 서로 경쟁하게 함으로써 독재 정권의 권력을 강화한다. 조공인들은 경기장에 들어가는 순간 자신의 생존을 위해 무차별적으로 서로를 죽여야만 한다. 처음에는 동맹을 맺고 협력을 위한 제스처를 취하지만 결국 자신이 살기 위해서는 칼을 겨누어야만 한다. 조공인들은 훈련장에 모이는 바로 그 순간부터 서로를 불신하고 의심한다. 조공인들에게 연대의 모습이나 동료애를 찾아볼 수 없다는 점은 "격리되고 주시되는 고립된 상태로 대체된" 판옵티콘적 본성이 내재되어 있다는 것을 의미한다. 즉 "감금된 자가 스스로 그 유지자가 되는 어떤 권력적 상황 속으로 편입되는 것이다."

또한 헝거게임은 아이들을 경기장에 몰아넣고 학살한다는 점에서 특정의 인종 집단을 대상으로 자행되었던 홀로코스트와 같은 총체적 테러의 일종으로 볼 수 있다. 폐쇄된 경기장 안에서 단 한 명의 생존자만 남을 때까지 두려움에 떨며 죽음의 경쟁을 펼쳐야 하는 아이들과, 그들이 차례로 목숨을 잃는 상황을 생중계로 지켜보아야 하는 가족 및 구역 사람들은 공포와 더불어 무력감을 절감하게 된다. 경기장 안에서는 아무리 뛰어난 머리와 강한 체력을 지닌 조공인이라 할지라도 최후의 생존자가 되지 못한다면 결국 목숨을 잃기 때문이다.

헝거게임을 통한 구속력은 구역인들 뿐만 아니라 캐피톨 사람들에게도 적용된다. 게임에 참여하지 않는 사람들에게 헝거게임은 말 그대로 게임이자 오락이다. 24시간 TV로 생중계되며 무한 반복되는 헝거게임은 지루한 일상을 해결해 줄 수 있는 도피처이다. 캐피톨은 헝거게임을 지루하지 않고 실감나게 연출하기 위하여 게임운영자로 하여금 조공인들을 관리하게 한다. 게임운영자에게 게임은 거대한 무대의 한 편의 쇼이다. 그들은 흥미로운 게임을 유도하기 위해 화려한 개회식을 개최하고 인터뷰를 하며 가십거리를 제공하기도 하고, 조공인들을 마치 화려한 연예인처럼 연출한다.

또한 스릴 넘치는 프로그램을 만들기 위하여 불덩이와 파도와 같은 자연 장치와 '추적 말벌'이나 '머테이션'과 같은 변종 동물들을 만들어 조공인들을 위협하기도 한다. 캐피톨의 관객들이 좋아하지 않는 행위는 사전에 막거나 변경함으로써 게임을 오로지 관객의 욕구만을 위하여 존재하게 한다. 게임운영자들에게 규칙이나 원칙은 중요하지 않다. 중요한 것은 캐피톨 사람들에게 즐거움을 제공하고 나머지 구역의 사람들에게는 고통과 수치심을 조장하여 판엠과 스노우Snow 대통령을 비롯한 캐피톨 정부를 보호하는 것이다.

『헝거게임』의 후반부에 게임운영자들은 캣니스와 피타의 로맨스를 이용하여 헝거게임을 마치 축제처럼 보이게 하기 위하여 같은 구역에서 온 조공인 두 명이 함께 살아남으면 공동 우승자가 되는 것처럼 규칙을 변경한다. 그러나 마지막 조공인인 카토Cato가 죽자 우승자는 한 명뿐이라며 규칙을 또 다시 변경한다. 이것은 헝거게임이 얼마든지 조작될 수 있는 허위세계이며 단순히 '공물'을 바치는 제물 의식에 불과한 것이라는 것을 보여준다. 캐피톨 시민들에게 헝거게임은 마치 플라톤의 동굴 속 어두운 벽에 비친 그림자와 같은 것이다. 그림자에 의하여 통제되고, 조작되며 그들의 주의를 분산시키는 허상이다.

판엠과 캐피톨을 지배하는 또 하나의 기제는 물질과 소비이다. 캐피톨이라는 이름이 상징하듯이 캐피톨은 '자본주의'적이며 소비지향적인 도시이다. 캣니스가 빛나는 도시 캐피톨에 도착하여 본 첫 모습은 큰 빌딩과 많은 자동차, 너무 진하고 밝은 색으로 인해 인공적이다 못해 기괴하기까지 한 테크놀로지 지배 사회의 모습이다. 여전히 봉건시대와 같은 12구역이나 루Rue의 농업구역과 달리 모든 것이 기술집약적이다. 또한 호버크래프트hovercraft와 가상현실 등의 SF적 장치들이 비약적으로 발달한 미래도시이며 넘쳐나는 상품과 풍요로움이 마치 현대의 소비 자본주의 사회를 보는 듯하다.

캐피톨의 아파트에는 "침실 하나에도 수백 가지 여성용 의류와 코트, 신발, 다양한 색깔의 가발, 집 한 채를 칠할 만큼 많은 화장품"(p.316)이 있고, 샤워기에도 물의 온도조절이나 세기조절뿐만 아니라 "비누, 샴푸, 향, 오일, 스펀지, 마사지 등을 선택할 수 있는"(p.75) 다양한 장치들이 있다. 그중에서 가장 놀라운 것은 끊임없이 제공되는 음식이다. 거위 간부터 다양한 종류의 빵과 케이크, 치즈와 와인 등 호화로운 음식을 보며 캣니스는 "버튼만 누르면 음식이 튀어나오는 세상에서 사는 건 어떤 걸까? 먹을 것 찾기가 그렇게 쉬우면 식량을 찾아 숲속을 뒤지는데 쓰던 시간을 어떻게 보내게 될까"(p.65)라고 생각한다.

구역 사람들에게 식량은 삶과 죽음을 가로지르는 경계선이다. 가난과 굶주림에 시달리는 캣니스는 자신과 가족을 위하여 위험을 무릅쓰고 숲으로 사냥을 나가야만 하고 농업구역의 루 역시 자신이 수확한 식량은 캐피톨로 보내고 굶어야만 했다. 이들에게 헝거게임을 피하기 위한 식량 배급표 한 장은 "한 사람이 1년 동안 겨우 먹고 살 수 있을 만큼의 곡식과 기름에 해당된다."(p.13) 하지만, "시체와 다름없는 조공인"(p.22)이 될 가능성도 높아지는 것이다.

『헝거게임』에서 식량은 "매일의 생계유지에서 정치권력"으로 이동한다. 구역인들의 굶주림과 캐피톨의 풍요로움은 캐피톨 지배세력의 통제의 은유로 사용된다. 소설에서 게일이 구역을 떠나 숲속으로 도망가서 살자고 제안했을 때 캣니스가 "뭐라고 대답해야 할지 모르겠어. 그건 허무맹랑한 생각이야"(p.9)라고 말하는 것은 빈곤이나 굶주림이 무기력하고 순응적인 인간을 만듦을 의미한다. 굶주림은 정치권력에 있어서 가장 주요한 전략이었다. 아이러니한 것은 과도한 풍요로움과 무절제한 물질적 탐욕 역시 인간의 사고를 고정시킴으로서 인간을 지배하고 통제한다. 캐피톨 사람들의 과잉 소비는 단순히 소비에 그치는 것이 아니다. 소비의 무의식적인 강요로 사고의 영역이 침식되면서 주체적으로 존재하는 것이 아니라 수동적 대상으로 전락한다.

『모킹제이』에서 헝거게임 운영자였던 플루타르크Plutarch는 "캐피톨 사람들이 아는 것이라곤 '판엠 엣 키르켄세스Panem et Circenses'뿐이다"(p.260)라고 설명하면서 캐피톨 시민들의 무능력과 도덕적 진공상태를 비난한다. "빵과 서커스Bread and Circuses"라는 의미의 이 라틴어는 고대 로마의 시인 유베날리스Juvenal의 풍자시에서 로마인들의 정치적 욕구를 막기 위하여 음식과 오락을 제공하여 책임과 권력을 포기하게 했다는 말에서 유래한다. 캐피톨 정부 역시 사람들에게 끊임없이 먹고 마시게 하며 '헝거게임'이라는 오락을 제공한다. 빵과 유흥이 계속되는 한 캐피톨 정부는 작은 제국을 통제할 수 있는 것이다. 캐피톨 시민에게 헝거게임은 보드리야르가 말한 '텔레비전 전쟁'이다. 즉 실재하지 않은 이미지와 스크린의 모형전쟁일 뿐이다.

콜린스의『헝거게임』안에는 수많은 게임들의 모습이 있다. 고대 로마 콜로세움에서 맹수들과 싸우며 죽어가야 했던 검투사의 모습과 화려한 영상과 그래픽으로 실제로 싸우는 듯한 효과를 주는 컴퓨터게임, 화려한 조명과 의상 속에 재미와 즐거움으로 기획되지만 결국 경쟁을 통해 이겨야만 하는 다양한 서바이벌 게임과 프로그램이 있다. 콜린스는 '게임'이라는 이름하에 아이들을 끔찍한 살육의 현장으로 내보내는 멀지 않은 미래 속 미국 어딘가에서 벌어지는 이 헝거게임의 모습에서 잔인했던 로마의 게임이 아니라 현재 우리 사회에서 벌어지는 수많은 문제의식들을 비판하고 있다.

지금도 세계 곳곳에서는 힘의 우위를 갖기 위한 폭력과 전쟁, 권력과 민중들의 대립, 극한의 굶주림과 빈곤, 통제와 감시, 폭력과 죽음 등이 벌어지고 있다. 콜린스는 『헝거게임』 속 디스토피아 세계를 통하여 현실 사회가 더 이상 진실과 거짓을 구별할 수 없는 시뮬라크르 시대임을 반영하며 불안과 공포가 난무하는 현대 사회에 대한 비판적 성찰을 요구한다. 또한 희망과 절망이 공존하는 모순된 현실 속에서 더 이상 길들여지지 않고 깨어있으려는 캣니스의 모습에서 많은 청소년들이 억지로 끌려나온 헝거게임의 경기장이 마음껏 자신의 가능성을 발휘할 수 있는 광장이 되기를 희망한다.

3. 세상의 끝과 초공감 공동체

옥타비아 버틀러의 『씨앗을 뿌리는 사람의 우화Parable of the Sower』 (1993)는 지구온난화와 경제 위기, 신자유주의로 인한 인간의 묵시록적 상황을 매우 정확하게 예측한다. 소설은 아프리카계 소녀 로런 오야

올라미나Lauren Oya Olamina가 2024년에서 2027년까지 폭력과 공포, 죽음과 맞서 싸우며 포스트아포칼립스 세계를 경험하고 살아낸 일기 형식의 이야기이다. 버틀러는 미국 사회의 계급 불평등과 빈곤, 범죄, 자연재해, 다국적 기업의 노동 현실 등의 신자유주의적 위기를 직설적으로 재현했다. 많은 비평가들은 버틀러의 이러한 사회정치적 통찰력에 대해 찬사를 보내면서 『씨앗을 뿌리는 사람의 우화』를 "미국 사회와 국가, 세계적 문제를 이해하고 그에 대한 해결책을 생각하는 데 유용하다"는 평가와 더불어 "가부장적 신화뿐만 아니라 자본주의 신화, 인종주의 신화, 페미니스트 유토피아 신화에 도전한다"고 분석한다.

소설의 전반부는 로런의 가족과 고향 로블리도Robledo를 중심으로 펼쳐지며 후반부는 집과 마을이 불타고 파괴되면서 혼자 살아남은 로런이 절망적인 조건에서도 희망의 가능성을 찾아 떠나는 이야기이다. 소설의 배경은 갑작스러운 토네이도와 눈 폭풍, 가뭄 등의 기후변화로 자연환경은 파괴되고 오염된 물과 전염병으로 사람들은 병들고 죽어가는 종말의 세계이다. 또한 급격한 자본주의로 인한 경제 불평등으로 부자와 가난한 자는 장벽을 세워 서로를 경계하고, 도시에 남은 것은 거리에 나뒹구는 방치된 시신들과 그 시신을 노리는 들개들, 그리고 언제나 강도나 침입자로 변할 수 있는 노숙자들과 가난한 사람들, 그들에 맞서 무장하고 경계하는 사람들뿐이다.

로블리도는 로스앤젤레스에서 30㎞ 남짓 떨어진 작은 도시로 예전에는 초록이 우거진 아름다운 곳이었지만 지금은 "마치 상어 떼한테 둘러싸인 섬처럼"(p.50) 고립되었다. 로런의 아버지를 비롯한 어른들은 풍요로웠던 과거 기억에 매달려 "좋았던 옛 시절이 돌아오길"(p.57) 기다리지만, 로런은 "현실을 부정하거나 마법처럼 사라질 것이라는 기대"(p.58)를 더 이상 하지 않은 채 스스로를 구원하기로 한다.

소설은 기후위기와 자본주의로 인한 포스트아포칼립스를 재현한다. 또한 마약, 범죄, 빈곤, 인종차별 등 세상의 결함에 대한 작가의 알레고리적 통찰을 그대로 보여주고 있다. 버틀러는 배경과 역사적 사건의 유사성을 통해 이 소설이 미국의 정치와 경제, 사회 전반에 도사리고 있는 문제에 대한 비판임을 숨기지 않는데, 마실 물조차 없는 열악한 상황에서 우주탐사를 지원하는 정부 비판이 그 예이다.

버틀러는 질서를 유지하고 인권을 보호해야 하는 정부 대신 기업이 국가를 운영하며 경찰력은 민영화된 "최소한의 질서 유지 능력조차 상실한 현재의 미국을 지도화"한다. 그는 한 인터뷰에서 이 소설에 관하여 "실제로 일어날 수 있거나 일어나고 있는 일에 관해 이야기하기 위해 노력했다"고 말한다. 마두 듀비Madhu Dubey 역시 현실 세계와 로런의 세계가 매우 유사하다고 말하면서 현대 독자들에게 "충격적으로 친숙하다"고 분석한다. 이 세계는 문명세계가 아닌 인간의 욕망과 본능이 앞서는 원시적이고 야만적인 세계이다. 인간의 결함과 사회구조적 문제, 계속되는 기후위기와 환경오염은 인류의 문명을 파괴시킨다.

소설의 배경인 로스앤젤레스는 "수많은 구더기로 뒤덮인 시체"(p.9)와 "진물이 나는 상처"(p.109)로 비유되며 마약과 범죄, 폭력이 일상화된 도시이다. 로런의 고향 마을인 로블리도 역시 거리의 위험한 사람들과 폭력적인 갱단으로 인해 거대한 장벽으로 둘러싸인 이웃과 빈민가로 나누어져 있다. 자포자기한 사람들은 "부자를 불태우기burn-the-rich movement"(p.163)에 혈안이 되어 있으며 부자들은 "큰 총과 개인 군대와 같은 경비대, 최신식의 보안시설"(p.117)로 그들만의 낙원을 보호하며 살아간다.

로런의 세계는 신자유주의 정책으로 부의 불평등과 빈곤은 심화되고 혐오와 차별은 더욱 가속화되고 있는 죽음의 디스토피아이다. 빈부의 차이와 인종적 차이는 지역과 사람들을 분리하며 사회적 계층화를 더욱 확고히 굳혀간다. 로런 역시 거대한 장벽이 둘러치고 있는 폐쇄된 주택 단지에서 살고 있다. 로런을 비롯한 마을 사람들은 총으로 무장하거나 무리 지어 나가지 않는 한 외부 세계로 외출할 수 없다. 거리는 폭력과 살상, 범죄가 항상 벌어지기 때문이다. 장벽 안 마을 역시 그저 "안전하다는 환상"(p.133)을 줄 뿐 죽음의 공포는 사람들 주위를 맴돈다. 로런의 아버지는 마을의 모든 집에 총기를 보유해야 한다고 주장하며 스스로 마을 순찰대를 만들어 외부의 습격을 대비한다. 그러나 여전히 살인과 방화는 일어나고 출근길에 죽임을 당하는 악순환은 발생한다.

　21세기 캘리포니아에 대한 버틀러의 묘사는 실제로 일어나고 있는 사실, 그리고 일어날 가능성이 있는 사건들이다. 사회학자 마이크 데이비스Mike Davis는 그의 책 『수성의 도시City of Quartz』(1990)에서 실제로 1990년대의 로스앤젤레스가 두려움과 감시의 분위기에 종속된 '요새 도시'가 되었다고 언급하면서 당시 도시에서 '민간 보안군의 증가'와 '높은 보안 벽'이 감시를 강화했다고 주장한다. 또한 그는 로블리도와 같은 '게이트 커뮤니티'의 등장과 확대가 서로 다른 계층의 사람들을 분리하고 거부하려는 움직임이며 이것이 정치와 사회 질서에서 권력을 독점하는 일부 엘리트 부자들에 의한 권력 욕구임을 주장한다. 사실상 이것은 1980년대 이후 미국 사회의 신자유주의적 자본주의 정책의 변화로 인한 사회 전반의 움직임과 이로 인한 경제위기와 정치적 불안정, 인종주의로 인한 문제점이다.

　미국에서 자유 시장 형태의 신자유주의적 자본주의는 "시장에서의 개인 선택을 경제 행동의 중심적 위상으로 승격"시켜 "자유 시장만이 효율성, 소득 분배, 경제 성장, 기술 진보, 그리고 개인의 자유 수호 등 모든 측면에서 최적의 결과를 보증하는 체제"로 작동한다. 그러나 신자유주의 이론은 자본과 노동의 관계에 있어 부와 소득을 일부 지배계급에 한정시키고, 공공서비스와 복지수혜 등 사회적 임금을 삭감시켜 경찰력과 같은 정부의 역할은 축소한다. 버틀러는 자본주의가 사회, 정치적 제도 변화는 물론이고 인류의 생활방식과 인간의 본성까지 바꿔 놓는 '좀비'같은 공포와 절망의 체제임을 폭로하는 것이다.

자유 시장 경제 원리는 '노동시장 유연화'와 같은 정책으로 노동자들이 불합리한 고용조건을 수락할 수밖에 없도록 강제하며, 결국 노동자들을 "21세기 노예"(p.170)로 만든다. 약탈적 자본주의는 사회안전망을 파괴하고 가난한 사람들을 더 가난하게 만들면서 부채 경제를 탄생시킨다. 따라서 자신의 능력으로 삶을 개선하는 미국의 전통적인 개인주의와 교회와 이웃을 기반으로 하는 공동체주의는 더 이상 작동되지 않는다.

로런의 동생 키스Keith 역시 포스트아포칼립스 시대에 자기비하로부터 탈피하기 위하여 아버지와 마을을 떠나 장벽 밖으로 나가지만 결국 범죄조직에 연루되어 살해된다. 일자리 부족과 인종차별로 인해 키스 같은 아프리카계 청년들이 할 수 있는 것은 범죄단체 가입일 뿐 결국은 죽을 수밖에 없는 절망적인 삶을 살아간다. 신자유주의 경제체제에서 자본의 불평등은 사람들을 분리하고 계층화한다. 로런의 아버지가 말한 것처럼 다국적 기업은 "흑인이나 중남미계 가정을 모집하지 않는다."(p.122)

결국 인종과 계급에 따른 구별 짓기는 혐오와 증오를 양산한다. 혐오와 증오는 "우리 집단을 그들 집단으로부터, 순수를 오염으로부터, 위반 가능한 것을 위반 불가능한 것으로부터 분리하는 경계를 정의하고 위치 짓는 것"으로 "도덕적인 방식으로 그 대상들을 비하한다." 소설에서 약에 취해 불을 지르는 파이로 중독자의 방화는 'LA 폭동'으로 비유된다. 버틀러는 현실에서 존재하는 이러한 문제들을 "낯설게 하기를 통해 보여주면서 현실 세계의 실제적인 문제들을 부인하거나 그것들에 무관심한 행태"를 비판하는 것이다.

『씨앗을 뿌리는 사람의 우화』는 디스토피아적 상황의 전반부와 희망을 찾아가는 여정을 그린 후반부의 이야기로 구성된다. 버틀러는 포스트아포칼립스 세계에서 모든 상황을 겪어나가는 주인공 로런의 경험을 통해 디스토피아적 미래의 심연을 응시하면서 더 나은 세상을 향한 공동체를 재창조한다. 로런은 침례교 목사인 아버지와 새엄마, 남동생들과 폭력과 죽음이 일상적인 세계에서 살아가지만, 종말 이후의 희망을 상상한다. 그런데 로런은 다른 주인공들과 달리 특별한 결함을 가지고 있는 인물이다.

로런은 임신 중 어머니의 약물 사용으로 인한 유전적 결함인 "초공감증후군hyperempathy syndrome"(p.11)을 가지고 태어났다. 초공감증후군은 "다른 사람들이 느끼는 감정 또는 그들이 느낀다고 생각하는 감각"(p.12)을 함께 느끼는 것으로, 공감자는 고통과 쾌락은 물론 타인이 상처 입으면 그 역시 피를 흘린다.

소설에서 초공감증후군은 "약점이자 수치스러운 비밀"(p.178)이며 "기질적 망상증후군"(p.12)으로 일컫는 정신적 질병으로 여겨진다. 따라서 로런은 가족 외에는 누구에게도 이 사실을 발설하지 않는다. 하지만 로런이 "어쩌면 정상인지도 몰라"(p.194)라고 한 해리Harry의 말처럼 로런의 초공감 능력은 타인에 대한 무관심과 멸시의 비정상 사회를 정상 사회로 되돌리는 힘을 상징한다. 로런의 과도한 공감은 타인의 고통에 따라 그녀 역시 고통을 경험하게 하고 기절하게 만듦으로써 그녀를 취약한 존재로 만든다. 로런은 이러한 고통을 해결하기 위해 사람을 해치고 총을 쏘기도 하지만 결정적인 순간에는 초공감이 타인과의 교류와 공생의 과정으로 작동한다. 패트리샤 멜저는 로런의 초공감을 "타인과의 단절과 소외를 금지하는 물리적 메커니즘"이라고 설명하며 "타인의 세계를 단순히 이해하려는 의지를 넘어 실제로 경험하고 차이점을 건너는 고통스럽고 즐거운 과정을 나타내는 것"이라고 추론한다.

　로런의 공감 능력은 북쪽으로 여행하면서 다른 사람들과의 관계를 통해 발전해나간다. 여행 초기에 로런은 위험하고 폭력적인 상황을 접하면서 잔인한 면모를 보여주지만, 점차 타인을 이해하고 신뢰를 쌓아간다. 결정적으로 로런과 친구들은 지진으로 무너진 집 더미에서 앨리Allie와 질Jill을 구조하면서 서로의 경험과 지식을 공유하고 우정과 협력을 발전시킨다. 또한, 로런은 배고픈 에머리Emery와 그녀의 딸 토리Tori에게 자신이 가지고 있던 과일을 주며 그들 역시 공동체의 구성원이 될 수 있도록 돕는다. 모두를 의심하는 적대적인 상황에서도 이 모습을 본 다른 동료들 역시 "여분의 식량"(p.283)을 나눠주며 돌봄과 나눔의 관계성을 보여준다. 로런과 동료들은 새로운 공동체를 위해 "적응하고 변화하고 다양성을 포용"해가는 것이다.

　버틀러는 기존 사회의 인간에 대한 냉담함과 무관심을 잔혹하게 그리면서 타인의 고통과 주인공의 극도의 민감성을 대비시킨다. 그럼에도 불구하고 포스트아포칼립스 희망은 타인에 대한 공감과 교류에 있음을 강조하는 것이다. 로런의 초공감은 더 이상 장애나 질병이 아니라 유토피아적 가치로 환원된다. 로런은 "모든 사람이 다른 사람의 고통을 느낄 수 있다면 누기 고문할 수 있을까?"(p.115)라고 질문하며 초공감이 흔한 질병이라면 사람들은 서로 고통을 주지 않을 것이라고 한다. 누구나 감기처럼 초공감증후군에 걸린다면 사람들은 더 이상 서로를 때리고 착취하고 억압하는 비극을 만들지 않을 것이기 때문이다.

공감 능력은 포스트아포칼립스 세계에서 가장 중요한 덕목이다. 종말의 세계에서 인간은 자신을 사회적 존재로 받아들이고 공생적 얽힘을 통해 살아가야 하기 때문이다. 인간 타자뿐만 아니라 비인간 타자 관계에도 주목한 도나 해러웨이에 의하면 서로 다른 존재들이 만나 서로를 소중한 타자로 받아들이는 일은 "서로 다르게 물려받은 역사, 그리고 불가능에 가깝지만, 절대적으로 필요한 공동의 미래, 모두를 책임질 수 있는 부조화스러운 행위 주체들과 삶의 방식을 적당히 꿰맞추는 작업, 취약하지만 기초적인 작업"을 필요로 한다.

로런이 여행에서 만나는 사람들은 인종과 성별은 물론 처한 상황도 모두 다르다. 인신매매와 매춘, 부채 노동, 노예와 같은 끔찍한 상황을 겪은 그들이지만 결코 서로의 손을 잡는 것을 포기하지 않는다. 로런의 공감은 서로의 말, 몸짓, 표정을 함께 느끼면서 보이지 않는 생각과 감정, 앞으로의 소망과 미래의 행동을 공유한다.

로런은 공동체를 위한 자신만의 신념과 대안적 비전을 제시한다. 로런은 로블리도에서 암울하고 절망적인 환경을 벗어날 수 있다는 희망으로 "우리가 할 수 있는 일이 더 많아야 하고, 우리가 만들 수 있는 더 나은 운명이 있어야 해. 다른 장소에서, 다른 방법으로, 무언가를!"(p.76) 꿈꾼다. 그것은 바로 "지구종Earthseed"이다. 지구종은 종교나 사상이 아니다. 로런은 지구종이 "나 자신과 타인을 돌보는 것"(p.221)이라고 말하며 보살핌과 책임의 윤리임을 강조한다. 지구종은 암울한 절망의 과거에 의해 거의 결정된 것처럼 보이는 현재의 순간에 변화를 통해 의미 있는 미래를 건설할 수 있는 사유이다. 인간은 모든 변화를 창조할 수 있는 능력이 있으며 세계를 만들 수 있는 능력을 갖추고 있다.

작품의 후반부에 로런은 연인 반콜레Bankole의 땅인 험볼트 카운티 Humboldt County의 해안가 산기슭에 도착한다. 마른 덤불과 수풀로 뒤덮인 야생이자 뼈와 재가 널린 죽음의 공간에서 그녀는 자신이 가져온 씨앗을 심어 지구종 공동체를 만들기로 결심한다. 로런은 해리와 자라 Zahra 그리고 여행 중에 만난 사람들과 함께하는 마을을 만든다. 이 공동체는 아프리카계와 백인, 아시아계, 라틴계, 여성과 남성, 노인과 어린이, 이성애자와 퀴어인 사람들이 모인 다원적 공동체이다. 지구종 공동체는 개인주의, 사유재산, 인종, 성별, 계급 또는 섹슈얼리티에 기반을 둔 차별을 거부하며 인간 및 비인간 세계와의 다양성, 상호연결성 및 상호의존성을 포용함을 보여준다. 결국 버틀러는 포스트아포칼립스를 배경으로 하지만 결국은 우리 사회의 지속가능성을 위해 '함께 사는 능력'이 가장 중요함을 이야기한다.

그녀가 가져온 작은 씨앗 도토리는 떡갈나무가 될 것이고, 떡갈나무는 숲을 이뤄 공동체가 될 것이다. 로런은 공동체의 이름을 '도토리'라는 뜻의 "에이콘Acorn"(p.328)으로 정한다. 로런은 우리가 서로의 경험을 공유하고 기쁨과 때로는 고통을 함께 나누기 시작하면서 마법의 치유력을 느낄 수 있다고 설명한다. "어쩌면 다른 사람을 돌보는 일이 악몽에서 벗어나는 치료제"(p.257)일지 모른다는 말처럼 서로에 관한 관대함과 친밀감으로 서로를 돌볼 때 디스토피아적 현실을 빠져나올 수 있을 것이다.

로런의 세계에서 공감과 연대는 더 이상 헛된 망상이나 이데올로기가 아니며 단순한 이상이나 신비의 가치가 아니다. 그것은 실용적 가치로 "아무도 변화를 멈출 수 없으며, 우리 모두는 의도하든 그렇지 않든 변화를 형성한다"(p.262)는 로런의 말처럼 적극적인 관계를 통해 실행해 가야 한다. 코로나바이러스라는 팬데믹을 겪으며 인류는 이전에 겪어보지 못한 아포칼립스적 공포를 경험했다. 삶과 죽음의 불완전한 경계 속에서 인간 존재의 취약성은 타인에 대한 거부와 혐오로 표면화되었다. 그럼에도 경계와 구분, 다름의 차이를 벗어나는 삶의 방식과 상호의존의 공동체적 관계의 변화는 계속 진행되어야만 하는 것이다.

7장

SF, 기후위기로 읽기

1. 생태학적 위기와 기후 SF 등장

2034년 기상이변으로 모든 것이 얼어붙은 지구, 새로운 빙하기에 살아남은 소수의 사람들은 자급자족 시스템을 가진 마지막 기차를 타고 끊임없이 이어진 궤도를 달리고 있다. 기차 안은 종말 이전의 계급사회처럼 여전히 빈부의 격차가 나뉘어져 갈등이 고조되며 인간의 욕망과 탐욕만이 존재한다. 영화 〈설국열차〉(2013)의 내용이다. 〈설국열차〉에서 묘사된 것처럼 기후 재난은 더 이상 피할 수 없는 전 지구적 재앙이다. 인류는 절체절명의 순간에 처해져있는 것이다.

작가와 예술가들은 오래전부터 기후변화의 결과와 그것이 우리 미래에 미치는 영향을 상상해 왔다. 그러한 결과는 어슐러 K. 르 귄, 옥타비아 버틀러, 레슬리 마몬 실코Leslie Marmon Silko, 마거릿 애트우드와 같은 작가들의 소설과 〈설국열차〉, 〈비포 더 플러드Before the Flood〉(2016)[*14], 〈지오스톰Geostorm〉(2017) 등의 영화에서 재구성되고 재현되었다.

기후변화와 환경위기는 더 이상 특별한 문제가 아니다. 폭염과 홍

수, 지진, 해일, 갑작스러운 폭풍우 등으로 인해 주택과 건물이 붕괴되고 수십 명의 사람들이 사망하는 뉴스는 우리의 일상을 지배하고 있다. 자연재해로 인한 생물종의 멸종, 공기와 물, 토양의 오염, 식량위기로 인해 사람들은 당황하고 있지만 어디서부터 손을 써야 할지 해결책을 찾기는 쉽지 않다. 문제는 석탄과 석유와 같은 화석연료에 기반한 현재의 자본주의 사회가 이러한 위기의식을 깨닫지 못한다는 점이다. 이윤의 무한축적이 그들의 목적인 이상 변화는 요원하다. 인류는 지구온난화 문제를 해결해야 한다는 점에는 모두가 공감하지만, 누가, 어떻게, 어떤 방법으로 이 문제를 해결할 것인가에 대해서는 지금까지도 답을 찾지 못하고 있다. 각국의 정부와 기업, 단체들의 이해관계가 첨예하게 얽혀있기 때문이다.

기후 SF를 이야기하기 전에 먼저 기후위기의 개념부터 살펴보자. 기후위기는 자연적인 기후 변동이 아니라 인간 활동으로 물부족, 식량부족, 해양산성화, 해수면 상승, 생태계 붕괴 등 인류 문명에 위협을 가하는 상태를 말한다. 기후위기는 인류가 자본과 개발의 논리에 포획되어 자연을 남용하고 파괴함으로써 발생한 것이다. 인류는 산업혁명 이후 석탄과 석유와 같은 화석연료를 에너지로 사용하기 시작하였고 산업화로 인한 화석연료 배출의 급격한 증가로 인해 20세기 초부터 뚜렷한 기온 상승이 일어나는 현상 즉 지구온난화를 겪었다. 온실가스가 증가하면 지구온난화로 말미암아 해양에서 증발량이 많아져 대기의 수증기량을 증가시킨다.

결과적으로 지구 평균기온이 1도 상승하면 수증기가 7퍼센트 증가한다. 지구온난화로 지구 조절 시스템이 불안정해지면서 기후가 변덕스럽고 불확실한 상태가 될 뿐 아니라 해수면 상승, 해양 산성화, 식량

생산 감소, 생물 다양성 파괴 등이 급격하게 일어난다.

인간 활동이 지구의 자연 과정에 개입함으로써 지구가 작동하는 온전한 방식은 왜곡된다. 문제는 기후변화는 점점 더 재앙으로 다가온다는 것이며 이러한 재난이 우리 모두에게 평등하게 오지 않는다는 것이다. 인류 역사상 유례없는 환경파괴와 기후변화 시대에 문학이 어떤 역할을 할 수 있을지 생각해 보는 것은 흥미로운 일이면서 창조적 대안을 찾는다는 점에서 중요하다. 아담 트렉슬러Adam Trexler에 의하면 기후의 변화가 삶의 다른 면모를 전부 집어삼켜 버리는 이 새로운 시대에 삶의 의미를 찾아내는 최고의 방법 가운데 한 가지가 다름아닌 소설이라고 한다. 기후의 변화가 일상의 경험에 드리우는 의미가 더욱더 중차대해져 가는 시대이기에 현재 어떤 변화가 일어나고 있는지, 그것이 인간 실존에 무엇을 의미하는지 파악하도록 소설이 도움을 준다는 것이다.

특히 SF는 환경문제가 가져오는 막다른 절망에 대응하는 새로운 상상력으로 대안 세계를 구성하는 필수적인 도구로 작용한다. 사실 자연과 생태, 지구 환경 등은 항상 SF의 중심 주제였다. 왜냐하면 SF의 본성이 새로운 땅을 탐험하고 정착하는 감각과 관련이 있기 때문이다. 온실효과에 대한 과학적 관심 이전에 이미 SF 작가들에게 지구와 기후 문제는 중요한 관심사였다. 기후소설은 과학과 기후의 양쪽 영역에서 교차적으로 인류의 문제를 그려냄으로써 독자에게 더 설득력을 얻을 수 있다. 1951년 아서 클라크의 SF『화성의 모래The Sands of Mars』에는 이미 테라포밍Terraforming[*15]의 개념이 등장했고 프랭크 허버트Frank Herbert의 『듄Dune』(1965) 역시 테라포밍을 광범위하게 독자들에게 소개했다. 브라이언 올디스는 『온실Hothouse』(1962)에서 지구 기후의 지속적인 변화가 인간 생태계와 진화에 어떤 영향을 미칠지를 탐구한다.

기후 SF는 미국의 프리랜서 기자이자 환경운동가인 댄 블룸Dan Bloom이 2007년에 기후와 소설을 결합해서 기후소설Climate Fiction, Cli-Fi이라는 개념을 처음 만들면서 사용되었다. 기후소설과 기후 SF의 차이와 정의에 대해서는 작가와 비평가들에 따라 논의의 여지가 있지만 일반적으로 기후소설은 변화하는 기후를 주요 줄거리 장치로 다루는 SF의 한 형태로 인정된다. 기후 SF는 기후변화의 미래를 상상하면서 재해 후 일어나고 있는 정치, 경제의 변화와 그로 인한 세계를 창조하는 기술을 탐구한다. 기후 SF는 〈NPR〉, 〈크리스천 사이언스 모니터Christian Science Monitor〉, 〈가디언Guardian〉, 〈파이낸셜 타임스Financial Times〉, 〈뉴요커New Yorker〉 등의 언론 매체가 지구온난화가 완전히 새로운 장르의 소설을 창조하는 데 박차를 가했다고 보도할 정도로 특별한 의미를 가진다.

초기 기후소설의 소재는 테라포밍과 핵겨울Nuclear Winter[*16], 또는 지질학적 과정의 관점에서 지구 기후의 이론적 가변성에 초점을 맞추는 경향이 있었다. 1970년대와 80년대를 거치면서 인위적인 지구온난화와 더불어 소설에서는 삼림 벌채, 도시 개발, 독성 폐기물, 오존층 파괴 등의 환경문제를 다루었다. 기후변화에 관한 정부 간 협의체(1988)와 리우 지구정상회의(1992)가 결성될 무렵에는 기후위기에 대한 지속적이고 사변적인 탐구의 등장을 필요로 했다. 사람들은 '기후변화의 이야기는 어디 있지?'라고 외치면서 이것이 정말 필요한 것임을 강조했다. 소설가 다니엘 크램Daniel Kramb은 소설가들이 이 문제를 다루는 것을 꺼려하는 것처럼 보인다고 주장하기도 했다. 몇 년 후 그는 기후소설과 로맨스 장르를 엮어 『여기에서From Here』(2012)를 출간했다.

최근에는 킴 스탠리 로빈슨Kim Stanley Robinson, 리처드 파워스Richard Powers, 파올로 바치갈루피, 옥타비아 버틀러 및 바바라 킹솔버Barbara

Kingsolver 등의 작가들의 작품이 기후소설로 인정받고 있다. 특히 로빈슨은 22권의 소설과 수많은 단편소설을 발표한 SF 작가로, 초기 소설인 『화성 3부작Mars Trilogy』을 비롯해 환경과 생태학적인 주제의 소설을 쓴 것으로 잘 알려져 있다. 그는 캘리포니아 대학교 샌디에이고에서 영문학을 전공했으며 필립 K. 딕의 소설로 박사논문을 썼다. 그의 논문은 1984년에 『필립 K. 딕의 소설The Novels Of Philip K. Dick』로 출간되면서 유명세를 탔다.

로빈슨의 소설은 많은 SF상을 받았는데, 네뷸러상 수상작인 『2312』(2012)는 생명공학, 의학, 행성탐사, 테라포밍 분야에서 3세기 동안 발전한 인류를 묘사한다. 인류의 삶의 방식은 급격히 확장되었지만 지구의 빈곤과 기후와의 상호연관된 문제들은 여전히 남아있음을 탐구했다. 2017년에 발표한 『뉴욕 2140 New York 2140』(2017)은 지구온난화로 인한 해수면 상승으로 물에 잠긴 미래의 뉴욕시를 배경으로 한다. 대부분의 건물이 물에 잠겨 있지만 문화와 생태적 측면에서 기후변화에 성공적으로 적응한 것처럼 보인다. 그러나 부자들은 고층빌딩에 살고 대부분의 사람들은 물에 잠긴 건물에 살고 있다. 자본과 글로벌 경제에 대한 작가의 통찰력이 돋보인다.

빌 게이츠Bill Gates가 추천하기도 한 『미래부The Ministry of the Future』(2020) 역시 대표적인 기후소설이다. 이 소설은 새로운 국제기후위기 기구인 미래부가 현재와 미래의 생명체를 보호하는 임무를 맡고 있다는 내용이다. 이 기구는 전 세계 국가들이 탄소 배출량을 줄이고 재생 가능 에너지원을 사용하도록 하기 위해 금융 개혁 및 정치적 압력을 포함한 다양한 전략을 사용한다. 등장인물들은 탄소 배출을 막기 위해 여객기와 컨테이너 선박을 추락시키고 만년설의 해빙으로 인한 침수를 막기 위해 갖가지 수단을 동원한다. 『미래부』의 이야기는 현실 세계와 마찬가지로 기후변화에 대한 단일 해결책이 없다. 그럼에도 미래부의 등장인물들은 새로운 정책과 혁신적인 행동으로 위기를 돌파하고자 한다. 로빈슨은 전통적인 스토리텔링, 뉴스 기사, 인터뷰, 실제 사건에 대한 허구의 설명 등 다양한 서사 기법을 사용하여 기후위기에 대한 다각적인 관점을 제공한다. 『미래부』는 인류가 직면한 생태계의 위기에 대한 포괄적인 이해를 위해 다양한 목소리와 경험을 하나로 엮었다는 점에서 의미가 있다.

앞 장에서 이야기한 버틀러의 『씨앗을 뿌리는 사람의 우화』의 종말 원인 역시 기후위기이다. 소설은 2024년 7월 캘리포니아 남부 로블리도를 배경으로 시작된다. 캘리포니아는 지난 30년 동안 크게 변했다. 기후변화로 인해 엄청난 비와 수년간의 가뭄이 이어지면서 사회 및 정부 시스템은 붕괴되고 공동체가 파괴되고 사람들은 더 이상 깨끗한 공기와 맑은 물을 마실 수 없으며 안전한 공간에서 살아갈 수 없다. 주민들의 대다수는 "너무 덥고 너무 가난"(p.5)하여 생존 외에는 아무것도 신경 쓸 수 없다. 물질적 빈곤은 정서적 빈곤으로 가중되며 혐오와 차별은 끊임없이 재생산된다. 사람들은 서로를 믿지 못하고 감시하고 폭력과 살해를 일삼는다.

소설 속 도시인 올리버Olivar의 퇴락의 과정은 환경변화가 인류에게 어떤 영향을 끼치는지 명확히 보여준다. 올리버는 로스앤젤레스 교외의 평범한 해안가의 작은 도시로 시민들은 풍족하고 편안한 삶을 보장받았다. 그러나 기후변화로 인해 "도시의 일부는 바닷물에 침식되거나 깊이 침수되어"(p.118) 허물어지고 그로 인해 경제는 무너지면서 더 이상 예전의 모습을 찾아볼 수 없게 된다.

생태계의 파괴로 올리버의 제반 시설은 지속 불가능하게 되고 정치적 무관심은 일반 시민은 물론 "선출된 정치인조차 올리버를 지키려 하지 않으며"(p.118) 정부 차원의 제방, 방파제와 같은 지원도 이루어지지 않으면서 올리버는 점차 붕괴되어 간다. 결국 올리버의 시민들과 정치인들은 도시를 매각하여 사유화하는 일에 적극적으로 동의하였다. 결국 올리버는 다국적 회사 KSF에 인수되면서 경제식민지가 되고 시민들은 기업의 노예로 착취당하게 된다.

기후변화의 가속화는 단순히 인간의 안전을 위협하는 데서 끝나는 게 아니라 인간 문명의 한계점에 도달하게 한다. 올리버에 대한 묘사는 다국적 자본으로 권력의 이동을 묘사함으로써 기후위기로 인한 신자유주의 경제체제가 국경의 여부와 관계없이 일반 시민들의 개별적인 삶에 어떻게 영향을 미치는지를 보여준다.

과학자들과 환경론자들은 지금의 시기를 '인류세'라고 지칭한다. 인류세는 노벨상 수상자 파울 크뤼천Paul Crutzen이 지구의 역사를 나누는 공식 지질 연대표에 현시대를 새로운 지질시대로 추가해야 한다며 제안한 새로운 용어이다. 대기화학자였던 크뤼천이 인류세를 제안했던 배경에는 인간이 대기에 초래한 변화로 인해 발생한 지구적 결과를 조사했던 경험, 즉 지구를 보호하는 오존층에 구멍이 난 현상과 세계적인 기후변화를 조사한 것이 자리 잡고 있었다. 상대적으로 안정적이었던 홀로세 상황이 이제는 끝났음을 받아들여 할 시점이 온 것이다. 인류세 시대엔 인간과 자연, 식물과 동물, 지구 환경의 많은 것들이 위태롭기 그지없다. 그렇다면 인류세 시대의 서사는 어떤 것을 담아내야만 할까?

기후 SF는 절체절명의 순간에 문학이 어떻게 대응해야 하는지를 탐색하고 있다. 애트우드는 환경보존은 문학 존속의 전제 조건이라고 말한다. 환경을 보존하지 못하면 작가와 독자의 글쓰기, 모두의 글쓰기는 무의하다고 말한다. 그것은 책을 읽을 사람이 남아 있지 않기 때문이다. SF 작가들은 서구의 인간중심주의와 이원론적 경계를 비판하고, 인간과 자연의 관계에 관심을 가짐으로써 새로운 문학적 형상화를 시도한다. 그들은 개인과 사회, 국가 간의 체계적 변화의 필요성을 강조하며 기술 혁신이 지속 가능한 미래로의 전환에 어떻게 중요한 역할을 할 수 있는지 설명한다. 기후 SF는 인류가 자기 행동에 책임을 지며 지속 가능한 세상을 만들기 위해 무엇을 시도해야만 하는지를 보여준다.

2. 인류세 시대의 위기와 재생

대표적인 캐나다 작가인 마거릿 애트우드의『오릭스와 크레이크Oryx and Crake』(2003)는 기후변화와 자연재해, 환경오염 등 인류세 문제에 대한 인간의 위기를 드러낸 작품이다. 『오릭스와 크레이크』는『홍수의 해The Year of the Flood』(2009), 『미친 아담』과 함께『미친 아담 3부작 MaddAddam Trilogy』으로 일컬어진다. 애트우드는 이 3부작을 통해 인류가 초래한 기후변화와 과학기술에 대한 맹신, 자본주의와 유전공학에 대한 그녀의 오랜 관심과 인식을 구체적으로 구현하고 있다.

애트우드는 1969년 첫 소설『먹을 수 있는 여자The Edible Woman』를 발표하고 『신탁여인Lady Oracle』(1976), 『시녀 이야기Handmaid's Tale』(1985), 『고양이의 눈Cat's Eye』(1988) 등을 발표한 SF 작가이자 캐나다 문학의 대가이다. 특히 길리아드Gilead라는 가상의 국가에서 대리모로 소비되는 여성의 이야기인 『시녀 이야기』는 가부장적 권력과 여성의 문제를 다룬 작품으로 애트우드를 알린 대표적 작품이다. 이후 『시녀 이야기』는 영화와 TV드라마로 만들어졌다.

2003년에 발표한 『오릭스와 크레이크』는 현재 우리 사회에서 더 이상 새로울 것 없는 익숙한 문제들을 다루며, 전 지구적 자본주의로 인한 지구 시스템의 붕괴와 아포칼립스적 현실을 재현한다. 이 작품에서는 무절제한 자본주의, 기술 남용, 과학만능주의, 유전공학의 맹신, 물질주의와 같은 특정한 인간의 관행이 생태계의 균형을 해치며 인간을 멸종하게 하는 것으로 제시된다. 따라서 환경재앙을 막고 인간 사회를 회복하기 위해서는 인간 행동의 변화가 필수적이라는 점을 암시하고 있다.

이 작품의 주요 인물은 화자인 지미(스노우맨)Jimmy·Snowman와 과학자인 크레이크Crake이다. 지미와 스노우맨은 동일인물로 크레이크의 친구이다. 지미는 인류를 전멸하게 하는 끔찍한 바이러스에 대한 면역력을 갖게 되면서 최후의 인간이 된다. 이야기는 인류 종말 이전의 내용과 이후의 디스토피아적 상황이 번갈아 가면서 전달되는데 이전 내용은 지미가, 뒷부분은 스노우맨이 작품 속의 과거와 현재를 불규칙하게 넘나들며 독자에게 이야기를 전달한다.

소설의 세계는 "기후변화로 인해 더 많은 전염병, 더 많은 기근, 더 많은 홍수"(p.201)가 발생한다. "날씨가 너무 이상해져서 더 이상 예측할 수 없게 되었어. 비가 너무 많이 오거나 부족하고, 바람이 너무 많이 불고, 더위가 너무 심하고, 농작물은 해를 입었지"(p.201)라는 스노우맨의 절규는 환경위기로 인한 재난 상황을 묘사한다. 소설은 생태학적 위협과 더불어 산업 폐기물로 오염된 풍경을 스노우맨이 묘사하면서 시작한다.

> 앞바다 건너의 분홍색과 엷은 푸른색이 뒤섞인 초호에 거짓말처럼 솟은
> 탑은 그 빛을 배경으로 검은 윤곽을 드러내며 서 있다. 그곳에 둥지를
> 튼 새들의 날카로운 소리, 그리고 아득히 먼 바닷물이 밀려와 녹슨 차
> 부품과 벽돌 부스러기와 구색을 고루 갖춘 돌무더기로 이루어진 모조 모래
> 톱에 부딪히는 소리는 휴일날 자동차 소음과 흡사하게 들린다. (p.13)

이러한 환경재앙으로 인해 과학자인 크레이크는 인류가 생태계를
파괴하고 있을 뿐만 아니라 스스로 멸망의 길을 향해 가고 있다고 생각
한다. 그는 인간을 연구하는 작업을 하면서 "사람들에게 성적 탐닉 측
면에서 최고의 쾌락을 주는 척하면서 그들이 모르는 사이에 불임으로
만드는"(p.493) 알약을 개발하여 배포한다. 그는 이것을 '세계를 더 나
은 곳으로' 만들기 위한 프로젝트로 설명한다.

결국 인류는 멸종되고 새로운 지구에서 살아갈 최적화된 새로운 인류
가 만들어진다. 그들은 모든 질병에서 자유로운 신인류인 크레이커
Crakers이다. 크레이커는 모두가 동일하게 아름다우며 구인류처럼 지구
를 파괴하지 않도록 설계되었다. 채식주의자인 크레이커들은 동물을
죽이지 않으며, 그들의 몸에는 자외선 차단제와 곤충 퇴치제가 내장되
어 있으며, 아플 때는 스스로 자가치유를 하기도 한다.

소설에는 크레이커 말고도 서로 다른 종들 간의 유전자 교배를 통한
기이한 동물들이 등장한다. 야생 고양이를 대신하는 밥키튼bobkittens이
나 늑대와 개를 합친 늑개들wolvogs, 너구리와 스컹크를 합친 너구컹크
rakunks 등 이름만 들어도 소름끼치는 동물들이다. 밥키튼의 경우 길거리
의 토끼들이 너무나 많아지자 이러한 토끼들의 번식을 막기 위해 토끼의

천적인 야생고양이를 대신하기 위해 만들어졌다. 문제는 처음의 의도와 달리 토끼만 잡아먹는 것이 아니라 인산의 아이늘까지 죽음의 위협을 가한다는 것이다.

애트우드는 이처럼 인간의 자연계 먹이사슬에 대한 인위적인 개입과 오만한 판단이 얼마나 공포스러운지를 냉소적으로 비판한다. 유토피아적 환상에 따라 환경을 재형성하려는 시도가 자연을 더욱 불규칙하고 폭력적으로 만들 수 있다는 것을 깨닫는다. 더욱 심각한 것은 인간의 유전자와 동물을 합친 새로운 변형동물을 만들어내는 것이다. 그것은 "인간과 동일한 조직을 지닌 아주 간단한 여러 가지 장기를 성공적인 유전자 이식용 돼지 숙주 내부에서 배양하는"(p.44) '다중 장기 생산 돼지'이다. 그들은 '돼지구리'라는 별명으로 불린다.

돼지구리의 장기는 "인간 기부자의 개별 세포를 이용해 맞춤 제작"(p.45)되거나 "필요할 때까지 냉동 보관"(p.45)되기도 한다. 돼지구리가 인간의 긴강을 위한 이점으로만 사용뇌는 것은 아니다. 때로는 일반인들이 알지 못한 채 불법적으로 베이컨과 소시지로 만들어지기도 한다. 어느 누구도 인간의 세포를 가진 동물을 먹고 싶지 않지만 때로는 '돼지구리 파이, 돼지구리 팬케이크, 돼지구리 팝콘'으로 변형된 음식을 먹게 된다. 애트우드는 이 모든 일이 환경과 기후위기로 발생한 인간의 책임임을 지적한다.

> 그렇지만 시간의 흐름에 따라 해안 대수층의 염분이 강화되고, 북극의 영구동토가 녹아내리고, 거대한 툰드라가 메탄가스로 끓어 넘치고, 대륙 중부의 평원 지대에서 가뭄이 계속되고, 아시아의 대초원 지대가 모래 언덕으로 변하면서 고기를 구하는 것이 갈수록 어려워지자, 일부 사람들

이 의문을 제기하기에 이르렀다. 장기 주식회사 농장에서는 등심 베이컨과 햄 샌드위치와 돼지고기 파이가 눈에 띌 만큼 자주 직원 카페 메뉴에 등장하고 있었다. (p.46)

지구의 온난화 현상과 환경위기, 식량의 문제, 유전공학의 폐해는 도미노처럼 연이어 일어난다. 지미의 아버지가 말한 것처럼 "지나치게 많은 하드웨어, 지나치게 많은 소프트웨어, 지나치게 많은 해로운 생물체, 지나치게 많은 갖가지 무기, 지나친 질투와 광신과 옳지 못한 신념"(p.53)같은 것들이 더 많은 전염병, 더 많은 기근과 홍수를 야기시킨다. 결국 인간을 파괴시키는 이 모든 상황은 인간이 스스로 만든 결과이다.

크레이크는 생물권 파괴를 초래하는 인간의 행동에 대해 우려하고 있다. 그는 전염병이 발생하기 전 지미와의 대화에서 "지리 정치적으로 주변인 지역에서는 수십 년 동안 자원에 대한 수요가 공급을 초과해왔어. 그렇기 때문에 기아와 가뭄이 일어난 거지. 하지만 곧 모든 사람의 수요가 공급을 초과하게 될 거야"(p.494)라고 설명한다.

『오릭스와 크레이크』는 소설의 양도 상당히 많지만 시간과 공간의 이야기를 짜맞추면서 읽어나가야 하기 때문에 처음에는 이해하기가 쉽지 않다. 하지만 읽어 나갈수록 이야기는 현실의 익숙한 사건을 재현하고 있어서 두려움은 한층 가중된다. 소설의 세계는 현재 지구에서 일어나는 모든 부정적인 현상과 결과들의 총합인 것처럼 느껴진다. 애트우드는 지구온난화와 기후변화, 생명공학과 유전공학의 남용, 후기 자본주의의 횡포 등 인간의 생존을 위협하는 위기를 더 이상 인류가 이것을 모른 척하고 살아가서는 안됨을 강력하게 경고하고 있다.

소설 후반부에 파괴와 멸종으로부터 벗어난 스노우맨은 크레이커들을 "집"(p.589)으로 데려온다. 그 집은 "나무 잎사귀들이 바스락거리고, 물결은 부드럽게 너울거리고, 지는 해는 물결 위에 분홍색과 붉은 색으로 반사되고 있었다. 모래는 흰 빛이었고 앞바다에 서있는 탑에는 새들이 가득 모여 있었다."(p.589) 스노우맨은 이 세상이 정말 아름답다고 생각한다. 그리고 곧 세 명의 인간 낙오자를 발견하고 이들을 믿을 수 있을지 없을지 고민하는 결정의 기로에 서면서 소설은 끝이 난다.

작품의 제목인 '오릭스와 크레이크'는 동물의 이름이면서 사람의 이름이기도 하다. 오릭스Oryx는 아프리카 정글에서 주로 서식하는 멸종위기동물인 영양이며, 주인공인 지미와 글렌Glenn이 사랑한 인물의 이름이기도 하다. 오릭스는 아시아 소녀로 강제로 성매매와 폭력 등에 희생당하는 인물로, 어린 시절부터 성적대상으로 자랐으며 매춘으로 삶을 영위해간다. 오릭스는 글렌 즉 크레이크와 만난 후에도 이런 삶을 벗어나지 못한다. 반디니 시바Vandana Shiva같은 에코페미니스트늘이 말하는 것처럼 환경파괴와 가부장적 자본주의적 위협은 가장 먼저 어린아이들과 여성에게 작용된다. 애트우드는 오릭스를 통해 남성 중심 사회의 단면을 보여줌으로써 여성과 자연이 모두 가부장적 사회에서 타자로 존재함을 조명한다.

크레이크는 뜸부기과의 새의 이름인데 또 한 명의 주인공 글렌이 성인이 돼서는 자신의 이름을 멸종된 호주 새인 크레이크로 바꾼다. 그는 '크레이커'라는 비인간을 만드는 과학자가 된다. 애트우드는 『눈먼 암살자 The Blind Assassin』(2000)를 끝낸 후 호주 여행을 하던 중 이이름을 생각했다고 말한다. 그녀는 조류탐사 중에 희귀한 붉은 머리 크레이크를 보게 되었고, 멸종위기에 처한 크레이크를 보면서 디스토피아와 종의 멸종에 관한 주제의 소설 집필을 시작했다고 한다.

왜 애트우드는 인간의 이름인 동시에 동물의 이름을 제목으로 사용한 것일까? 인간과 자연은 같은 운명 공동체이다. 지구 생태계는 인간뿐만 아니라 모든 동식물과 보이지 않는 미생물들도 함께 살고 있는 '집'이다. 그럼에도 인간은 공동의 집을 마치 자신이 마음대로 처분할 수 있는 것처럼 가볍게 여기며 파괴한다. 이제 그 무분별한 폭력은 멈추어야 한다.

애트우드는 한 연설문에서 "숲은 우리를 태양으로부터 보호하고, 마음을 치유하고, 영혼을 위로하고, 세상을 열어준다"고 말한다. 스노우맨과 크레이커들이 서로 믿고 의지하고 연결되면서 새로운 시작의 가능성을 제시하듯이 우리도 지구와 환경, 인간이외의 모든 것들과 공생하는 방법을 지금이라도 찾아야 할 것이다. 작품의 제목이 의미하는 것처럼 인간중심적 자연관이 아닌 탈인간적 생태학적 관점에서 인간과 비인간의 새로운 관계를 형성해야한다.

3. 인간과 비인간이 함께 만드는 지구

한국 SF가 전례 없는 인기를 끌고 있다. 특히 젊은 독자들에게 열렬한 지지를 받는 김초엽의 『우리가 빛의 속도로 갈 수 없다면』은 2019년에 출간된 이후 25만부 이상이 팔리면서 지금까지도 베스트셀러 목록에서 빠지지 않고 있다. 김초엽은 2017년 「관내분실」과 「우리가 빛의 속도로 갈 수 없다면」으로 제 2회 한국과학문학상 중단편 대상과 가작을 수상하면서 SF 작가로 데뷔하였다. 김초엽은 포스텍에서 화학을 전공했다고 알려졌는데, 그녀의 이러한 과학적 사고와 문학적 상상력이 만나면서 다채로운 SF 작품을 발표하고 있다.

　김초엽의 소설은 기술과 인간, 정상과 비정상, 약자와 소수자, 젠더 불평등과 차별, 자본주의 등 현실 속 문제들을 담고 있는데, 특히 공존과 소통, 관계의 다양성에 관심을 가지고 있다. 2021년에 발표한 『사이보그가 되다』는 이런 그녀의 관심이 잘 드러나고 있다. 변호사 김원영과 함께 쓴 이 글에서 김초엽은 자신의 경험과 장애 담론에 대한 사회의 인식을 연결시키면서 취약한 존재로서 타자화에 대해 이야기한다. 김초엽은 인터뷰에서 "타인의 주관적 세계에 대한 이해, 닿으려는 시도, 그리고 이해의 실패와 그 실패로부터 이어지는 또 다른 가능성"이 주제적 관심사라고 말하면서 타자에 대한 공감과 변화를 시도한다.

　『지구 끝의 온실』은 2021년도에 출간된 김초엽의 첫 장편소설로 포스트아포칼립스 서사와 생태 서사의 특징을 동시에 갖고 있다. 환경과 재난의 문제는 더 이상 몇몇 국가의 문제가 아니다. 우리나라 역시 지진과 홍수와 같은 자연재해와 이상기후 현상으로 일어나는 식량 문제와 물가 상승, 전염병의 확산 등 경제적 피해와 사회적 갈등으로 어려움을 갖고 있다. 따라서 국내 소설에서의 재난 문학 역시 "한국의 문학적 우세종이라고 불러도 손색이 없을 지경에 이르렀을 만큼" 증가하고 있다.

　『지구 끝의 온실』은 '더스트'라는 먼지 폭풍이 지구를 뒤덮어 인류는 물론 모든 동식물이 사라질 위기를 겪은 후 지구를 재건하는 과정을 그린 SF이다. 소설의 시간적 배경은 '더스트 시기와 더스트 종식기, 현재'의 세 시기로 구성되어 있다. 과학자들은 기후위기를 극복하기 위해 유기물을 친환경적 물질로 만드는 새로운 연구를 시작했지만 과학에 대한 맹신과 오류는 인류를 전멸하게 만든다. 더스트는 자가증식하는 나노봇 먼지로 인간의 몸에 치명적인 독으로 작용한다. 더스트는 생태계를 파괴시키며 사람들은 급성중독으로 죽는다. 살아남은 사람들은 피난처를 만들어 그곳에서 거주한다. 다행스럽게도 과학자들이 더스트 분해제인 디스어셈블러를 개발하면서 더스트는 종식되었다.

재건 이후, 더스트생태연구센터 연구원 아영은 어느 날 폐허가 된 강원도 해월에서 이상하게 증식되고 있는 유해 식물인 '모스바나'에 대한 조사를 의뢰받는다. 덩굴식물인 모스바나는 강한 독성을 가진 식물로 더스트 시대 후기, 그리고 재건 직후의 빈곤한 시대에 가장 번성했었던 식물종이었는데 갑자기 해월 도시를 뒤덮기 시작하고 있는 것이다. 원인을 알아내기 위해 아영은 한때 한국 최고의 로봇 생산지였지만 지금은 대표적인 폐허 도시인 해월을 방문한다.

아영은 어린 시절 옆집 할머니의 정원에서 보았던 식물을 떠올리면서 나오미, 지수(이희수), 레이첼이라는 세 명의 주요 인물들과 연결된다. 그녀는 그들로부터 잊혀졌던 더스트 시기와 재건 시대의 이야기를 듣게 된다. 더스트 시기에 "더스트가 휩쓸고 간 숲은 죽음 같은 적막으로 덮여 있었다. 야생동물은 물론이고, 바닥을 기어다니는 벌레 한 마리 보이지 않았다."(p.13) 더스트를 피할 수 없었던 사람들은 자신들 나름대로 공동체를 만들어 그곳으로 피신하였다. 그중 한 곳이 말레이시아의 산림(케퐁 지역)에 위치한 '프림빌리지'이다. 프림빌리지에는 더스트에 면역을 가진 사람과 그렇지 못한 사람들이 거주하는데, 마을의 언덕 위에는 온실이 있다. 그곳에는 더스트에 강한 식물을 키우는 식물학자가 있다. 그 식물학자는 더스트 저항 식물을 사람들에게 나누어주면서 그들만의 공동체를 꾸려갔다. 아영은 모스바나에 대해서 조사를 하던 중 더스트의 종식에 모스바나와 지구의 회복을 위해 전 세계로 모스바나를 퍼뜨린 사람들이 있다는 사실을 알게 된다.

소설은 지구 종말의 날과 그것을 극복할 온실과 식물, 인간과 비인간의 관계를 재현한다. 벼랑 끝 지구를 살린 것이 첨단 과학이나 기술이 아닌 푸른 덩굴식물과 사이보그 과학자라는 점은 인간과 자연의 관계를 단순히 인간중심주의적 관점이나 생물학적 차원이 아닌 다양한 접근법을 통해 해결하려는 작가의 의도가 보인다. 김초엽은 "멸망의 시대, 식물 연구소를 중심으로 한 공동체와 그곳에서 개량된 더스트 저항종 식물들, 그 식물을 심으며 함께 살았고 그것을 전 세계로 퍼뜨린 사람들의 이야기"(p.250)를 통해 도저히 사랑할 수 없는 세계를 마주하면서도 다시 살아야만 하고 새롭게 재건해야 하는 마음을 쓰고자 했음을 밝혔다.

작가의 말에서 김초엽은 "식물은 뭐든 될 수 있고, 멀리 갈 수 없는 식물들이 머나먼 지구 반대편의 풍경을 재현하는 공간"(p.389)이 온실이라고 설명한다. 온실은 과학사에서 중요한 공간이다. 실제로 온실은 단순히 식물을 키우는 곳이 아닌 기초 자연과학이 이루어지는 연구소이다. 호손의 「라파치니의 딸」에서 치료제를 추출하기 위한 실험이 이루어지는 라파치니의 정원은 이탈리아의 파두아Padua를 배경으로 한다. 이 배경은 파도바 식물원Padova Botanical Garden을 연상시킨다. 파도바 식물원은 1545년에 파두아에 세워진 세계 최초의 식물원이자 연구소이다. 파도바 식물원은 전 세계 식물원의 원형으로 식물학, 화학, 생태학, 의학, 약학을 중심으로 한 현대의 많은 과학 이론에 크게 이바지했다.

식물학자인 호프 자런Hope Jahren에 의하면 식물은 지구상의 거의 모든 생물이 음식으로 여기는 아주 작은 물질이다. 너무 작고 연약해서 씨앗이나 묘목일 때는 나무 전체가 먹힐 수도 있다. 식물은 "단 하나의 임무를 완수하도록 만들어진 같은 종류의 단순한 기계를 수없이 많은 경우의 수로 응용한 것"으로 그 임무에 인류의 운명이 달려있다.

> 인류는 그간 얼마나 인간 중심적인 역사만을 써온 것일까요. 식물 인지 편향은 동물로서의 인간이 가진 오래된 습성입니다. 우리는 동물을 과대 평가하고 식물을 과소평가합니다. 동물들의 개별성에 비해 식물들의 집단 적 고유성을 폄하합니다. 식물들의 삶에 가득한 경쟁과 분투를 보지 않습 니다. 문질러 지은 듯 흐릿한 식물 풍경을 바라볼 뿐입니다. …… 인간을 비롯한 동물들은 식물이 없으면 살아갈 수 없지만, 식물들은 동물이 없어 도 얼마든지 종의 번영을 추구할 수 있으니까요. 인간은 언제나 지구라는 생태에 잠시 초대된 손님에 불과했습니다. 그마저도 언제든 쫓겨날 수 있는 위태로운 지위였지요. (pp.364-365)

『지구 끝의 온실』의 식물 역시 연구소의 정원과 프림빌리지의 온실에 서 연구되었다. 모스바나는 겉보기에는 평범한 덩굴식물처럼 보이지만 소설에서 지구를 파국의 위기에서 구해낸다. 모스바나는 야생의 식물들 을 서로 섞어서 만들어진 종으로 기후나 환경에 따라 변한다. 하지만 인체에 독성이 있고 침입성이 매우 강해서 숲 전체를 모스바나 덩굴로 만들기도 한다. 우주에서 "살아있지 않은 무기물에서 당을 만들 수 있는 것은 식물이 유일한 것"처럼 모스바나는 "물을 더 많이 끌어올려서 새로 운 이파리를 키우고, 새 이파리들은 당을 더 많이 만들어 내려보내고" 새로운 세상을 만들었다. 모스바나 개량종은 "필요한 성분을 추출하고 그것을 혼합하고 가열하고 냉각하고 걸러내는 과정"(p.222)을 통해 지구를 덮고 있는 먼지를 제거하고 지구와 사람들을 살려낸다.

　모스바나를 만든 식물학자인 레이첼은 휴머노이드 여성 사이보그이다. 모스바나가 유전적으로 편집을 가해서 만들어진 마치 '키메라'와 같은 존재로 "자연인 동시에 인공적인 것"(p.371)인 것처럼 레이첼 역시 유기체와 기계가 결합된 존재이다. 레이첼은 세상을 구할 의도 따위는 없었다. 그저 식물을 연구하는 미친 과학자일 뿐이었다. 그에게 인간은 유지되어야 할, 가치 있는 종이 아니었다. 하지만 프림빌리지에서 레이첼과 지수는 죽음을 피해 도망 온 도망자들(여성과 아이들)의 생명을 구하면서 이들의 창의적 연대는 기존의 인간 중심의 공동체를 넘어서 타자와 인류의 안녕을 위한 생태적 포용 공동체로 향하고 있다.

　소설 속 인류는 무사히 세계를 재건해 냈다. 과학자들은 더스트를 감소시키는 테크놀로지를 개발하고, 더스트생태학을 연구하며 다양한 시행착오 끝에 지구의 역사를 회복시켰다. 하지만 사람들은 곧 인류 종말의 악몽을 기억에서 지우려고 했다. "더스트 시대의 지하 대피소, 거대한 돔 시티와 소규모의 돔 마을들, 돔에서 밀려난 사람들을 대상으로 가해진 폭력, 더스트에 내성을 갖고 있던 이들이 '내성종'이라고 불리며 착취당했던"(p.251) 그 아픔을 잊어버리려고 했다. 해월에서 갑작스럽게 증식한 모스바나는 역사에서 탈락되었던 수많은 타자들의 기억을 복원한다. 프림빌리지의 사람들은 때로는 마녀로, 사기꾼으로 취급받았지만 온실에서 출발해 세계 곳곳으로 퍼져나갔다. 모스바나는 "공존과 유전적 다양성을 습득하고"(p.366) 단기간에 지구를 뒤덮을 만큼 전 세계에 심어졌다.

　서로 다른 종이 물리적으로 접촉하며 살아가는 방식을 '공생'이라고 한다. 인류는 공생자 행성에 살고 있는 공생자인 동시에 주변의 수많은 공생자와 함께한다. 우리의 소화관과 눈썹에는 세균과 동물 공생자들이 우글거리고 있으며, 눈앞에 보이는 마당이나 공원에도 드러나지는 않지만 공생자들이 널려있다. 『지구 끝의 온실』은 모스바나라는 공생자를 통해 인간과 비인간, 식물과 자연이 서로의 존재를 인정하고 아우르는 공동체의 모습을 보여주고 있다. 모스바나처럼 동물과 식물, 자연과 환경은 우리에게 독이 되기도 하고 약이 되기도 하지만 서로 복잡하게 얽혀있으며 의존하고 있는 돌봄과 책임의 존재들이다.

미주 목록

*1 원문은 1926년 4월호의 「어메이징 스토리스Amazing Stories」의 사설에 실렸다.

*2 '사변 소설'은 1947년 로버트 A. 하인라인Robert A. Heinlein이 인간 행동의 새로운 틀과 상황을 만들기 위해 과학과 기술을 외삽하는 SF의 하위 장르를 설명하면서 이 용어를 제안했다. 그 후 1966년에 주디스 메릴이 이 용어를 사용하여 SF의 과학적 요소를 덜 강조하는 방식인 '사변소설'을 정의했다. 메릴의 사변소설은 과학이나 기술을 크게 강조하지 않고 사회 변화에 집중하는 사회학적 SF에 유용했다. 1960년대와 70년대에 판타지와 SF 사이의 경계가 모호한 소설과 보수적인 스페이스 오페라Space Opera에 속하지 않는 작품을 강조하면서 기존의 규칙에 따르지 않는 뉴웨이브 SF를 분석하기 위해 본격적으로 사용되었다.

*3 미친 과학자의 원형은 『프랑켄슈타인』의 빅터 프랑켄슈타인 박사로부터 시작된다. 프랑켄슈타인 박사는 자연과 생명의 신비를 찾고자 과학실험에 매진한다. 그의 지적 추구와 탐구에 대한 열의는 창조자가 되려는 괴상하고 기이한 욕망으로 발현된다. 소설에서 미친 과학자 캐릭터는 광적이거나 비인간적으로 그려지며 과학자가 지녀야 할 윤리적 책임감을 전혀 갖고 있지 않다. 미친 과학자 캐릭터는 제2차 세계대전 이후 실험과 원자폭탄의 발명으로 과학이 인간의 통제를 넘어선다는 두려움을 상징하며 영화와 애니메이션 등의 대중문화에 자주 등장한다.

*4 전쟁 이후 여성들은 일자리를 잃고 다시 가정으로 돌아가게 되었다. 여성들은 무기력과 공허함, 우울감을 겪게 되는데 이에 대한 전문가 처방은 우울제 치료제와 성생활에 대한 조언, 소비를 통한 여성의 성취였다. 이에 프리단은 여성들의 문제를 '이름 붙일 수 없는 문제'로 명명하면서 자아실현의 위기로 인한 내면적 고통과 좌절의 문제임을 주장하였다. 프리단은 이 위기가 여성들로 인한 것이 아니라 여성을 하나의 역할, 하나의 정체성으로만 주조하기 위해 작동하는 구조적 문제로 분석했다.

*5 로 대 웨이드 대법원판결은 임신중단을 사생활에 관한 기본권에 포함하여 미국 최초로 합법화한 판결이다. 그러나 최근 미 대법원이 이 판결을 50년 만에 번복하면서 여성들의 생명과 건강에 대한 권리는 다시 위협받게 되었다.

*6   2023년에 개봉한 영화 〈바비Barbie〉에서도 패러디되었다. 소꿉놀이를 하던 어린 여자아이들 사이에서 성인 바비가 등장하는 이 장면은 새로운 페미니즘 담론의 시작을 알린다고 할 수 있다.

*7   작품의 제목인 '여성남자'는 상당히 도발적이며 모순적인 용어이다. 인간Man이 여성 Woman을 포함하고 있지만, 가부장적 담론에서 젠더적 용어인 인간Man은 여성을 배제하고 남성을 이야기하고 있기 때문이다. 이러한 러스의 의도를 나타내기 위하여 한국어 제목을 『여성남자』로 번역하였다.

*8   아이러니하게도 버크/델피의 이름은 이와 상반된 의미를 담고 있다. P. 버크의 'P'는 자유의 종Liberty Bell과 미국 개인주의 고향인 필라델피아를 상징하며, 델피Delphi는 미래를 보여주는 그리스 신화 속 아폴론의 신탁을 상징한다.

*9   1880년대 초 발명된 값싼 펄프로 만들어진 대중 잡지 SF. 펄프 SF는 은하제국, 스페이스 오페라, 슈퍼맨, 칼과 마술 등의 소재와 영웅과 악당의 모험 이야기를 다룬다.

*10   제임스 팁트리 주니어 소설집인 『마지막으로 할 만한 멋진 일』에 「돼지 제국」이라는 제목으로 번역되었다.

*11   와일어웨이는 농업사회이다. 여성들은 거친 면바지와 셔츠와 같은 수수한 작업복을 입고 있다. 지구 남성들의 의복에 대한 지적은 옷을 통해 여성성을 강제하고 통제하는 현실 사회를 반영한다. 애트우드는 사회가 항상 여성들의 옷 입히기에 관심을 가지고 있으며 여성들이 지금 입고 있는 것보다 덜 입히려 들거나 아니면 지금 입고 있는 것보다 더 입히려 한다고 말한다. 이런 상황은 여성들을 규정된 신체로 한정시키는 것이다.

*12   '헤인Hein'은 르 귄이 설정한 작품의 배경으로 헤인 행성에서 퍼져나가 아득한 미래에 인류가 이룬 우주연합을 일컫는다. 헤인 시리즈는 『어둠의 왼손The Left Hand of Darkness』과 『빼앗긴 자들The Dispossessed』을 포함하여 『로캐넌의 세계Rocannon's World』, 『유배행성Planet of Exile』, 『환영의 도시City of Illusions』 등이 있다.

*13   카일 비숍Kyle William Bishop은 조지 A. 로메로의 〈살아있는 시체들의 밤〉부터 시작된 좀비 영화가 2002년 새롭게 재부상했다고 주장하면서 이 시기를 '좀비 르네상스'라고 언급한다. 비숍은 좀비 영화가 재등장한 이유를 9·11 테러 공격에서 찾으며 미국 사회의 편집증과 불안이 좀비 영화의 열풍을 가져왔음을 설명한다.

*14   레오나르도 디카프리오Leonardo DiCaprio가 UN 평화대사로 활동하면서 직접 제작하고 출연한 다큐멘터리이다. 이 영화는 세계 여러 지역의 기후변화의 영향과 심각성을 알리는 데 크게 기여했으며 탄소세 문제를 제기했다.

*15   테라포밍은 행성, 달 또는 기타 물체를 인간이 거주할 수 있는 생태계, 대기, 온도로 의도적으로 변화시키는 과정이다. 이 용어는 잭 윌리엄슨의 SF에 처음 사용됐다고 알려졌지만 개념은 그보다 오래되었다. 최근에는 킴 스탠리 로빈스의 『화성 3부작』에서 화성의 가상 테라포밍에 대한 긴 설명이 나온다. 1960년대에 천문학자인 칼 세이건Carl Sagan은 금성의 대기에 해조류를 심어 행성을 테라포밍할 것을 제안했다.

그는 이렇게 하면 이산화탄소가 제거되고 표면 온도가 쾌적한 수준으로 떨어지면서 온실효과를 줄일 수 있다고 주장했다.

*16 핵겨울은 대규모 핵전쟁 이후, 전세계적으로 광범위한 화재가 발생되면서 지구 기후가 심각하게 냉각되는 효과를 뜻한다. 이것은 화재가 성층권에 영향을 주면서 직사광선이 지구 표면에 도달하는 것을 차단한다는 가설에 근거한다.

주요 작품 목록

김초엽, 『지구 끝의 온실』, 자이언트북스, 2021.

너새니얼 호손, 『너새니얼 호손 단편선』, 천승걸 옮김, 민음사, 1998.

리처드 매드슨, 『나는 전설이다』, 조영학 옮김, 황금가지, 2005.

마거릿 애트우드, 『오릭스와 크레이크』, 차은정 옮김, 민음사, 2008.

마거릿 캐번디시, 『불타는 세계』, 권진아 옮김, 아르테, 2020.

마지 피어시, 『시간의 경계에 선 여자』, 변용란 옮김, 민음사, 2010.

에드거 앨런 포, 「붉은 죽음의 가면극」, 『에드거 앨런 포 단편선』, 김석희 옮김, 열린
    책들, 2021.

샬럿 퍼킨스 길먼, 『허랜드』, 권진아 옮김, 아르테, 2020.

옥타비아 버틀러, 『블러드차일드』, 이수현 옮김, 비채, 2016.

제임스 팁트리 주니어, 「보이지 않는 여자들」, 「접속된 소녀」, 「체체파리의 비법」,
    『체체파리의 비법』, 이수현 옮김, 아작, 2016.

_____, 「돼지제국」, 「마지막으로 할 만한 멋진 일」, 신해경·이수
    현·황희선 옮김, 아작, 2016.

C. L. Moore, *The Best of C. L. Moore*, Del Rey, 1980.

Colson Whitehead, *Zone One*, Dubleday, 2011.

Joanna Russ, *The Female Man*, Beacon Press, 1986.

_____, "When It Changed", *Again, Dangerous Visions*, Dubleday, 1972.

Mary Shelley, *Frankenstein: or, The Modern Prometheus*, Signet, 1965.

Octavia E. Butler, *Dawn*, Grand Central Publishing, 1987.

_____, *Fledgling*, Grand Central Publishing, 2005.

_____, *Parable of the Sower*, Grand Central Publishing, 2019.

Suzanne Collins, *The Hunger Games*, Scholastic, 2008.

_____, *Mockingjay*, Scholastic, 2010.

Ursula K. Le Guin, *The Dispossessed: An Ambiguous Utopia,* Harper & Row, 1974.

_____, *The Left Hand of Darkness*, Ace Books, 2000.

William Gibson, *Neuromancer*, Ace Books, 1984.

참고문헌

김일영, 『언데드의 영원한 회귀』, 신아사, 2020, p.104, p.223.

김초엽, 「논설위원의 단도직입」, 『경향신문』, 2021.

김형식, 『좀비학: 인간 이후의 존재론과 신자유주의 너머의 정치학』, 갈무리, 2020, pp.150-156.

노버트 위너, 『사이버네틱스』, 김재영 옮김, 인다, 2023, p.61.

데버라 캐머런, 『페미니즘』, 강경아 옮김, 신사책방, 2022, p.28.

데이비드 M. 코츠, 『신자유주의의 부상과 미래』, 곽세호 옮김, 나름북스, 2018.

도나 해러웨이, 『영장류, 사이보그 그리고 여자: 자연의 재발명』, 황희선·임옥희 옮김, 아르테, 2023, pp.272-273, p.282, p.315, p.326.

_____, 『해러웨이 선언문』, 황희선 옮김, 책세상, 2019, p.125.

라이먼 타워 사전트, 『유토피아니즘』, 이지원 옮김, 교유서가, 2018, p.11, p.36.

로즈마리 퍼트넘 통, 『페미니즘 사상』, 이소영·정정호 옮김, 한신문화사, 2010.

로지 브라이도티, 『유목적 주체』, 박민선 옮김, 여성문화이론연구소, 2004, p.249.

린 마굴리스, 『공생자행성』, 이한음 옮김, 사이언스 북스, 2007, pp.21-22.

마거릿 애트우드, 『글쓰기에 대하여』, 박설영 옮김, 프시케의 숲, 2021, p.25.

_____, 『나는 왜 SF를 쓰는가』, 양미래 옮김, 민음사, 2021, p.145.

_____, 『타오르는 질문들』, 이재경 옮김, 위즈덤하우스, 2022, p.136, p.222, pp.554-556.

마사 너스바움, 『혐오와 수치심』, 조계원 옮김, 민음사, 2015, pp.207-209.

미셸 푸코, 『감시와 처벌』, 오생근 옮김, 나남출판, 1994, pp.32-34, pp.296-297.

박혜영, 「콜로니얼 좀비의 귀환과 포스트콜로니얼 묵시록의 공포」, 『영미문학연구』, 영미문학연구회, 2016, p.22.

버지니아 울프, 『자기만의 방』, 이미애 옮김, 민음사, 2006, pp.73-78.

베티 프리단, 『여성성의 신화』, 김현우 옮김, 갈라파고스, 2018.

복도훈, 「세계의 끝: 최근 한국소설에 나타난 재난의 상상력과 이데올로기적 증상」, 『인문학연구』 42, 조선대학교 인문학연구원, 2011.

샌드라 길버트·수전 구바, 『다락방의 미친 여자』, 박오복 옮김, 북하우스, 2022, p.417, p.444.

셰릴 빈트, 『에스에프 에스프리』, 전행선 옮김, 아르테, 2019, pp.202-210, p.267.

셰릴 빈트·마크 볼드, 『SF연대기』, 송경아 옮김, 허블, 2021, p.31, p.57, p.60, p.95, p.170, p.276, pp.325-330, pp.378-379.

슐라미스 파이어스톤, 『성의 변증법』, 김민예숙·유숙열 옮김, 꾸리에, 2016, p.25.

신상규, 『호모 사피엔스의 미래』, 아카넷, 2014, p.53.

앤 마리 발사모, 『젠더화된 몸의 기술』, 김경례 옮김, 아르케, 2012, p.31, pp.65-66.

어슐러 K. 르 귄, 『세상 끝에서 춤추다』, 이수현 옮김, 황금가지, 2021, pp.300-301, p.314.

얼 C 엘리스, 『인류세』, 김용진·박범순 옮김, 교유서가, 2021, p.12.

윌리엄 이언 밀러, 『혐오의 해부』, 하홍규 옮김, 한울, 2022, p.352.

유발 하라리, 『사피엔스』, 조현욱 옮김, 김영사, 2015, pp.572-575.

장 마리니, 『뱀파이어의 매혹』, 김희진 옮김, 문학동네, 2012, pp.122-123.

장 보드리야르, 『시뮬라시옹: 포스트모던 사회문화론』, 하태환 옮김, 민음사, 1992, pp.39-40.

조미정, 「『최후의 인간』에 나타난 키아즘 연구」, 『영어영문학연구』 63, 한국중앙영어영문학회, 2021, p.95.

조애나 러스, 『SF는 어떻게 여자들의 놀이터가 되었나』, 나현영 옮김, 포도밭출판사, 2020, pp.207-208, pp.296-297.

조앤 W. 스콧, 『젠더와 역사의 정치』, 정지영 외 옮김, 후마니타스, 2023, p.11, p.71.

조지프 슈나이더, 『도나 해러웨이』, 조고은 옮김, 책세상, 2022, p.26, p.117.

조천호, 『파란 하늘 빨간 지구』, 동아시아, 2019, p.61.

주디 와이즈먼, 『테크노페미니즘』, 박진희 외 옮김, 궁리출판, 2009, p.149.

주디스 버틀러, 『위태로운 삶: 애도의 힘과 폭력』, 윤조원 옮김, 필로소픽, 2018, pp.8-9, p.63.

_____, 『젠더트러블』, 조현준 옮김, 문학동네, 2008, p.55, p.99, p.353.

줄리아 크리스테바, 『공포의 권력』, 서민원 옮김, 동문선, 2001, p.32.

캐럴린 머천트, 『인류세의 인문학』, 우석영 옮김, 동아시아, 2022, pp.139-140.

캐서린 헤일스, 『우리는 어떻게 포스트 휴먼이 되었는가』, 허진 옮김, 플래닛, 2013, p.32, pp.211-212.

_____, 『나의 어머니는 컴퓨터였다』, 이경란·송은주 옮김, 아카넷, 2016, p.128, p.212.

케이트 만, 『남성특권』, 하인혜 옮김, 오월의 봄, 2021, pp.10-11.

폴 웰스, 『호러영화: 매혹과 저항의 역사』, 손희정 옮김, 커뮤니케이션북스, 2011, p.135.

필립 K. 딕·데이비드 스트레이트펠드, 『필립 K. 딕의 말』, 김상훈 옮김, 마음산책, 2023, p.33.

호프 자런, 『랩 걸: 나무, 과학 그리고 사랑』, 김희정 옮김, 알마, pp.97-98.

Adam Trexler, *Anthropocene Fictions*, University of Virginia Press, 2015.

Alexis Lothian, "Grinding Axes and Balancing Oppositions: The Transformation of Feminism in Ursula K. Le Guin's Science Fiction." *Extrapolation* 47(3), 2006, pp.380-388.

Arthur C. Clarke, *The Promise of Space*, Berkley, 1985, p.13.

Carl Freedman, *Critical Theory and Science Fiction*, Wesleyan University Press, 2000, p.35.

Carol Farley Kessler, *Daring to Dream: Utopian Stories by United States Women, 1836-1919*, Pandora, 1984, pp.3-5.

Chuck Robinson, "Minority and Becoming-Minor in Octavia Butler's *Fledgling*", *Science Fiction Studies* 42, 2015, pp.483-499.

Darko Suvin, *Metamorphoses of Science Fiction*, Yale University Press, 1979.

Derek C. Maus, *Understanding Colson Whitehead*, University of South Carolina Press, 2021, p.7.

Donna Perry, *Backtalk: Women Writers Speak Out*, Rutgers University Press, 1993, pp.287-311.

Frederic Jameson, *Archeologies of the Future*, Verso, 2005, p.13.

Gerry Canavan, *Octavia E. Butler*, University of Illinois Press, 2016, pp.164-165.

H. Bruce Franklin, *Future Perfect: American Science Fiction of the Nineteenth Century*, Oxford University Press, 1978, ⅷ.

Harold Bloom, *Ursula K. Le Guin*. Chelsea House Publishers, 1986.

Heather J. Hicks, "Whatever It Is That She's Since Become: Writing Bodies of Text and Bodies of Women in James Tiptree, Jr.'s 'The Girl Who Was Plugged in' and William Gibson's 'The Winter Market'", *Contemporary Literature*, 1996, p.73.

Jack Williamson, "The Alien Intelligence", *Science Wonder Stories* 1, p.238. https://archive.org/details/Science_Wonder_Stories_v01n02_1929-07/page/n7/mode/2up

James McFarland, "Philosophy of the Living Dead: At the Origin of the Zombie-Image", *Cultural Critique* 90, 2015, p.24.

Jane Donawerth, *Frankenstein's Daughters: Women Writing Science Fiction*, Syracuse University Press, 1997.

Jane L. Donawerth and Carol A. Kolmerten, *Utopian and Science Fiction by Women: Worlds of Difference*, Syracuse University Press, 1994, p.1.

Jenny Wolmark, *Aliens and Others*, Harvester Wheatsheaf, 1994, p.1, p.25, p.27, p.109.

Jim Miller, "Post-Apocalyptic Hoping: Octavia Butler's Dystopian/ Utopian Vision." *Science Fiction Studies* 25.2, 1998, p.337, p.350, p.352.

Joanna Russ, "Amor Vincit Foeminam: The Battle of the Sexes in Science Fiction." *Science-Fiction Studies* 7, 1980.

_____, "The Images of Women in Science Fiction.", *Science Fiction*, Routledge, 2000, pp.3-20.

_____, *To Write Like a Woman: Essays in Feminism and Science Fiction*, Indiana University Press, 1995.

John Clute and Peter Nicholls, *The Encyclopedia of Science Fiction*, 1993, p.311.

Judith Kegan Gardiner, "Empathic Ways of Reading: Narcissism, Cultural Politics, and Russ's 'Female Man'" *Feminist Studies* 20.1, 1994, p.87.

Katherine Cross, "Naming a Star: Ursula Le Guin's *The Dispossessed* and the Reimagining of Utopianism." *American Journal of Economics and Sociology* 77(5), 2018, pp.1329-1352.

Kyle William Bishop, *American Zombie Gothic: The Rise and Fall (and Rise) of The Walking Dead in Popular Culture*, McFarland, 2010, pp.9-11.

Lauren J. Lacey, "Octavia E. Butler on Coping with Power in *Parable of the Sower*, *Parable of the Talents*, and *Fledgling*", *Critique* 49, 2008, pp.379-

394.

Laurence Davis, "The Dynamic and Revolutionary Utopia of Ursula K. Le Guin", *The New Utopian Politics of Ursula K. Le Guin's The Dispossessed*, Lexington Books. 2005, p.3.

Lief Sorensen, "Against the Post-Apocalyptic: Narrative Closure in Colson Whitehead's *Zone One*", *Contemporary Literature* 55.3, 2014, p.587.

Lisa Yaszek, *Galactic Suburbia: Recovering Women's Science Fiction*, Ohio State University Press, 2008, p.207.

Madhu Dubey, "Folk and Urban Communities in African American Women's Fiction: Octavia Butler's *Parable of the Sower*", *Studies in American Fiction*, 1999, p.106.

Maria Bose, "Distantly Reading Race in the Contemporary 'Postrace' Novel", *Textual Practice* 35.1, 2021, p.40.

Mario Klarer, "Gender and the 'Simultaneity Principle': Ursula Le Guin's *The Dispossessed*", *Mosaic* 25, 1992, pp.107-121.

Marleen S. Barr, *Lost in Space*, The University of North Carolina Press, 1993, p.98.

Marry Pharr, "Vampire Appetite in I am Legend, 'Salem's Lot, and The Hunger", *The Blood is the Life: Vampires in Literature*, Bowling Green State University Press, 1999, pp.93-103.

Martin Japtok and Jerry Rafiki Jenkins. "Introduction: Human Contradictions in Octavia Butler's Work", *Human Contradictions in Octavia Butler's Work*, Ed. Martin Japtok and Jerry Rafiki Jenkins. Palgrave Macmillan, 2020, p.1.

Max Despain, "The 'Fine Reality of Hunger Satisfied': Food as Cultural Metaphor in Panem", *Of Bread, Blood and The Hunger Games: Critical Essays on the Suzanne Collins Trilogy*, Ed. Mary F. Pharr and Leisa A. Clark, McFarland, 2012, p.71.

Mike Davis, *City of Quartz*, Verso, 2018.

Pamela Sargent, *Women of Wonder*, Vantage Books, 1975, ix.

Patricia Melzer, ""All That You Touch You Change": Utopian Desire and the Concept of Change in Octavia Butler's *Parable of the Sower* and *Parable of the Talents*", *Femspec* 3.2, 2002, pp.31-52.

_____, *Alien Constructions: Science Fiction and Feminist Thought*, University of Texas Press, 2006, p.86.

Paul Crutzen and Eugene Stoermer, "Anthropocene", *Global Change Newsletter* 41, 2000, pp.17-18.

Peter G. Stillman, "Dystopian Critiques, Utopian Possibilities, and Human Purposes in Octavia Butler's Parables." *Utopian Studies* 14.1, p.15.

Ritch Calvin, "'This shapeless book': Reception and Joanna Russ's *The Female Man*" *Femspec* 10.2, 2010, p.25.

Robert Scholes and Eric S. Rabkin, *Science Fiction: History, Science, Vision*, Oxford University Press, 1977, p.6, p.191.

Robin Roberts, *A New Species: Gender and Science in Science Fiction*, University of Illinois Press, 1993, p.2, pp.45-46, p.80, p.93.

Stephen W. Potts, "'We Keep Playing the Same Record': A Conversation with Octavia E. Butler," *Science Fiction Studies* 23.3, 1996, p.336.

Susana M. Morris, "Black Girls Are from the Future: Afrofuturist Feminism in Octavia E. Butler's *Fledgling*", *Women's Studies Quarterly* 40(3&4), 2012, pp.146-166.

Tom Moylan, *Demand the Impossible: Science Fiction and the Utopian Imagination*, Peter Lang, 2014, p.127.

https://www.oed.com/dictionary/science-fiction_n?tab=meaning_and_use#23960665

https://stdict.korean.go.kr/search/searchResult.do

https://www.earth.com/earthpedia-articles/terraforming/

김경옥

SF연구자. 숙명여자대학교 인문학연구소 HK연구교수.

어린 시절 공주와 왕자가 나오는 로맨스물보다 로봇과 하늘을 나는 차, 우주전쟁과 기이한 모습의 외계인이 나오는 SF에 빠져있었다. 대학원 시절 우연히 본 SF영화로 인해 SF를 연구하게 되었고 필립 K. 딕의 1950년대와 60년대의 SF소설 연구로 박사 학위를 받았다. 현재는 숙명여자대학교 인문학연구소 HK연구교수로 재직하면서 인 종과 여성, 소수자에 대한 차별과 혐오의 문제를 연구하고 있다. 최근에는 인류세 시대의 SF, 포스트휴머니즘, 기후소설, SF를 활용한 교육 등에 관심을 가지고 있으 며 언젠가 SF 동화를 쓰고 싶다고 생각한다. 주요 논문으로 「별들 사이에 뿌리내리 기: 『씨앗을 뿌리는 사람의 우화』에 나타난 포스트아포칼립스 세계와 공동체 회복」 (2023), 「콜슨 화이트헤드의 『제1구역』에 나타난 포스트-인종 담론과 좀비 서사」 (2022), 「SF적 상상력과 종교적 스토리텔링: 『안드로이드들은 전기양을 꿈꾸는가?』 와 『유빅』을 중심으로」(2020) 등이 있다. 『경계 짓기와 경계 넘기』(2024), 『반영과 굴절 사이』(2022), 『다시 쓰는 여성학』(2021)을 함께 썼다. 숙명여대, 광운대, 한국 양성평등교육진흥원 등에서 강의하고 있다.

숙명여자대학교 인문학연구소 HK+사업단 인문교양총서 1

익숙하지만 낯선 여성 SF

2024년 6월 5일 초판 1쇄 펴냄

지은이 김경옥
펴낸이 김흥국
펴낸곳 보고사

책임편집 이순민
표지디자인 김규범

등록 1990년 12월 13일 제6-0429호
주소 경기도 파주시 회동길 337-15 보고사
전화 031-955-9797
팩스 02-922-6990
메일 bogosabooks@naver.com
http://www.bogosabooks.co.kr

ISBN 979-11-6587-691-3 94300
     979-11-6587-690-6 94080 (set)

이 저서는 2020년 대한민국 교육부와 한국연구재단의 지원을 받아 수행된 연구임
(NRF-2020S1A6A3A03063902)